서원, 유학자의 본향

서원, 유학자의 본향

삶과 사상으로 읽는다

김해영 편저

안티쿠스
ANTIQUUS

서원, 유학자의 본향
- 삶과 사상으로 읽는다

발행일 | 초판 1쇄 2021년 12월 10일
편저자 | 김해영
펴낸이 | 김종만·고진숙
펴낸곳 | 안티쿠스
책임편집 | 김종만
북디자인 | 디노디자인
CTP출력·인쇄 | 천일문화사
제본 | 대흥제책
물류 | 문화유통북스
출판등록 | 제300-2010-58호(2010년 4월 21일)
주소 | 03021 서울시 종로구 자하문로 41길 6, 가동 102호
전화 | 02-379-8883
팩스 | 02-379-8874
이메일 | mbook2004@naver.com

값은 뒤표지에 있습니다.

ISBN 978-89-92801-45-4 03150

머리말

서원을 읽는 일은 삶의 통찰력을 배양하는 일입니다

'한국의 사상이 존재하는가!'라는 탄식이 들린 지 어제오늘의 이야기가 아닙니다. 그렇다면 사상이 없는 사회는 어떤 사회를 말하는 것일까요? 그것은 우리의 삶을 이끌어 주는 원리나 원칙 등이 없는 사회를 말하는 것입니다. 쉽게 말하면 우리의 올바른 삶의 방향을 이끌어줄 어떤 지침이나 체계가 결여된 것이라고 할 수 있습니다. 그리고 우리 사회에선 사상가를 엉뚱한 말을 하는 사람으로 보는 경향도 있습니다. 이는 매사에 비판적인 시각으로 현상을 관조하기 때문일 것입니다. 현상을 있는 그대로 바라보지 않고 따지거나 캐묻고 이의를 제기하니, 민중들은 사상가들을 '꽉 막힌 사람' 혹은 '세상 물정 모르는 사람' 정도로 여기는 것입니다. 사상가를 바라보는 시각이 이렇다 보니, 스스로 사유하고 스스로 사리를 분별하는 사상적 태도는 자취를 감추어 버렸습니다. 또 모순된 행위에도 이를 외면하는 미성숙 사회가 지속되고 있습니다.

사상적 사유思惟는 기본적인 문제들을 정확히 파악把握하고, 그 문제들을 개념적으로 설명해 나가면서, 그 '문제의 본질에 대한 이해를 추구하는 것'을 목표로 삼습니다. 여기서 핵심적인 것은 진리추구의 방법으로 '개방된 대화와 토론 그리고 담론의 형태'로 문제에 접근하는 것입니다. 이를 위한 전제는 합리적인 논증과 규율에 스스로를 적응시키고, 사상가思想家들의 '사상을 해석하는 능력을 키우는 것'입니다.

이 책은 사상적 주제로 중요하게 대두되고 있는 한국 사상의 영역에서 열한 분의 사상가들을 선정하여 그들의 삶과 사상을 제시하고 있습니다. 독자들은 이를 통해 사상적인 무장과 성찰을 할 수 있을 것입니다. 특히 여기서 다루고 있는 주안점은 한국 사상에서 핵심으로 삼을 수 있는 대표적 사상가들의 사상을 확인함으로써 통찰력을 배양할 수 있도록 했습니다. 이를 위해 '서원書院의 현황'을 함께 살펴보고자 합니다.

* * *

주지하듯 서원은 조선 중기부터 형성된 교육기관입니다. 향교鄕校가 공립이라면 서원은 사립입니다. 하지만 서당書堂과는 다릅니다. 서당이 인재양성 목표라면, 서원은 인재양성은 물론 성현聖賢들께 제사도 지냅니다. 즉 성현을 모시고 기리는 사祠기능과 자제子弟를 교육하는 재齋기능이 합해진 것입니다. 참고로 서원의 명칭은 당나라 현종顯宗 때(712~756) 여정전麗正殿 서원, 집현전集賢殿 서원 등에서 유래했습니다.

조선시대는 유교儒敎를 숭상하고, 불교佛敎를 배척하는 정책을 펼쳤습니다. 따라서 고려시대의 사원寺院 대신 서재書齋나 서당書堂, 서원書院 등을 장려했습니다. 최초의 서원은 1542년(중종 37) 풍기군수로 있던 주세붕(周世鵬, 1495~1554)이 경북 영주시에 세운 백운동서원白雲洞書院입니다. 후일 퇴계退溪의 요청에 따라 명종의 사액賜額이 내려지면서, 지금의 소수서원紹修書院이 건립되었으며, 회헌사당도 탄생했습니다.

초기의 서원은 인재를 양성하고 성현에게 제사 지내는 등 긍정적인 기능을 했습니다. 하지만 조선후기에 이르러 폐단이 점차 많아지자, 대원군大院君은 47개의 서원을 제외한 모든 서원을 철폐하기에 이릅니다. 초기 인재양성은 물론 성현聖賢들의 덕을 기리기 위해 설치됐던 서원이 적폐로 위기를 맞은 것입니다. 하지만 부침을 겪고 오늘날까지 이어온 서원과 선현들의 사상은 '후학들에게 귀감龜鑑'이 되고 있습니다.

이 책에서는 고운 최치원을 모신 무성서원武城書院을 필두로 회헌 안향과 소수서원紹修書院, 목은 이색과 문헌서원文獻書院, 포은 정몽주와 임고서원臨皐書院, 일두 정여창과 남계서원濫溪書院, 정암 조광조와 심곡서원深谷書院, 회재 이언적과 옥산서원玉山書院, 퇴계 이황과 도산서원陶山書院, 율곡 이이와 자운서원紫雲書院, 서애 류성룡과 병산서원屛山書院, 우암 송시열과 화양서원華陽書院 등을 살펴보고자 합니다(다만, 유네스코 선정 서원 중 본문에 소개되지 못한 도동서원과 필암서원, 돈암서원의 3곳은 '서원의 현황'만을 추가로 정리). 이들의 삶과 사상은 등불이자 나침반이 될 것입니다.

* * *

출판계가 불황입니다. 선현들의 처방에도 회복기미가 없는 것은 안타까운 일입니다. 그럼에도 인문학이 세상을 변화시킬 것이라 굳게 믿고 출판에 나서준 안티쿠스의 김종만 대표께 경의를 표합니다. 아울러 철학과 사상이 현재를 사는 우리의 삶을 견인한다는 마음을 굳건히 지키면서 자료 수집과 분석, 현장 방문을 아끼지 않은 태장마루도서관 철학동아리의 정은영 회장과 김영자, 김영화 동학들께 감사한 마음 전합니다.

그리고 본 책을 통해 '한국의 사상思想과 문화를 사랑'하는 이들의 공감대를 형성하기 위해선 독자들의 가독성可讀性이 매우 중요함을 인식해 부족한 원고를 보다 꼼꼼하게 분석하고 윤문을 해준 김경란 시인과 김원희 박사, 승영철학사상연구소의 김정철 연구원에게도 심심한 감사의 말씀을 전합니다. 부족한 부분은 앞으로 지속적으로 수정, 보완해 나가도록 하겠습니다. 독자 제현의 질정叱正 바랍니다.

2021년 10월

송죽동松竹洞 승영철학사상연구소에서

김해영

차 례

Ⅳ 포은 정몽주와 임고서원

Ⅴ 일두 정여창과 남계서원

Ⅵ 정암 조광조와 심곡서원

Ⅶ 회재 이언적과 옥산서원

Ⅷ 퇴계 이황과 도산서원

일러두기

1. 이 책의 사상적 기술은 한국인물유학사위원회에서 편찬(한길사, 1996)한 『한국인물유학사』를 기본대본으로 수정과 보완한 것임을 밝힙니다.
2. 유가(儒家)의 가(家)는 제가(諸家)에서 파생된 것으로, 유가를 유교(儒教)로, 불가(佛家)를 불교(佛教)로, 도가(道家)를 도교(道教)로 혼용하여 기술했습니다.
3. 이 책은 한국의 사상가와 서원에 관심이 많은 분들을 위해 지었습니다. 독자의 이해도를 높이기 위해 학자들의 출생 순서에 따라 차례로 서술했습니다.
4. 사상가의 사상적 깊이나 서원 규모 등을 고려치 않고, 일괄적으로 배열했습니다. 가령 '고운 최치원의 삶', '고운 최치원의 사상', '정읍 무성서원은?' 순으로 서술했습니다.
5. 「회헌 안향과 소수서원」 편에선 타 학자들의 그것처럼 일관하다 보니, 사상적 내용이 다소 빈약할 수 있으나 밝혀진 사상을 고려해 기술했습니다.
6. 본문 사진의 일부는 공공누리(http://www.kogl.or.kr)에서 (39쪽, 47쪽, 49쪽, 51쪽 위, 67쪽, 70쪽 위, 70쪽 아래, 71쪽, 72쪽 위, 72쪽 아래, 111쪽, 112쪽 위, 112쪽 아래, 317쪽, 324쪽, 325쪽, 326쪽, 328쪽, 330쪽, 331쪽) 사용하였습니다.
7. 저작권자를 찾지 못한 일부 작품은 저작권자가 확인되는 대로 절차에 따라 사용허락을 받거나 계약을 맺을 예정입니다.

I 고운 최치원과 무성서원

1. 고운 최치원의 삶

최치원(崔致遠, 857~?) 선생의 자字는 고운孤雲과 해운海雲[1], 시호는 문창文昌입니다. 최승우(崔承祐, ?~935), 최언위(崔彦撝, 868~944)와 함께 문장의 대가인 신라삼최新羅三崔로 꼽히며, 12세 때 당唐나라에 유학하여 18세에 장원으로 급제했습니다. 당나라에선 고운, 나은 등의 문인과 교류하면서 문명文名을 떨쳤고, 귀국 후엔 신라 제49대인 헌강왕(憲康王, ?~886)에게 발탁돼 외교문서 등을 작성하며 당대의 문장가로 인정받았습니다.

894년(진성왕 8) 진성왕(眞聖王, ?~897)에게 집권체제와 골품제骨品制 사회의 여러 문제를 해결하기 위해 시무책時務策 10여 조를 올리기도 했습니다. 유가儒家[2]와 불가佛家, 도가道家에 지식이 있어 많은 글을 남겼습니다. 구체적으로 살펴봅니다. 가승家乘에 의하면, 857년(헌안왕 1)에 태어나 868년(경문왕 8)에 당나라로 들어갑니다. 874년(경문왕 14)에 급제하여 선주宣州 표수漂水의 현위縣尉로 임명되었는데, 치적治績이 매우 우수했습

---

1) 고운은 호(號)가 고운(孤雲) 혹은 해운(海雲)으로 널리 알려져 있으나 실제론 호가 아닌 자(字)다. 부산 해운대(海雲臺)의 '해운'도 그의 자를 따서 지은 것이다.

2) 유가(儒家)의 가(家)는 제가(諸家)에서 파생된 것으로, 이 책 이곳저곳에서 유가를 유교(儒教)로, 불가를 불교(佛教)로, 도가를 도교(道教)로 혼용하여 기술했음을 밝힌다.

니다.

이 때문에 승무랑 전중시어사 내공봉承務郞殿中侍御史內供奉이 되고 자금어대紫金魚袋를 받았으며, 황소黃巢의 난亂 때 도통都統 고변高駢의 종사순관從事巡官이 되었습니다. 884년(헌강왕 10) 8월, 황제의 조서를 받들고 본국에 사신으로 오다, 폭풍을 만나 해안에서 겨울을 보내고 885년 3월, 당도했습니다. 헌강왕이 그를 시독 겸 한림학사侍讀兼翰林學士 수병부시랑 지서서감사守兵部侍郞知瑞書監事로 삼았습니다.

886년(정강왕 1) 7월, 헌강왕이 죽자, 조정에선 시기와 질투하는 자들이 많아 태산군의 태수로 좌천되었습니다. 903년(효공왕 8) 2월, 〈시무 10여조〉를 올리니 임금이 칭찬하고 아찬阿飡으로 삼았습니다. 고운은 난세를 만나게 된 것을 한탄하면서 다시 벼슬에 나가지 않고 산수 간에 노닐며 풍월이나 읊으면서 세월을 보냅니다. 『삼국사기』에서 '그의 자는 고운孤雲 혹은 해운海雲이며, 신라 사량부沙梁部 사람'으로 나옵니다.3)

하지만 서유구(徐有榘, 1764~1845)는 「교인계원필경서校印桂苑筆耕序」에서 '공公의 이름은 치원이요, 자는 해부海夫이며 고운은 그 호號다. 호남의 옥구沃溝 사람'이라 하였습니다. 이는 서유구가 호남포정사湖南布政司로 있을 때의 글이며, 직접 유적을 답사하고 지은 글입니다. 고운이 경주慶州 사람이 아닌 호남의 옥구 태생으로 보는 것입니다. 최삼룡崔三龍 교수는 '최고운 선생 설화'에서 이렇게 적시하고 있습니다.

"옥구의 고군산도 동굴과 고군산도 중의 하나인 내초도에 금돈시굴金

3) 『삼국사기(三國史記)』에서 '최치원의 자는 고운(孤雲) 혹은 해운(海雲)이며, 신라 사량부(沙梁部) 사람으로 나오나 역사에 그의 세계(世系)는 전하지 않는다.'고 했다. 하지만 『三國遺事』에선 '고운의 옛집은 신라 본피부(本彼部) 황룡사(皇龍寺) 남쪽, 미탄사(味呑寺) 북쪽에 있었다.'로 나온다. 사량부와 본피부는 지명이 다르다.

豚豕窟의 흔적이 남아 있는데, 고운의 어머니가 문창文昌 고을에서 돼지 머리를 한 괴물과 교접하여 사내아이를 낳았는데, 그가 바로 최치원이라 하였다. 강원도 김화군의 '돼지와 원'의 설화와 평북 철산군에 '금돼지와 최치원'의 설화가 있으며, 충청남도 대덕군(오늘날 대전시)에도 '최치원의 출생과 성공' 등 고운 탄생의 이설異說들이 존재한다."4)

또 군산의 '최고운 신사神祠'에 다음과 같은 전설이 있습니다. '전북 옥구군에 자천대紫泉臺가 있다. 최고운 선생이 놀던 곳이다. 군의 남쪽 바다 가운데 고군산도가 있다.'고 하였습니다. 주위는 2백여 리가 됩니다. 섬에 금저굴金猪窟이 있으나, 그 깊이는 헤아릴 수 없고 굴 앞바다 이름을 금저양金猪洋이라 합니다. 노인들은, 옛날 금빛 돼지가 살던 곳이라 하며, 그 금빛 돼지는 제법 신통력이 있었다고 합니다.

이는 『요재지이聊齋志異』와 서로 비슷한 것이 있습니다. '신라 말 최충崔冲이란 사람이 고을 태수로 왔는데, 그의 처가 아들을 낳으니 치원이라 이름 지었다.'고 했습니다. 옥구 지방엔 이와 관계된 유적이 산재해 있고, 그가 태산의 군수를 지낸 관계로 태인의 무성서원武城書院에 배향됐습니다. 이경선李慶善 교수는 최치원이 951년(고려 광종 2) 95세로 선화(仙化, 늙어서 병 없이 죽음)한 것으로 적고 있습니다.5)

최치원 계통의 학자가 고려 건국을 도왔으니, 그중 이름 있는 학자가 '최언위'와 '최승로(崔承老, 927~989)'라 하였습니다. 청대淸代의 포송령(蒲

---

4) 崔三龍(1985), 「崔孤雲傳의 出生譚考」, 『于雲朴炳采博士還曆紀念論叢』, 高麗大國語國文學研究會.

5) 한국인물대계편찬위원회(1972), 『韓國人物大系』, 박우사.

松齡, 1640~1715)이 저작한 단편 소설집인 『요재지이』는 「강남오통지사江南五通之事」에서 "신라 말기에 최충崔冲은 이 고을(두주杜州, 오늘날 옥구沃溝)의 태수가 되었는데, 최충의 처가 아들을 낳으니 치원이라 하였다. 어려서부터 총명하기가 보통이 아니었다. 고군산도의 옛 이름은 문창군文昌郡이다.

또 고기가 많이 잡히니 당나라 장삿배가 자주 왕래했다. 무역하는 장사꾼이 치원을 보고 좋아하여 드디어 싣고 당나라로 가니 과거에 통과해 벼슬하게 됐다. 뒤에 고국으로 돌아가 산수를 방랑했다. 고군산도에 있는 월영대月影台는 선생이 탄금彈琴하던 곳이다."라고 한 것은 이능화(李能和, 1869~1945)가 『조선무속고朝鮮巫俗考』, 「지방무풍급신사地方巫風及神祠」에서 말한 것을 재인용한 것으로 볼 때 그의 출생지로 보입니다.

문창이란 말 자체도 문창성文昌星 신앙에서 온 것이며, 『문창제군음즐문文昌帝君陰騭文』이란 민중 도교 서적은 '문창제군왈文昌帝君曰'이라 하여 '광행삼교廣行三敎'를 주장했습니다. 도교에서 문창성을 신격화하여 문창제군이라 했는데, 이는 과거급제를 비는 신神입니다. 과거와 문창성과의 관계로 보아, 최치원이 18세 때 과거에 급제한 것으로 본다면 문창제군의 변신變身으로 볼 수도 있습니다.6)

또 염의서원廉義書院에서 최치원을 모시는 이유는 그가 당나라로 유학가기 전, 어렸을 때 이 고장에서 보낸 것과 관련이 깊습니다. 아울러 그

---

6) 고운이 고려 때 문창후(文昌侯)로 추존되고 또 그와 관계가 있는 곳을 '문창운', '문창초등학교'라고 명명한 것은 과거급제와 문장가임을 드러내는 것인데, 문창성이 문신이기 때문이기도 하다.

가 성장한 곳이 문창현 내초도리內草島里이기 때문에 1020년(현종 11)에 내려진 시호도 문창후이며, 근처에 세워진 문창초등학교도 여기서 유래한 것입니다. 그의 책 읽는 소리가 중국의 천자에게 들렸다는 자천대紫泉臺는 후일 옮겨져 옥구향교沃溝鄕校 내에 있습니다.7)

고운의 작품인 「난랑비鸞郎碑」 서序에 보면, '나라에 현묘한 도가 있으니 풍류風流라고 한다. 그 교教를 창설한 내력은 선사仙史에 자세히 실려 있으니, 실로 삼교三教를 포함하여 군생群生을 접화接化하는 것이다. 집에선 효도하고 나가서 충성하는 것은 공자의 가르침이고, 무위無爲로 처신하고 말없는 가르침을 행함은 노자의 근본이며, 악한 일보단 선한 일을 받들어 행하는 건 석가의 교화와 같다'고 했습니다.

하지만 풍류도風流徒는 원래 삼교의 교리를 포함하고 있었다고 주장하기도 합니다. 김범부金凡夫의 지적처럼, '현묘한 도(玄妙之道)'는 애초부터 유불도儒佛道의 취지를 포함하고 있던 우리 고유의 도이다. 삼교를 인용한 것이 아니라, 본래부터 삼교와 부합되는 취지를 갖고 있었다.'는 것입니다. 말하자면 본래부터 존재하던 현묘한 도를 잘 계승하고 발전시킨 것이 이른바 '최치원의 정신'이라 할 수 있는 것입니다.

또 이러한 삼교일치三教一致 사상은 당나라의 학문적 시대정신과 모순이 없었습니다. 그러나 중국 당나라 때 도교道教가 극성하면서 유교儒教와 불교佛教를 포섭하는 '도교 중심의 삼교일치 사상운동'이 있었습니다. 한편에선 '불교에서 삼교일치를 주장'하게 되어 도교와 불교의 대립이

7) 『沃溝郡誌』, 文昌侯, 崔致遠先生.

심화되기도 했습니다. 고운은 이런 시대를 살았습니다. 하지만 삼교일치 사상은 '송대에 유학 쪽에서 신유학으로 성공'시켰습니다.

고운의 저서로는, 『계원필경집桂苑筆耕集』 20권이 있고, 『중산복궤집中山覆簣集』과 『사육집四六集』, 『문집文集』 등 30권이 있습니다. 그리고 『제왕연대력帝王年代曆』과 『부석존자전浮石尊者傳』, 『현수전賢首傳』, 『석리정전釋利貞傳』, 『석순응전釋順應傳』 등이 있습니다. 아울러 「사시금체私試今體」 5수首, 「오언칠언금체시五言七言今體詩」 100수, 「잡시부雜詩賦」 30수, 「시무 10여 조」 등이 있습니다.8)

2. 고운 최치원의 사상

1) 삼교회통

고운은 유불도儒佛道 삼교三敎를 회통會通하여 서로 모순 없이 융합하고 있습니다. 「사산비명四山碑銘」과 「법장화상전法藏和尙傳」 등은 불교적이고, 『계원필경집』의 재사齋詞 11편은 도교에 관한 글입니다. 이와 같은 자료를 통해 그의 불교와 도교사상이 짐작되지만, 유교에 관해선 전문적인 글이 없어 유자儒者인지 의심할 수도 있습니다. 하지만 모든 글에 유학儒學이 기초한다는 점에서 유자임이 분명합니다.

8) 이밖에 『경학대장(經學隊仗)』이 있다. 『유설경학대장(類說經學隊仗)』으로 불리는 이 책은 대체로 논설이 간략하면서도 이치가 밝고, 여러 경전의 말을 인용하여 편명의 내용을 기술했다. 하지만 내용은 성리학에 관한 것이 대부분이다. 따라서 성리학이 송대(宋代)에 형성된 것으로 볼 때, 이는 위서(僞書)일 가능성이 높다. 혹자는 이를 진서(眞書)라고 주장하지만 신뢰성은 떨어진다.

예컨대 『계원필경집』 서序에서, "신臣이 열두 살에 집을 떠나 서쪽(중국)으로 갈 때, 돌아가신 아버님께서 훈계하길, '네가 10년 공부하여 과거에 급제하지 못하면 내 아들이라 하지 말라. 가서 부지런히 전력을 다해 공부하라.'고 하시었기에, 저는 그 엄격한 훈계를 마음에 새겨 조금도 잊지 않고 고학苦學하여 오로지 아버님의 뜻을 받들기 위해 진실로 남보다 백배 천배로 노력했다."고 한 것이 이를 보여줍니다.[9]

2) 유교사상

고운의 유교사상은 이미 언급했지만 유교에 대해 전문적인 글이 없어 유자儒者인지 의심할 수도 있습니다. 따라서 그가 언급한, 즉 유교와 관련된 부분을 살펴보고자 합니다. 예컨대 "금월 모일 진주원進奏院의 첩보를 받자와 11월에 내리셨던 조서詔書를 뵈오니, 광명원년廣明元年을 중화원년中和元年으로 고친다는 내용입니다. 신이 삼가 참조하옵건대 「왕제편王制篇」에서 천자가 사방을 순수巡狩했습니다.

그 전례典禮에 보면, '사시四時의 계절과 달의 크고 작음을 맞춘다.'고 하고, 「대대례大戴禮」에는 '중中은 천하의 큰 근본'이요, '화和는 천하의 공통된 도리'니, '중과 화를 지극히 하면 하늘과 땅이 제자리를 잡고, 만물이 길러진다.'고 한 것에서 중화中和가 연호로 활용된 것에 찬동하였고, 반드시 중화로 바른 마음을 계승하고, 그들로 하여금 의義를 안고, 인仁을 이어서…."[10]란 '인의를 확인'할 수 있습니다.

---

9) 고운은 부친의 말씀을 조금도 잊지 않고 고학(苦學)하여 오로지 아버님의 뜻을 받들기 위해 진실로 남보다 백배 천배로 노력하여 6년 만에 과거에 급제했다. 그가 효를 근본으로 삼았던 것임을 알 수 있다.

10) 『桂苑筆耕集』, 「謝示南蠻通和事宜表」 권2.

또한 『주역』과 『시경』을 인용하는가 하면[11] 『서경』과 『시경』을 인용하기도 하였습니다.[12] "우리 관원은 유종儒宗을 배웠고, 이술吏術을 겸하여 왕기王畿를 맡았을 적에, 신자臣子로서 입신하는 것을 효孝로 하고 충忠으로 하여 죽은 사람 섬기기를 산 사람처럼 하는 것이오니, 만일 부모를 영광스럽게 하길 바란다면 반드시 임금 섬기는 성의(忠)를 부지런히 행해야 할 것입니다."라고 하여 '충효'를 강조했습니다.

하지만 "저의 청을 들어주심에 삼교三教가 함께 행하는 것이 기쁘고, 승려僧侶가 기뻐 부르짖음에 한 부처님이 세간世間에 나왔는가 놀래옵나이다."[13]라고 했고, 「주청질남구전관상奏請姪男劬轉官狀」에선 『예기』와 『논어』를 인용하여 "요즈음 풍조가 메마르고 효도가 말살되어, 어버이를 섬기는 데는 박약하고 자신만 위하는 것을 제일로 삼는지라…."[14]라고 한탄하기도 했습니다. 이처럼 유교의 핵심은 효입니다.

또 "원래 좌승현형左丞賢兄께선 중용中庸의 덕으로써 온후한 데에 처하고, 일체 환호하는 소리는 바람처럼 필진에 퍼져서 축하하고 귀의하지 않는 사람이 없었는지라…."라고 하며, "인자유용(仁者有勇, 사랑을 베푸는 사람은 용기가 있음)은 전제로써 예禮와 의義가 담겨있어야 하며, 화和할 줄 알고 화하니, 하물며 인경仁境으로 말하면…."이라 하여 '예의禮義와 화인和仁의 덕목을 강조'하기도 했습니다.

아울러 "중니仲尼의 유술이 기수沂水 가에 흐르고…."라고 하는가 하면,

---

11) 『계원필경집』, 「謝就加侍中表」권2.

12) 『계원필경집』, 「謝詔示權令鄭相充都統狀」권3.

13) 『계원필경집』, 「謝許弘鼎充僧正狀」권4.

14) 『계원필경집』, 「宣歙裵虔餘尙書 第二」권7.

『노사魯史』, 『인경麟經』, 즉 『춘추春秋』를 인용하기도 했습니다. 또 『논어』에, "양식과 병력을 버릴 순 있어도 신信이 없으면 설 수 없다." "신뢰를 지키는 것이 입신하는 근본"이라 주장한 점도 눈여겨 볼 점입니다. '효를 옮겨 충에 나가고', 이름을 떨쳐 부모를 드러내며, 힘을 다해 임금의 명을 좇는 것이 효孝의 결과라고 했습니다.[15)]

또 자신을 해외부유海外腐儒[16)]라 칭하고, 모某는 매괴소유每愧小儒라[17)] 했으며, "이제 먼 곳에 사는 사람이 이부尼父의 생도라고 한다."[18)]라거나 "이제 치원은 유문儒門의 말학末學이다."[19)]라고도 하고, "어찌 감히 유림의 장인丈人을 바라오리까."라고도 했습니다. 그런가 하면 "부유腐儒의 유도儒道를 들추어내기 부끄럽다."고 하여 부유와 소유, 말학 등으로 겸손하지만, 자신이 유자儒者임을 표했습니다.

그런데 『논어』는 인용하나 『맹자』에 관한 것은 적습니다. 게다가 맹자孟子라고 존칭하지 않고, 맹가孟軻로 칭합니다. 이를테면 "신臣이 생각건대 동쪽 사람이 서쪽에서 배우는 것은, 오직 예禮와 악樂이며, 더욱이 남의 힘으로써 문장을 공부하고 바른 소리로써 언어를 바로 잡아서 문장을 표장表章하고, 해외의 신절臣節을 아뢰게 하고, 언어는 정情과 예禮를 통하여 천상天上의 사행使行을 받들게 하며….

신臣은 감히 학學을 일으키는 것을 으뜸으로 삼고, 어진 사람 구하는

15) '선왕들이 효로써 다스리며 한결같은 덕으로 교화했다'는 고운의 주장은 이른바 효치주의(孝治主義)를 표방한 것이라 할 수 있다.

16) 『계원필경집』, 「謝令從軍狀」권17.

17) 『계원필경집』, 「賀高司馬除官狀」권18.

18) 『계원필경집』, 「賀除吏部郎別紙」.

19) 『계원필경집』, 「上太師侍中狀」.

것을 임무로 여기옵니다."라고 하여 예악을 주로 하며, '공성절량孔聖絶糧'이라고 공자를 성인화聖人化 했으나 맹자는 자子를 칭하지 않고 '맹가전식孟軻傳食'20)이라 했습니다. 또 "여래如來와 주공周孔의 발명이 비록 다르나 귀일한 것은 한 가지이니 지극한 이치에 통달했다. 일찍 노사춘추魯史春秋에 새로운 뜻이 없었다."고 했습니다.

그런가 하면 "주공周公의 구장舊章을 인용하였다. 공자는 『예기』를 닦았는데, 주공이 편찬한 『주례』를 모두 사용하였다."고 했으니, 주공과 공자의 예와 『춘추』를 근본으로 한 것을 짐작할 수 있습니다. 따라서 고운의 유학은 공맹유학孔孟儒學이 아닌 주공유학周孔儒學이라 할 수 있습니다. 이런 태도는 한당유학漢唐儒學 즉 경사經史 중심의 유학이며, 송유宋儒 이후의 공맹을 중심으로 하는 유학이 아닙니다.

즉 주공과 공자를 중심으로 한 유학은 고문古文유학이고, 공자를 중심으로 한 것은 금문今文 유학입니다. 여기서 공맹유학은 송유宋儒, 즉 신유학新儒學을 지칭합니다. 이처럼 유학의 역사적 구별이 있었던 것으로 볼 때, 고운의 유학은 고문유학에 해당하며, 주공周孔의 경사유학經史儒學이라 할 수 있습니다. 또 고운은 『주역』과 『상서』, 『예기』, 『춘추』, 『시경』, 『의례』, 『논어』 등을 빈번하게 인용했습니다.21)

한편 "마음으로 삼교를 융합하고, 유교로 불교를 깨우친다."고 주장했고, "유교를 원용하여 불교를 깨우친다."고도 했습니다. 즉 고운의 근본은

---

20) 『계원필경집』, 「上讓陽李相公讓館給啓」.

21) 이와 같이 논리를 전개하고, 맹자(孟子) 대신 맹가(孟軻)로 칭한 것으로 볼 때, 주공(周公)과 공자(孔子) 중심의 고문유학이라 규정할 수 있다.

유교로 볼 수 있는데, "하늘이 귀한 바는 사람이요, 사람이 근본으로 한 것은 도道이다. 사람이 능히 도를 넓히고, 도는 사람으로부터 멀지 않으니, 도가 존귀하면 사람은 절로 귀해진다. 능히 도를 돕는 것은 오직 덕을 높이는 것이다."[22]라고 한 대목에서도 알 수 있습니다.[23]

3) 불교사상

고운의 불교사상은 네 개의 비문인 이른바 「사산비명四山碑銘」에서 그것을 확인할 수 있습니다. 「사산비명」은 경주의 〈대숭복사비大崇福寺碑〉와 하동의 〈지리산쌍계사진감선사비智異山雙溪寺眞鑑禪師碑〉, 충남 보령의 〈성주사대랑혜화상비聖住寺大朗慧和尙碑〉, 경북 문경의 〈봉암사지증대사비鳳巖寺智證大師碑〉를 말합니다. 여기서 〈대숭복사비大崇福寺碑〉는 숭복사의 창건비고 나머지 세 개의 비는 선사禪師들의 탑비塔碑입니다.

먼저 〈대숭복사비大崇福寺碑〉는 왕실이나 중앙귀족들이 불교사원을 창설한 예이고, 진감 선사 혜소(慧昭, 774~850)는 신라 하대 선종 수용의 선구적 역할을 했습니다. 낭혜 화상 무염(朗慧和尙無染, 800~888)과 지증 대사智證大師 도헌(道憲, 824~882)은 선종 구산파九山派 중 성주산파聖住山派와 희양산파曦陽山派의 개산조開山祖란 점에서 「사산비명」에 대한 이해는 신라 하대 불교사를 연구하는데 빼놓을 수 없습니다.[24]

「대숭복사비명」에서 "신이 듣건대 왕자王者는 조상의 덕에 기반하여

---

22) 『계원필경집』, 「善安住院壁記」.

23) 유학에서의 도(道)는 인도(人道)를 가리킨다. 즉 확대되면 인도주의(人道主義)라 할 수 있다. 따라서 고문유학이든 금문유학이든 신유학이든 공자 이래의 인도주의는 그대로 유학의 근본인 것이다.

24) 한종만(1989), 「고운의 불교관」, 『고운 최치원』, 민음사.

후손의 법을 높임에, 정사政事는 인仁을 근본으로 삼고, 예禮는 효孝를 으뜸으로 한다."[25]라거나 "인자는 민중을 편안하게 하고, 정사는 도道로써 이끈다." "우리 임금의 효치孝治가 완성되었다." "부처님의 덕과 나의 힘이 너를 도우리라. 진실로 그 중中을 잡고 천록天祿을 길이 하리라."라는 것을 볼 때 효치주의를 천명한 것으로 봅니다.

아울러 그의 이런 주장들을 종합하면, 이미 유교와 불교가 융화되어 있음을 볼 수 있습니다. 「무염화상비명無染和尙碑銘」에서 "대사는 유위有爲로 나가는 속세에서 무위로 된 비밀 선종을 말씀하였으니", "심학心學하는 자는 높고, 구학口學하는 자는 수고롭던가. 까닭에 옛 군자는 배우는 것에 조심하고, 심학한 자는 덕을 세웠고, 구학하는 자는 입언立言했으니 저 덕이라는 것도 혹 말을 빌려서 말하는 것이다."

이 말은 비문을 저술하는 뜻이 삼불후三不朽, 즉 입덕立德과 입언立言, 입공立功에 해당된다고 할 수 있습니다. "태부왕람太傅王覽이 개제 남궁상介弟南宮相에게 '삼외三畏를 삼귀(三歸, 佛 · 法 · 僧에 대한 귀의)에 비할 만하고, 오상五常은 오계五戒와 같으니, 능히 왕도王道를 실천하는 것, 이것이 불심佛心에 부합되는 것이니, 대사의 말이 지극하다. 나는 너와 함께 마땅히 힘쓸 일이다.'라고 하였다."

삼외와 삼귀, 오상과 오계가 같고, 왕도의 실천이 불심에 부합된다는 이 주장은 유儒와 불佛이 근본을 같이 하는 융합론입니다. 명사銘詞에서 "도라고 할 수 있는 것은 상도常道가 아니다. 풀 위에서 이슬을 꿰는 것과

25) 이 부분에 대한 주석도 '인효(仁孝)를 근본으로 한다.'고 하였다. 즉 인효(仁孝)가 비명의 요지라 할 수 있다.

같고, 불佛에 나아가 진불眞佛이 된다는 것도 물속의 달을 잡으려는 것과 같다."고 했으니, 불교와 도교의 융합을 확인할 수 있습니다. 즉 유불도 삼교의 융합을 기술한 것이 비명의 본질입니다.

「진감화상비명眞鑑和尙碑銘」에서 "도는 사람에서 멀지 않고 사람은 타국에 없다. 이로써 동방 사람의 아들이 불교가 되고, 유교가 되는 데는 반드시 서쪽으로 큰 바다에 떠서 이중 삼중 통역을 거쳐 유학할 때 목숨은 조각배에 부쳤고, 마음은 보주宝洲로 행하였다."고 했습니다. 즉 유불儒佛의 차별을 인정치 않았습니다. "드디어 지혜의 횃불을… 선으로 들게 하고, 능히 일국一國으로 하여금 인에 흥기하게 하였다."26)

고운은 유불도를 이처럼 융합하여 논술했습니다. 즉 그의 유불도儒佛道 사상이 어떻게 하나로 녹여진 것인지를 알 수 있습니다. 진감 화상은 850년(문성왕 12) 정월 9일 이른 아침 문인들에게 "만법萬法은 모두 공空이니, 내 장차 가려 한다. 일심一心이 근본이니 너희들은 힘쓸지니라. 탑塔으로 형해形骸를 갈무리하지 말고 명銘으로써 행적을 기록하지 말라."고 이르면서 열반에 들었습니다. 세수 77세, 법랍 41년입니다.

「지증대사적조지탑비명智證大師寂照之塔碑銘」에서 서문에 이르기를, "오상五常으로 방위를 나눔에 동방東方에 배치되는 것을 인仁이라 하고, 삼교의 명칭을 세움에 정역淨域에 나타난 것을 불佛이라 한다. 인심仁心

26) 또한 "학자들이 혹 말하길 인도와 궐리(闕里, 공자)의 교(敎)를 말하는 것이 흐름이 나눠지고 체(體)가 달라 둥근 구멍에 모난 나무틀을 박는 것이라고 하여 서로 모순되어 각기 한 모퉁이만을 고집한다.…그러므로 여산의 혜원(慧遠)이 논(論)을 지어 여래(如來)와 주공(周孔)이 출발한 것은 비록 다르나 돌아가는 것은 한 가지니, 지극한 이치에 통달하였다. … 불(佛)이 말한 심법(心法)은 현지우현(玄之又玄)하고 명불가명(名不可名)하여 설(說)하여도 무가설(無可說)이니 비록 달을 얻었다고 하나 손가락을 혹 잊어버려 마침내 바람을 매고 그림자를 잡기가 어려움과 같다."라고 했다.

이 곧 불佛이니, 불목佛目이 인仁이 될 수 있는 것이다."라고 하듯, 유불儒佛이 모순되지 않는다는 논리입니다. 또 "도는 밖이 없는 곳까지 모두 융합했고, 정情은 가운데까지 거의 지나쳤다.

고요한 물이 비단처럼 잔잔하고, 높은 산이 햇빛을 받은 듯한 사람도 있었지만 세상에선 이를 몰랐다."고 하여, 도道의 무한함을 논했습니다. 또한 다시 삼교의 융합에 대해, "증태사경문대왕贈太師景文大王은 마음으로 삼교를 융합하고 대사를 만나 뵙고자 하여 '멀리서 그대의 생각을 하여 나의 법을 도와주길 바란다.'면서 유儒로써 불佛에 비유하면 가까운 곳으로부터 먼 곳으로 가는 것과 같다."라고 했습니다.[27)]

그런가 하면, "공자는 인仁에 의지하고 덕德에 의거하였고, 노자는 백白을 알고 흑黑을 지켰다. 이교(유교와 도교)는 부질없이 천하의 격식이라고만 일컫고 부처님과 힘을 겨루기는 어려웠다. 계림의 땅은 오산 곁에 있으며, 선仙과 유儒에 예로부터 기특한 이들이 많았다. 교문은 이로부터 각파(유불선儒佛仙)로 갈렸으나 진리는 고루 퍼져 인심을 다스렸다." 여기서 삼교三敎는 문자 그대로 융합된 것입니다.[28)]

이상에서 고운의 유불도儒佛道 사상에서 유불을 주로 서술했지만, 유불도의 일치를 「사산비명」에서 볼 수 있었습니다. 고운의 이런 사상은 신라말기에서 끝나지 않고 고려로 계승되어 고려시대 사상의 특징이 되었습니다. 고운의 불교적인 시詩의 세계는 「증운문난약지광상인贈雲門蘭

27) 이유비석(以儒譬釋)과 같은 논리는 고운의 전형적인 해석 태도다.

28) 그리고 고운은 '유선자고다기특(儒仙自古多奇特)'이란 주장도 했는데, 이는 유(儒)와 선(仙)이 융합된 것은 예로부터 기특함이 많았다는 것으로, 유와 선은 고운의 경지를 말한다. 아울러 "덕이 요물을 이겨내서 장각(張角)의 안개가 침노하지 못할 것이다."라고 한 '장각'은 태평도(太平道)라는 도교 세력을 규합하여 반란을 일으켰던 것을 말한다.

若智光上人」에 잘 나타나 있습니다.

구름가에 정자를 지어 놓고
조용히 선정禪定에 들기 사십여 년.
지팡이는 산 밖에 나가본 일 없고
붓은 서울로 가는 글 안 쓰네.
대나무 홈에 샘물소리 졸졸
송창松窓에 햇빛이 성그네.
맑고 높은 경지를 읊다 못하여
눈 감고 진여를 깨치려 하네.

고운의 삼교원융합치三敎圓融合致에 대해 연담유일(蓮潭有一, 1620~1799)은 「사산비명」에서 "마침 고운 선생의 글을 읽자 머리를 조아리고 큰 소리로 '하늘이 우리 선생을 내시어 삼교를 통틀어 관통했으니 더할 수 없이 위대하도다. 전傳에 금방울은 무武를 떨치고 나무방울은 문文을 떨친다고 하였으니, 선생은 바로 삼교의 목탁이시다'라고 하였다. 선생은 동국 문장의 시조인 즉 반드시 성리학에도 능하셨다."

또한 선생은 "때를 만나지 못해 보배를 품고 팔지 못했으니, 애석하기 이를 데 없다."라고 했습니다. 여기서 '관통삼교貫統三敎'와 '삼교의 목탁木鐸'으로 불린 것은 풍류도의 체현자라 할 수 있었기 때문입니다. 그리고 "선생이 유관儒冠을 쓰고 유복儒服을 입었으니, 유교를 전모前茅로 삼아 공맹孔孟을 헌장憲章했을 것이다."란 점으로 미뤄볼 때, 유교儒敎를 근본으로 한 삼교三敎융합이라 할 수 있습니다.

그렇다면 불교를 근본으로 삼교융합을 논할 수 있고, 도교를 근본으로 삼교융합을 논할 수 있음은 물론입니다. 그럼에도 유교를 근본으로 한 삼교를 융합했다고 주장하는 것은 논쟁의 여지가 없지 않습니다. 여하튼 이런 논리를 근거로 하면, 유교를 근본으로 삼교를 융합하는데 성공한 것은 송명宋明의 신유新儒들이라 할 수 있습니다. 따라서 고운은 진실로 송명신유宋明新儒의 선구라고 할 수도 있을 것입니다.[29]

이런 정신은 「난랑비」에도 언급된 "나라에 현묘한 도가 있으니 풍류라 한다. 그 교를 창설한 내력은 선사仙史에 자상하니, 실로 삼교를 포함하여 군생群生을 접화接化하는 것이다."라고 한 것이 잘 말해줍니다. 이는 고운의 '유불선儒佛仙 삼교가 관통되는 이념'이었음을 보여줍니다. 또 '삼교병행'이라 하여 "희삼교지병행喜三教之幷行에 법려法侶가 환호하니 일불一佛이 나왔는지 놀랐습니다."라고도 했습니다.

유식론唯識論의 대가인 신라의 원측(圓測, 613~696)에 대해 고운은 「번경증의대덕원칙화상휘일문翻經證義大德圓測和尙諱日文」에서 "밝은 거울을 중국에 내걸었던 사람은 오직 문아文雅 원측 대사다. 말은 여섯 개 국어(六國語)에 통하고, 측천무후(則天武后, 624~705)의 존경을 받아 참으로 부처와 같이 소중히 하였다. 토론을 하면 증거를 들어 분명하게 하였으니, 이러한 까닭에 경전을 말하면 반드시 우두머리가 되었다."고 밝혔습니다.

한편 "수공년중(則天武后)에 신라의 군주가 불법佛法을 사모하여 거듭 표문表文으로 돌려주길 간청했으나 이루지 못하자, 이로부터 우리 불교계가 고산앙상高山仰上하였다."고 적었습니다. 그리고 「해동화엄초조기신

29) 고운의 "사랑을 욕되는 것처럼 깜짝 놀리도록 하라고 한 노자의 말이 아무런 저의가 없는 것이 아니요, '세상에 나가거나 물러가는데 스스로 보존하라'고 한 공자의 말씀이 틀림없는가 합니다."라고 한 것에서 유가와 도가를 회통하는데 장애가 없었음을 볼 수 있다.

원문海東華嚴初祖忌晨願文」에선 "의상 대사가 종남산 지상사로 가서 지엄 화상(智儼和尙, 602~668)30)을 엄사嚴師로, 법장 화상(法藏和尙, 643~712)31)을 벗으로 삼아 10년을 정밀히 단련하여 만리에 유전했다."고 했습니다.32)

또 현수의 전기인 「당대천복사고사주번경대덕법장화상전唐大薦福寺故寺主翻經大德法藏和尙傳」은 현수의 전기 중 가장 오래됐고, 가장 신뢰할 만한 글입니다. 「종남산엄화상보은사회원문終南山儼和尙報恩社會願文」은 지엄智儼의 불덕佛德에 대한 것으로 "종남산 지상사 지엄 화상智儼和尙은 대교大敎를 우리 선사(先師, 義湘)께 부탁했으니, '대덕大德의 혜력慧力을 상상'하게 한다."고 그를 칭송했습니다.33)

4) 도교사상

고운이 과거에 급제하여 지낸 벼슬살이는 당 고조唐高祖인 이연(李淵, 566~635)과 그의 아들 태종 이세민(李世民, 599~649)이 통치할 때입니다. 수말隋末의 동란시기에 이미 '양씨장멸이씨장흥楊氏將滅李氏將興'이란 말이 횡행했습니다. "천도天道가 장차 바뀌니, 장차 노군老君의 자손이 세상을 다스린다."라는 도참설圖讖說이 유행한 것입니다. 때문에 수제隋帝는 대장군 이혼李渾을 살육하는가 하면 이연에게도 탄압을 했습니다.

---

30) 화엄종 제2조.

31) 화엄종 제3조.

32) 그런가 하면 「화암사회원문(華巖社會願文)」에선 "당나라 법장 화상(현수)이 우리 조사대덕(祖師大德, 義湘)에게 편지로 말하길 '숙세동인, 금생동업, 원내세, 사신수신, 동어노사나회, 청수무진묘법'(夙世同因, 今生同業, 願來世, 捨身受身, 同於盧舍那會, 聽受無盡妙法) 등으로 했다."고 하였으니 두 사람의 정의(情誼)와 각오(覺悟)를 짐작할 수 있다.

33) 아울러 "법장 화상과 선사 대덕(의상)은 함께 불교를 질문하여 깊이 묘문(妙門)을 엿보았다."라고 하였다. 이런 기록들은 중국불교사와 한국불교사 연구에 큰 도움을 주었다.

이연은 굴하지 않고 오히려 대업大業을 일으켜 수隋에 대항했습니다. 결국 이씨장흥李氏將興을 활용하여 당나라 건국에 성공했습니다. 아들 이세민이 태종이 될 때도 도사 왕원지(王遠知, 530~635)의 도움을 받았습니다. 모산 상청파(茅山 上淸派) 13대 종사宗師인 왕원지는 이당일족李唐一族과 깊은 관계를 맺고 있었습니다. 왕원지 이후, '상청파上淸派의 도사들은 모두 당나라의 국사國師'가 되었습니다.

왕원지는 당唐 고조高祖 무덕武德 3년(620)에 조산대부朝散大夫가 되었으며, 당 태종 이세민은 그를 은청광록대부銀靑光祿大夫로 삼고 자의紫衣를 그에게 내렸습니다. 이는 도사가 최초로 자의를 받은 계기이기도 합니다. 이런 사정은 고운이 '계림황엽 곡령청송(鷄林黃葉 鵠嶺靑松)'이라 하여 왕건王建의 등극을 예언했다고 하여 그의 '문인 일족이 고려 초에 등용되었던 것과도 무관하지 않은 것'으로 보입니다.

당나라 고종은 신라와 합작하여 백제와 고구려를 멸망시켰는데, 고종도 도교를 숭봉하여 호주亳州의 태상노군묘太上老君廟를 친히 배알하고 노자를 태상현원황제太上玄元皇帝라 칭하고, 노자의 어머니를 선천태후先天太后라고 존칭했으며, 왕공백관王公百官들에게 『노자』를 익히도록 했습니다. 즉 도교를 숭배하고 불교를 탄압한 것입니다. 하지만 측천무후則天武后는 불교를 우선으로 도교를 다음으로 했습니다.

그러나 당 현종玄宗은 반대로 도교를 숭봉하고 불교를 억압했습니다. 당 현종 때 유명한 도사 사마승정(司馬承禎, 674~735)이 있었고, 당 희종僖宗 때는 왕선지王仙芝의 난과 황소의 난이 있었던 까닭에 희종은 성조노자聖祖老子의 도움을 청하고, 도사 오중현吳重玄과 마함창馬含彰, 손서오孫栖梧 등으로 하여금 청사靑詞를 주어 빌게 했습니다. 하지만 단약丹藥 유행으로 많은 황제들이 회생됐습니다.

『해동전도록海東傳道錄』에는 당나라 개원開元 중에 신라사람 최승우崔承祐와 김가기金可紀, 승려인 자혜慈惠 세 사람은 당나라로 들어가 종남산終南山의 광법사廣法寺에서 천사天師 신원지申元之를 만나고, 종이권鍾離權34)을 만나게 되어 '환반지지還返之旨'를 배우고 도서道書와 구결口訣을 전수받았습니다. 김가기는 수련 끝에 '대낮에 하늘로 오른다'는 이른바 백일승천白日升天했다고 전합니다.35)

후일 최승우는 귀국하여 고운에게 도요道要와 구결口訣을 전수함으로써 동방단학東方丹學의 전수자가 되게 했습니다. 자혜慈惠는 의상義湘 계통에 속하는 스님 명법明法과 교유하여 명법과 함께 최승우에게 수업했으며, 권청權淸은 고운을 만나 도법을 수련한 뒤 후대에 도법을 전수했습니다. '환반지지還返之旨'는 곧 내단內丹수련법이고, '참동결參同訣'의 구결은 내단수련의 요건과 핵심을 간략하게 보여줍니다.

고운의 중심 도법道法은 환반還返과 시해尸解인데, 환반은 불로장생을 위한 내단수련법이고, 시해법은 신체와 영혼을 분리하는 방법입니다. 고운의 시해법엔 금, 목, 수, 화, 토의 오해五解가 있습니다. 현준玄俊은 고운의 외숙으로, 당나라에 들어가 그 법을 배워 '보사유인지술步捨遊引之術'을 저술했습니다. 고운도 중국에서 그 법을 얻은 적이 있었으나, 귀국해 잊어버렸다가 외숙인 현준에게 다시 배웠습니다.36)

---

34) 당말오대(唐末五代) 여동빈(呂洞賓)의 스승이니 당말에 나타난 신선으로 보인다.

35) 심분(沈汾)의 찬술인 『속선전(續仙傳)』의 「김가기전(金可紀傳)」에 의하면, 858년(헌안왕 2) 2월 25일에 상승선화(上昇仙化)한 것으로 나온다.

36) 고운이 당나라에 있을 때 시해법을 얻었으나 귀국하여 가야산에 은거하면서 현준에게 다시 배우게 되었다는 시해는 '신체를 버려두고 신선이 된다'는 것이다.

고운은 이를 통해 『가야보인법伽倻步引法』을 저술하기도 했습니다. 고변高騈은 여용지呂用之란 도사에게 혹했다가 그의 방탕한 모습을 보고 떠났던 것으로 볼 때, 고운 역시 여용지와 관계가 있었던 것으로 보입니다.37) "지금 다행히 태위(고변)께서 덕德이 높고 도道가 깊으신지라, 황석공黃石公의 묘결妙訣로써 제왕의 스승이 되었고, 적송자赤松子의 높은 행실로써 신선神仙의 벗을 맞이하게 되었습니다.38)

나가선 육출기계六出奇計로 적을 제어하고 들어와선 구전금단九轉金丹으로 몸을 단련하여 고요히 전쟁터의 연기와 티끌을 불살라 버리고 한가히 별천지의 해와 달을 대합니다. 해와 달, 별의 삼광을 공경하고 하늘과 땅의 일기一氣를 정밀히 닦아 진위眞位의 고선高仙을 보니 뛰어난 상서가 자주 내렸으며, 채색구름은 조각조각 초수楚岫의 바람을 날려 오고 검은 학鶴은 쌍쌍이 수궁隋宮의 달을 맞아옵니다.39)

자극궁紫極宮 안에 동연묘재洞淵妙齋를 올리되 사흘 낮과 나흘 밤, 경經을 읽고 도道를 행하면서 본부本府의 화재를 물리치기 위해 은혜를 비는 글을 허무원시천존虛無元始天尊께 올리나이다."라고 했고, 또 "태상삼존太上三尊과 십방중성十方衆聖들이시여! 자비로운 음덕을 주시고 소원을 이루게 하시어…."라고 하였으며, 다시 "태상삼존과 십방중성들께서 곡진히 현묘玄妙한 은택을 주시고…."라고 했습니다.

---

37) "고변이 막부에 있는 수년 동안 족히 할 만한 것과 여용지와 제갈은(諸葛殷) 등이 방탕하고 허망하여 반드시 실패할 것을 알고 초연히 떠났다. 그가 떠난 지 3년 만에 회남(淮南)에 난리가 있었다. 고변은 그 기미를 안 명철한 군자다. 따라서 그 사람과 글은 중요하니 전할 만하고 가히 민멸시키지 못할 것이다."라고 한 점으로 미뤄 여용지를 경계했음을 알 수 있다.

38) 「求化修諸道疏」.

39) 이처럼 고변의 선도(仙道) 수련을 칭송했다.

영보천존靈寶天尊, 도덕천존道德天尊과 함께 삼청三淸의 하나인 원시천존元始天尊을 도교의 최고신으로 숭앙하기 시작한 것은 남북조南北朝의 상청파가 출현할 무렵입니다. 천사도天師道[40]를 개혁하여 신천사도를 확립한 북위北魏의 구겸지(寇謙之, 365~448)가 숭산嵩山에서 수행하고 있을 때였습니다. '태상노군太上老君'이 구름과 용을 타고 많은 신선과 선녀를 대동하여 내려와서 구겸지에게 말했습니다.

"숭악진령집선궁주嵩岳鎭靈集仙宮主가 '천사 장릉張陵이 죽은 뒤 천사로서 적당한 사람이 없어 자리를 비운 것이지만 이제 숭산에서 수행하는 도사 구겸지는 행동이 자연의 도에 알맞고, 규범이 될 재능이 있으며, 진리를 체득하여 천사로 적당하다'고 상주上奏했기에 확인코자 왔다. 보아하니 상주와 세상에 활동할 만하구나." 하고 구겸지에게 운중음송신과雲中音誦新科의 계誡 20권을 주고 천사로 임명했습니다.

그리하여 태상노군은 "삼장三張의 위법僞法 조미전세租米錢稅, 남녀합기술男女合氣術을 제외하고, 도교를 청정淸整할 것, 대도大道 실행을 위해 예를 첫째로 하고, 복식服食과 복기服氣를 첨가하라."고 지시하고 12명의 신선에게 복기服氣와 도인導引, 구결口訣에 관한 법을 수여했습니다. 이에 구겸지는 벽곡법辟穀法을 얻어 장생술을 체득하고 몸속의 기氣를 왕성하게 하여 신체를 가볍게 했습니다.

이 때문에 안색이 젊은 사람과 같게 됨으로써, 동시에 10명 정도의 제자도 장생술을 얻게 되었습니다. 그리하여 천사도는 혁신되고 최호崔浩

40) 오두미교(五斗米敎)로도 불린다. 그 교문(敎門)에 들어갈 때 5두(斗)의 쌀을 바친다고 하여 오두미교로 불리게 되었다. 나중엔 천사도(天師道)라 했으며, 13세기부터는 정일교(正一敎)라 불렸다.

의 도움으로 태무제太武帝의 귀의를 받아 도교는 북위北魏로부터 국가적인 종교가 되었으며, 불교 금지로 나아갔습니다. 도교가 제왕의 보호를 받으면서 국가적 종교로 발전한 것은 순전히 구겸지에 의해섭니다. 혹자들이 도교의 개조가 구겸지라고 하는 것은 이 때문입니다.

태상노군太上老君에서 원시천존으로 신앙대상의 변화가 언제 생겼는지는 분명치 않으나, 상청파의 경전인 『모산지茅山志』에 원시허황천존元始虛皇天尊이 최고신으로 기록된 것으로 보아 남북조 말기로 추측됩니다.41) 당나라 초기부터 도교와 불교는 갈등이 심화되고 무종武宗은 도교를 믿고, 불교를 금지함으로써 충돌했습니다. 하지만 대세는 삼교정립이 되면서 노자에겐 태상현원황제太上玄元皇帝란 존칭이 붙었습니다.

그러면서 그를 기리는 사당을 짓고, 노자서老子書를 경經으로 삼았습니다. 현종은 『노자주老子註』를 저술했으며, 태종과 고종, 현종, 헌종, 경종, 무종 등은 장생단약長生丹藥에 의해 희생됐습니다. 도사 구겸지는 자칭 태상노군이란 신을 만나기도 했습니다. 하지만 남북조시대 노자를 이미 태상노군이라 했으며, 남조 때 도홍경(陶弘景, 456~536)의 「진령위업도眞靈位業圖」에 '태청태상노군太淸太上老君'이 있었습니다.

당나라 태종 때는 옥청玉淸과 상청上淸의 삼청三淸이 형성되어 '태상노군太上老君'은 도덕천존道德天尊과 원시천존元始天尊, 영보천존靈宝天尊이라 불리는 도교의 최고신이 되었습니다.42) 상청궁은 도교에서 천상의

41) 김낙필(1989), 「孤雲의 道敎觀」, 『崔孤雲 硏究』, 민음사.

42) 고운의 도교적인 시의 세계는 대략 다음과 같다. 「성잠(性箴)」에서, "성해(性海)에 물결이 맑아 깊은 근원을 보았고, 희이(希夷)를 연구하여 도의 문을 열었네. 글과 글씨가 쌍으로 아름다운 자취를 전하니, 어찌 다시 5천 언을 쓸 나위가 있으랴!"라고 했고, 「조상청(朝上淸)」에선, "마음 재계하길 게으르게 하지 않고, 상제를 받드는 것은 어찌 신선의 도를 닦는 것이랴! 사람을 건지기 위함이지. 천상(天上)의 향기로운 바람이 초택(楚澤)에

옥황상제玉皇上帝가 있는 곳입니다. 고변高騈이 말년에 도교를 믿었기 때문에 고운도 영향을 적지 않게 받았으나 신선神仙이 되기보단 사람을 제도하고자 했습니다. 이것이 특징일 것입니다.

조상청朝上淸의 상청은 도교 상청파에서 말하는 것으로, 상청파는 위화존부인魏華存夫人으로부터 시작하지만 양梁의 도홍경陶弘景이 교리를 완성했습니다. 고운이 도홍경을 '산중재상山中宰相' 혹은 '위우대우謂牛戴牛'라 했는데, 도홍경은 모산茅山에 은거했으나 양무제梁武帝는 큰 일이 있을 때마다 방문해 자문했습니다. 때문에 세상에선 그를 '산중재상'으로 불렀습니다. 도교의 위상을 알 수 있습니다.

무제武帝가 도홍경에게 벼슬을 주기 위해 부르니, 홍경은 소 두 마리를 그려 바쳤던 고사를 인용하여 '우대우牛戴牛'라 했습니다. 도홍경의 중심사상은 수일守一설입니다. 또 그는 복식법服食法 때문에 본초학本草學 연구의 권위자가 되어 『신농본초경神農本草經』을 편집했고, 원시천존을 최고의 신으로 했으며, 정토종淨土宗의 삼조三祖인 담란曇鸞 대사와 장생법을 가지고 관계를 맺었던 일도 있었습니다.43)

3. 정읍 무성서원은?

- 위치: 전라북도 정읍시 칠보면 원촌 1길 44-12
- 문화재 지정: 사적 제166호(1968년 12월 19일 지정)

보니 강남 강북이 길이 봄을 이루리."라고 했다.

43) 이와 같은 당시의 종교적 특성에 따라 고운의 도교에 대한 이해를 짐작할 수 있다.

무성서원

무성서원은 고려시대 지방 유림의 공의로 고운의 학문과 덕행을 추모하기 위해 창건(초기엔 태산사)했습니다. 고려 말 쇠약해졌다가 1483년(성종 14) 정극인(丁克仁, 1401~1481)이 세운 향학당鄕學堂이 있던 지금의 자리로 이전했습니다. 이후 1549년(명종 4) 신잠(申潛, 1491~1554)의 생사당(生祠堂, 생존해 있는 사람을 모시는 사당)을 짓고 태산사泰山祠에 배향했으며, 1630년(인조 8) 정극인과 송세림(宋世琳, 1479~?)을 배향했습니다.

아울러 정언충(鄭彦忠, 1706~1772), 김약묵(金若默, 1500~1558)을 배향했고, 1675년(숙종 1) 김관金灌을 추가 배향했습니다. 1696년(숙종 22) 최치원과 신잠의 두 사당을 병합해 무성武城이라 사액賜額되어 서원으로 개편했습니다. 이 서원은 1868년경 대원군의 서원 철폐[44] 시 훼철毁撤되지

44) 서원철폐령은 세도정치를 혁파하고, 왕권강화를 꾀하기 위해 시작됐다. 대원군(大院君)은 1864년 전국에 산재해 있는 서원의 실태를 조사하게 한다. 그는 서원의 폐단과 존폐 문제를 제기한 후, 가장 먼저 노론(老論)의 정신적 지주였던 만동묘(萬東廟)를 철폐했다. 이어 1868년(고종 5)엔 사액서원을 제외한 전국 1,000여 곳의 서원을 정리했고,

현가루(絃歌樓)

않고 존속한 47개 서원 가운데 하나이며, 현존하는 건물로는 사우(祠宇, 태산사泰山祠와 현가루絃歌樓, 강당[明倫堂], 강수재講修齋, 고사庫舍 등이 있습니다.

한편 무성서원은 2019년 7월 6일, 제43차 유네스코 세계유산위원회에서 다른 8개 서원과 함께 '한국의 서원(Seowon, Korean Neo-Confucian Academies)'이란 이름으로 세계문화유산으로 등재됐습니다. 세계문화유산에 등재된 서원은 소수서원(1543년)과 남계서원(1552년), 옥산서원(1573년), 도산서원(1574년), 필암서원(1590년), 도동서원(1605년), 병산서원(1613년), 무성서원(1615년), 돈암서원(1634년) 등입니다.

전형적인 전학후사前學後祠 형태로 배치된, 서원으로서 갖춰야 할 기본적인 건축물로 이루어져 있습니다.

현가루絃歌樓는 홍살문을 지나면 가장 먼저 마주하는 건물입니다. 현가絃歌란 말은 『논어論語』, 「양화陽貨」에서 유래합니다. 공자 제자인 자유

1871년(고종 8)엔 대대적인 서원 철폐령을 내려 대부분 정리했다.

무성서원 강당(명륜당)

子游가 노魯나라 무성武城의 현감縣監으로 있을 때, 그는 예악禮樂으로 민중을 다스렸습니다. 공자가 어느 날, 자유를 찾았는데, 마침 현가의 소리(絃歌之聲)가 들려 탄복했다는 일화에서 온 말입니다.

병자년(丙子年, 1696)에 사액賜額된 기록이 보입니다. 그리고 무성서원

강수재(講修齋, 東齋)

태산사(泰山祠)

의 강학 공간은 앞뒤가 뚫려 있는 것이 특징입니다. 뒤로는 태산사泰山祠가 보이고, 앞으론 외삼문인 현가루가 보입니다. 담백하면서 열린 공간임을 말해줍니다.

서원을 건립할 때는 반드시 기숙사 격인 동재東齋와 서재西齋를 짓습니다. 무성서원의 서재였던 흥학재興學齋는 현재 존재하지 않고, 동재인 강수재講修齋만 존재합니다.

서원은 향교와 다르게 인재양성은 물론 성현聖賢들께 제사도 지냅니다. 즉 성현을 모시고 기리는 사祠기능과 자제子弟를 교육하는 재齋기능이 합해진 것입니다. 태산사泰山祠에서도 정해진 날짜에 향사享祀를 받들고 있습니다.

II 회헌 안향과 소수서원

1. 회헌 안향의 삶

안향(安珦, 1243~1306) 선생의 자字는 사온士蘊, 호號는 회헌晦軒[45]입니다. 본관은 순흥順興이고, 초명은 유裕입니다. 향珦 자가 조선의 문종 이름과 같았기 때문에 후세 사람들은 초명으로만 불렀습니다. 부친은 밀직부사 부孚이고, 모친은 강주 우씨剛州禹氏입니다. 그는 충렬왕 때 원元나라를 왕래하며 직접 주자서朱子書를 베껴오고, 섬학전贍學錢[46]을 설치하는 등 성리학 도입과 보급에 힘썼습니다.

회헌은 1260년(원종 1) 문과에 급제하여 교서랑校書郎을 거쳐 직한림원直翰林院이 됐습니다. 1270년(원종 11) 삼별초三別抄의 난 때, 강화에 억류되었다가 극적으로 탈출하여 1272년(원종 13) 감찰어사監察御史가 됩니다. 1275년(충렬왕 1) 상주판관尙州判官이 됐으며, 판도사좌랑版圖司左郎과 감찰시어사監察侍御史를 거쳐 국자사업國子司業이 됩니다. 1288년(충렬왕 14) 우사의右司議와 좌승지를 지내고, 1289년 좌우사낭중左右司郎中이 되었습

45) 회헌(晦軒)이란 호는 만년에 송나라의 주자(朱子)를 추모하여 그의 호인 회암(晦庵)을 모방한 것이다.

46) 안향(安珦)의 제안에 따른 일종의 장학제도다. 즉 국학생(國學生)들을 위해 관리들의 품계에 따라 일정액을 기부토록 했다.

니다.

그리고 11월엔 충렬왕을 따라 원나라에 갔다가 이듬해 귀국했습니다. 1294년(충렬왕 20) 동남도병마사東南道兵馬使가 되어 합포진合浦鎭에 부임했고, 이어 밀직사사密直司使를 거쳐 1296년(충렬왕 24) 삼사좌사三司左使가 되었습니다. 1298년 충선왕이 등극해 관제를 개혁할 때 집현전태학사 겸참지기무동경유수계림부윤集賢殿太學士兼參知機務東京留守鷄林府尹이 되었습니다. 그해 8월엔 왕을 따라 다시 원나라를 다녀오기도 했습니다.

이후 충렬왕이 복위하자, 광정대부찬성사匡靖大夫贊成事와 벽상삼한삼중대광壁上三韓三重大匡에 올랐습니다. 1303년(충렬왕 29)에는 첨의시랑찬성사판판도사사감찰사사僉議侍郎贊成事判版圖司事監察司事에 이르렀으며, 이듬해 판밀직사사도첨의중찬判密直司事都僉議中贊으로 관직생활을 마쳤습니다. 회헌이 죽자 충렬왕은 장단의 대덕산에 장지葬地를 내렸습니다. 1318년(충숙왕 5) 왕명으로 초상화가 그려지기도 했습니다.

이때 모사본이 지금까지 전하고, 1319년(충숙왕 6) 문묘文廟에 배향됐습니다. 1542년(중종 37) 풍기군수 주세붕(周世鵬, 1495~1554)이 영주에 그의 사우祠宇를 세우고, 이듬해 주자의 백록동서원白鹿洞書院을 모방해 백운동서원白雲洞書院을 세웠는데, 1549년(명종 4) 풍기군수 이황李滉의 요청으로 소수서원紹修書院이란 명종 친필의 사액賜額이 내려집니다.47) 장단 임강서원臨江書院과 곡성 회헌영당晦軒影堂에도 제향됐습니다.48)

---

47) 또한 명종(明宗)은 대제학 신광한(申光漢, 1484~1555)에게 명하여 『사서오경(四書五經)』과 『성리대전(性理大全)』 등의 서적을 하사했다.

48) 1643년(인조 21) 장단의 유생들이 봉잠산(鳳岑山) 아래 임강서원(臨江書院)을 세워 제향됐고, 곡성의 회헌영당(晦軒影堂)에도 제향되었다. 시호는 문성(文成)이다.

2. 회헌 안향의 사상

1) 주자학 도입과 문교진흥

고려는 고종 때 원元과 화친을 맺은 이래 몽고의 간섭을 받아 국가로서의 지위가 말이 아니었습니다. 하지만 종전終戰에 따른 평화 회복은 학문과 문교진흥文敎振興을 가능케 했습니다. 충렬왕 때(1275~1308) 그런 기운이 소생하기 시작했는데, 그래서 원의 문화적 영향을 많이 받았습니다. 당시 원나라는 남송南宋을 멸하고 명유名儒를 초치하여 유학을 장려하던 시기로, 정주학程朱學이 북방에서도 행해지기 시작했습니다.

회헌은 그 시기에 원나라를 왕래하면서 그곳의 학풍을 국내에 들여왔습니다. 이른바 주자학(朱子學, 주자에 의해 성리학이 집대성되었기 때문에 주자학 혹은 성리학으로 지칭한다)을 가장 먼저 도입한 학자입니다. 다시 말해 1289년(충렬왕 15) 충렬왕을 따라 원나라로 들어가 주자서朱子書를 직접 베끼고, 공자와 주자의 진상眞像을 그려서 돌아왔으며, 1297년(충렬왕 23)엔 집 뒤에 정사精舍를 짓고 공자와 주자의 진상을 모셨습니다.

또한 1303년(충렬왕 29) 국학학정國學學正 김문정金文鼎을 중국의 강남으로 보내 공자와 70제자의 화상, 문묘文廟에서 사용할 제기祭器와 악기樂器, 육경六經, 제자諸子, 사서史書, 주자신서朱子新書 등을 구해오게 했습니다. 아울러 문교진흥을 위해 왕에게 청하여 문무백관으로 하여금 6품 이상은 은銀 1근, 7품 이하는 포布를 내게 하여 이를 양현고養賢庫에 귀속시켜 그 이자로 인재양성에 충당하도록 했습니다.

1304년(충렬왕 30)엔 섬학전贍學錢을 설치하여 박사博士를 두고 그 출납을 관장하게 했습니다. 섬학전은 일종의 육영재단으로 국자감 재정기반이었습니다. 물론 원나라에서의 주자학 보편화와 주자서의 유포 등에 따른 영향도 있었으나, 회헌이 여러 차례 원나라를 오가며 그곳의 학풍을 견학하고, 주자학을 보급하기 위해 제반 노력을 경주한 것만으로도 그를 우리나라 최초의 주자학자로 평가하는데 부족함이 없을 것입니다.

주자학이 성행한 당시 남송南宋은 금金나라란 이민족의 침입에 민족적 저항을 하지 않을 수 없는 처지였고, 당시 고려도 다르지 않았습니다. 무신 집권에 의한 정치적 불안정, 불교의 부패와 무속의 성행, 몽골의 침탈 등으로 위기 그 자체였습니다. 민족주의 및 춘추대의春秋大義에 의한 명분, 불교보다 한층 주지적인 수양론修養論 등의 특성을 지닌 주자학을 적극적으로 수용하려는 것이 회헌의 생각이었습니다.

회헌은 학교 재건과 인재 양성을 통해 이상을 실현코자 했습니다. 그는 당시의 시대 상황을 자각하고 주자학이 가진 이념이나 주자학 성립의 사회, 문화, 역사적 배경을 인식하여, 고려를 위기에서 벗어나게 하기 위해 제반 교육적 활동을 전개한 것입니다. 따라서 회헌을 평가할 때 '소극적 의미의 주자학 전래자가 아닌, 적극적인 의미에서 주자학 도입자'로, 유학사儒學史 내지는 교육사적으로 설정해도 좋을 것입니다.

2) 회헌 안향의 학풍

회헌이 도입하고 전한 주자학은 당시 원나라의 학풍學風을 주도한 허형(許衡, 1209~1281)의 학문으로, 우주론적인 이기理氣보다는 심성수양心性修養을 중시하는 실천적인 것이 주였습니다. 그는 성인聖人의 도道에 대해 일용윤상日用倫常 속에서의 충忠과 효孝, 신信, 경敬, 성誠이란 실천덕목이라 주장했습니다. 이런 점에서 불교는 부모를 버리고 집을 떠나, '윤리를

경시하고 의리에서 벗어났다'고 배척했습니다.[49]

공자를 배우려면 먼저 주자를 배우는 것이 낫다고 한 기록에서도 알 수 있듯 그는 주자가 저술을 통해 불교를 배척한 공이 크며, 공자의 학문은 주자를 통해 가능하다고 했습니다. 따라서 주자의 화상을 벽에 걸어 두는가 하면, 호號를 회암晦庵의 회晦를 따서 회헌晦軒이라 지었습니다. 회헌으로부터 시작된 주자학은 고려의 불교세력에 대항하고, 나아가 그것을 압도하면서 조선시대의 건국이념으로까지 성장했습니다.

3. 영주 소수서원은?

- 위치: 경상북도 영주시 순흥면 소백로 2740
- 문화재 지정: 사적 제55호
- 국보: 안향 초상, 제111호
- 보물1: 숙수사지 당간지주, 제59호
- 보물2: 문성공묘, 제1402호
- 보물3: 강학당, 제1403호

소수서원紹修書院은 많이 알려진 대로 우리나라 최초의 서원이자, 사액서원賜額書院입니다. '사액서원'이란 군주가 이름을 지어서 새긴 편액

49) 회헌의 시문집인 『회헌실기(晦軒實記)』에 보면, "내 일찍 중국에서 주회암(朱晦庵, 주자)의 저술을 얻어 보니, 성인(聖人)의 도(道)를 발명하고, 도가(道家)와 불가(佛家)의 학을 물리친 것으로, 그 공이 족히 공자에 비할 수 있다."라 하고 있다.

소수서원

을 내린 서원을 말합니다. 흔히 서적이나 토지, 노비 등도 동시에 하사됩니다. 소수서원은 1542년(중종 37)에 풍기군수 주세붕(周世鵬, 1495~1554)이 안향安珦의 학문과 덕행을 추모(제사)하기 위해 사당을 세웠다가, 1543년(중종 38)에 유생들을 교육하면서 '백운동서원白雲洞書院'이라 했습니다.

이후 1550년(명종 5)에 풍기군수로 재직하던 퇴계의 요청에 의해 '소수서원紹修書院'이란 사액을 받으면서 국가의 공인과 더불어 지원을 받게 되었습니다. 1544년(중종 39)엔 안축(安軸, 1282~1348)과 안보(安輔, 1302~1357)를 위해 제사했고, 1633년(인조 11)엔 주세붕(周世鵬, 1495~1554)을 위해 제사를 지냈습니다. 서원의 건물은 비교적 자유롭게 배치가 됐는데, 이는 일반적인 서원의 배치가 완성되기 이전인, 즉 초기의 서원형태였기 때문으로 보입니다.

정문으로 들어서면 강당인 명륜당이 있고, 유생들이 머물며 공부하던 일신재日新齋와 직방재直方齋가 연속으로 배치되어 있습니다. 서원의 배치가 일반적으론 강당 좌우에 기숙사 격인 동재東齋와 서재西齋를 배치하는데, 소수서원은 현판의 이름으로 구분을 했습니다. 사당은 명륜당의 서북쪽에 따로 쌓은 담장 안에 배치했습니다. 조선후기 대원군의 서원철폐령에도 화禍를 당하지 않은 47개 서원 중 하나입니다.

주요 건물로는 강학당講學堂과 문성공묘文成公廟, 영정각影幀閣, 지락재至樂齋, 학구재學求齋, 일신재日新齋, 직방재直方齋, 장서각藏書閣, 경렴정景濂亭 등으로 이루어져 있습니다. 여기서 '강학당'은 유생들에게 강론한 명륜당이고, '문성공묘'는 회헌을 모신 사당이며, 일신재(동재)와 직방재(서재)는 기숙사입니다. '영정각'은 회암 주희와 회헌 안향의 위패를 모신 곳으로 국보와 보물로 지정되어 있습니다.

일반적인 서원의 모습은 전학후사前學後祠 형태로 배치가 되지만, 소수서원은 일반적인 서원의 형태와는 좀 다릅니다. 이는 서원 배치의 정형화, 즉 초기의 서원 형태였기 때문으로 보입니다. 그럼에도 강학당(白雲洞) 뒤쪽으로 문성공묘文成公廟를 배치한 것은 일반적인 형태에서 크게 벗어나지 않습니다. 여기서 문성공사祠로 하지 않고, 문성공묘廟로 바꾸어 칭한 것은 '사당의 격을 높인 것'으로 볼 수 있습니다.

건물 배치는 하학상달下學上達을 기초로 구성되어 있습니다. 즉 독서를 통한 학문의 즐거움을 뜻한다는 지락재至樂齋를 필두로, 성현聖賢의 길을 따라 학문을 구한다는 학구재學求齋, 날마다 새롭게 한다는 일신재日新齋, 항상 깨어 있는 마음을 곧게 한다는 직방재直方齋가 있습니다. 이 직방재에 이르면, 학문을 크게 이루기 때문에 명륜당이라 불리는 강학당講學堂에 들어 세상의 이치를 밝히는 것입니다.

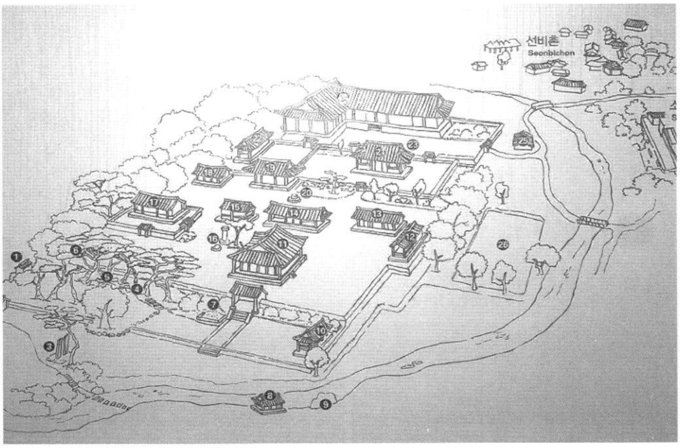

소수서원 배치도

지도문(志道門)

유가儒家의 도道는 말할 것도 없이 인도人道입니다. 도道를 행하면 덕德이 되며, 도道와 덕德을 합일시키면 인仁이 됩니다. 인仁한 세상을 만들기 위해선 인재人材가 필요합니다. 인재가 되기 위한 첫 번째 과정이 도道에 뜻을 두는 것입니다.

강당(명륜당) 내부

여기서 배출된 인재가 대략 4,000여 명에 이르며, 강학당 내부엔 명종明宗이 내려준 편액賜額書院이 걸려 있습니다.

지락재(至樂齋, 우측)와 학구재(學求齋, 좌측)

직방재(直方齋, 좌측)와 일신재(日新齋, 우측)

문성공묘(文成公廟)

영정각(影幀閣)

장서각(藏書閣)

장서각은 경서經書와 목판을 보관하던 곳입니다.

경렴정(景濂亭)

유생이나 지역 유림들이 시詩를 짓거나 토론하며 마음의 여유를 찾던 공간입니다. 주세붕이 백운동서원(소수서원)을 건립하면서 지었으며, 우리나라에서 가장 오래 된 정자 중 하나로 꼽힙니다. '경렴정'이란 이름은 북송 철학자 염계濂溪 주돈이(周敦頤, 1017~1073)를 경모하는 뜻에서 렴濂 자를 취했고, 회헌을 높인다는 뜻에서 경景 자를 취했습니다. 정자 내부엔 주세붕과 퇴계 등 당대 묵객墨客들의 시판詩板이 걸려 있습니다.

III 목은 이색과 문헌서원

1. 목은 이색의 삶

이색(李穡, 1328~1396)[50] 선생의 자字는 영숙穎叔, 호號는 목은牧隱입니다. 목은이 살았던 고려 말은 고려시대의 정치이념이었던 불교의 폐단이 격화됨으로써 정치가 문란해지고 경제가 피폐하여 민심이 극도로 불안한 시대였습니다. 민심을 아우를 지식인들은 불교를 배척할 수 있는 이론으로 중국의 성리학性理學을 도입합니다. 성리학을 당나라 말 극심했던 불교폐단을 극복할 수 있는 대안으로 본 것입니다.

성리학 도입은 주자(朱子, 1130~1200) 사후, 100여 년이 지나 원元나라로부터 이뤄집니다. 최초로 도입을 주도한 사람은 안향安珦[51]이라는 설이 유력합니다. 안향이 도입한 성리학은 백이정(白頤正, ?~?)과 우탁(禹倬, 1263~1343), 신천(辛蕆, ?~1339) 권부(權溥, 1262~1346), 이제현(李齊賢, 1287~1367), 박충좌(朴忠佐, 1287~1349), 이인복(李仁復, 1308~1374), 백문보(白文寶, ?~1374) 등에 의해 연구가 되었으나 충분히 소화되어 토착화되기

50) 이색(李穡)은 포은(圃隱) 정몽주(鄭夢周), 야은(冶隱) 길재(吉再)와 함께 삼은(三隱)의 한 사람이다. 부친은 찬성사 이곡(李穀, 1298~1351)이며, 이제현(李齊賢)의 문인이다.

51) 안향(安珦, 1243~1306)은 고려 충렬왕 때 원나라에서 주자학(성리학)을 도입하고 섬학전(贍學錢, 일종의 육영재단)을 설치하여 이를 보급한 고려의 문신이다.

시작한 것은 목은에 이르러서였습니다. 양촌陽村 권근(權近, 1352~1409)은 「목은선생행장」에서 목은의 성리학 수준을 이렇게 밝힙니다.

"사방에서 학자들이 모여들어 여러 선생들이 경서를 나눠 가르쳤다. 매일 강의가 끝나면 서로 의심나는 곳을 토론하여 각각 그 극진함을 다했다. 이때에 공은 화평한 표정으로 중도를 잡아 변석하고 절충하여 정주程朱의 학설에 부합되도록 힘썼으며 밤이 다하여도 지칠 줄을 몰랐다. 이때부터 우리나라에 성리학이 크게 일어났고, 학자들은 그 기송사장記誦詞章의 습관을 버리고 심신성명心身性命의 이치를 연구했다."52)

목은은 1341년(충혜왕 복위 1) 성균시에 합격해 진사進士가 됐고, 1348년(충목왕 4) 원나라에 가서 국자감의 생원生員이 되어 성리학을 연구했습니다. 또 원나라에서 실시한 회시會試에서 수석, 전시殿試에서 차석으로 합격해, 응봉한림문자승사랑동지제고 겸 국사원편수관應奉翰林文字承事郞同知制誥兼國史院編修官을 지내고 귀국해 전리정랑 겸 사관편수관지제교 겸 예문응교典理正郎兼史館編修官知製教兼藝文應教 등을 역임했습니다.

이후 다시 원나라로 들어가 한림원에 등용되어 재직하다 귀국하여 여러 관직을 거치면서 3년상 제도를 건의하여 시행하는 등 많은 공적을 쌓았습니다. 1367년(공민왕 16) 40세 때 성균관 대사성大司成이 되어 성균관의 학칙을 새로 제정하여 김구용(金九容, 1338~1384)과 정몽주(鄭夢周,

---

52) 이밖에 "유학을 높일 줄 알고 이단에 빠지지 아니하며, 의리를 바로잡고 이익을 구하지 않았으므로 유풍과 학술이 새롭게 찬란하였으니 이는 모두 선생의 가르친 공로였다."고 하였다.

1337~1392), 이숭인(李崇仁, 1349~1392) 등을 학관學官으로 채용하여 신유학新儒學 보급과 성리학 발전에 크게 공헌했습니다. 1388년(우왕 14) 철령위 문제鐵嶺衛問題가 일어나자 화평和平을 주장했습니다.

1389년(공양왕 1) 위화도회군威化島回軍으로 우왕禑王이 강화로 쫓겨나자, 조민수(曺敏修, ?~1390)와 함께 창왕昌王을 옹립, 즉위하게 하였습니다. 판문하부사判門下府事가 되어 명明나라에 사신으로 들어가 창왕의 입조入朝와 명나라의 고려에 대한 감국監國을 주청해 이성계(李成桂, 1335~1408) 일파의 세력을 억제하려 했습니다. 하지만 이성계 일파가 권력을 잡게 되자, 오사충(吳思忠, 1327~1406)의 상소로 오히려 장단長湍에 유배되고 말았습니다.

이듬해 함창咸昌으로 옮겨졌다가 이초彝初[53]의 옥사에 연루되어 청주의 옥에 갇혔는데, 수재水災가 발생해 함창으로 옮겨 안치安置됐습니다. 1391년(공양왕 3) 석방되어 한산부원군韓山府院君에 봉해졌으나, 1392년(공양왕 4) 정몽주가 피살되자 이에 연루되어 금주(衿州, 서울시 금천구 시흥동)로 추방됐다가 여흥(驪興, 경기도 여주)과 장흥長興 등지로 유배된 뒤 석방됐습니다. 1395년(태조 4)에 한산백韓山伯에 봉해졌습니다.[54]

---

53) 윤이·이초의 옥사는 1390년(공양왕 2) 고려의 무신 윤이(尹彝)·이초(李初)가 명나라에 찾아가 주원장에게 이성계가 명나라를 치려한다고 한 사건이다. 이성계의 측근인 정도전이 명나라에 들어가 무고임을 해명하고 돌아와 이색과 우현보(禹玄寶, 1333~1400)를 제거한 사건이다.

54) 1395년 68세 때, 이성계의 출사(出仕) 종용이 있었으나 끝내 고사하고, 이듬해 여강(驪江)으로 가던 도중 병사했다.

2. 목은 이색의 사상

1) 성리학의 구축 배경

목은은 일찍이 "삶과 죽음은 무상하다. 오늘은 비록 살아 있으나 내일은 장담하기 어렵다. 사람의 삶과 죽음은 대사大事다."[55]라고 한 적이 있습니다. 철학적 사유의 출발이 인생의 무상함을 자각하고, 그것을 극복하려는데 있었음을 알 수 있습니다. 다시 말해 목은 사상의 형성과정은 고려시대 때 전성기를 구가했던 불교의 영향을 받은 것임을 알 수 있습니다. 실제 목은은 어려서 산사에 들어가 불경을 공부했습니다.

현실적 상황을 실유實有가 아닌, 꿈이나 환상 같은 것으로 이해하는 이른바 공사상空思想[56]에 심취했습니다. 하지만 당시의 사회상은 불교의 말기적 현상으로 인한 폐해가 극심한 시대였습니다. 고려 경제를 좌지우지 할 만큼 비대해진 사원은 민중들이 도탄塗炭에 빠지는 원인이 되었고, '승려들의 타락'은 민중들로 하여금 불교에 대한 매력을 잃게 했습니다. 불교는 더 이상 민중들에게 도움이 되지 못했습니다.

이와 같은 불교의 폐단을 직시한 목은은 불교를 배척하지 않을 수 없었습니다. 하지만 여전히 매력적인 불교의 해탈론解脫論 때문에 갈등하

---

55) 『牧隱文藁』권5, 「寶蓋山石臺菴地藏殿記」.

56) 만물은 고정, 불변하는 실체가 없다는 사상이다. 현상계에 나타나는 모든 사물들은 다른 것과의 관계 속에서 생멸하는 존재이며, 고정, 불변하는 자성(自性)이 없다. 사물은 단지 원인과 결과로 얽힌 상호의존적 관계에 있기 때문에 무아(無我)이며, 무아이기 때문에 공인 것이다. 이때의 공(空)은 고락(苦樂)과 유무(有無)의 양극단을 떠난 중도(中道)다. 공(空)사상은 인간의 그릇된 입장을 파사(破邪)하여 현정(顯正)하는데 있는 것이므로 어떤 사람이 현상계에 집착하면 그것이 공(空)이라는 것을 가르치며, 또 열반에 집착하면 열반 또한 공(空)이라 가르친다. 이는 사람들이 집착하는 가지가지 대상이 본질적으로 공(空)한 것임을 밝힌 것이다.

지 않을 수 없었습니다. 고민 끝에 해법을 찾은 것이 성리학性理學입니다. 성리학은 유교의 윤리로 불교를 극복하고자 했던 한유(韓愈, 768~824)의 배불론排佛論과 불교의 해탈론解脫論을 유교이론으로 재구축함으로써 불교를 이기고자 했던 이고李翺의 배불론이 사상사 속에서 맞아 떨어진 것입니다.57)

목은의 주장을 들어보겠습니다. "나는 불교학을 하지 않았기 때문에 우선 유교의 이론을 인용하여 논하겠다. 맹자는 '근원이 있는 샘물은 콸콸 흘러 주야를 그치지 않고 구덩이를 메운 뒤 나아가 사해四海에 이르니, 근본이 있는 것은 이와 같다'고 하였는데, 이는 공자가 '물이로다, 물이로다.'라고 한 말에 근거하여 밝혀낸 말이다. 우리의 유교는 '격물과 치지, 성의, 정심'하여 제가齊家, 평천하平天下에 이르는 것이다."58)

또 "징념지관澄念止觀59)하여 본래의 근원인 자성천진自性天眞60)을 본

---

57) 성리학은 이처럼 자체 발전을 거친 뒤 남송 때 주자에 의해 통합되었다. 성리학엔 이미 불교의 해탈론과 같은 이론이 포함되어 있었기 때문이다.

58) 『목은문고』권3, 「澄泉軒記」.

59) 목은은 유교의 격물(格物)과 치지(致知)를 통해 제가(齊家), 평천하(平天下)에 이르는 것이, 부처의 맑은 마음[澄念]과 고요한 생각[止觀]으로 깨달음의 세계, 즉 적멸(寂滅)의 경지로 들어가는 것이 다르지 않다고 보는 것이다. 말하자면 유교와 불교의 궁극적인 지향점이 다르지 않은 것이다.

60) 모든 존재의 근본 자성이 천진불(天眞佛)이란 뜻이다. 일반적으로 자성(自性)이란 말은 개개 사물의 독립된 성품을 일컫는다. 즉 다른 것에는 없고, 그것에만 있는 고유한 특성을 흔히 자성(自性)이라 한다. 존재의 실상을 깨닫지 못하면 유형무형 개개의 존재에 고유한 성품이 있다고 여기지만 이는 착각이다. 연기(緣起)하는 실상을 면밀히 살펴보면 그것만의 고유한 특성은 없다. 어떤 경우든 인연(因緣) 따라 일어났다, 인연 따라 사라진다. 따라서 대승(大乘)에선 만법개공(萬法皆空), 즉 온갖 법이 다 공하다, 온갖 법이 고유한 특성이 없는 공이라 주장한다. 또 이런 모든 존재의 실상을 일컬어 법성(法性)이라 하고, 중생들의 망상과 착각으로 이뤄지는 자성과 구분하기 위해 진여자성(眞如自性), 즉 참되고 여여(如如)한 자성이라 부른다. 하지만 이 구절에서 '자성'이란 '법성(法性)' 혹은 '진여(眞如)'를 뜻한다. 여기서 자성은 사람뿐 아니라 모든 존재가 하나로 통하는 자성이다. 아울러 '천진불(天眞佛)'이란 조작할 것도 없고, 꾸밀 것도 없이 천연 그대로 참된 부

다고 하는 불교의 이론과 같다. 불교는 생사生死의 물결에서 구제하여 적멸한 데로 돌아가게 하는 것이니, 어찌 다름이 있겠는가."61) 이처럼 목은은 '유교의 이론을 불교의 해탈론과 같이 이해'하고 있습니다. 이런 점을 통해 목은의 성리학 구축 배경을 엿볼 수 있습니다. 또한 '한국의 성리학이 종교성을 갖는 이유도 여기서 확인'할 수 있습니다.

2) 천인무간의 존재론

중국 성리학에서 구축한 유교적 해탈론은 인간의 본성을 회복하고 그것이 천天과 명命이란 사실을 확인하여 하늘과 사람이 하나라고 하는 이른바 천인합일天人合一에 도달하는 것으로 설명합니다. 하지만 목은의 성리학은 하늘과 사람을 직접 연결시키는 '천인무간天人無間'62)으로 봅니다. 즉 중국의 천인합일은 출발이 하늘과 사람이 따로 존재하지만, 목은은 '사람의 본질인 성性과 하늘의 명命을 같이' 봅니다.

따라서 성性과 명命을 자각함으로써 하늘과 사람이 하나가 된다는 수양과정이 설정되지만 목은의 성리학에선 하늘과 사람이 사이가 없는, 다시 말해 애당초 하늘과 사람이 하나라고 하는 '천인무간'이 전제됨으로

처를 의미한다. 본래불(本來佛)이란 말과도 통한다. 즉 모든 존재의 참된 성품이 본래 부처란 뜻이다.

61) 『목은문고』권3, 「澄泉軒記」.

62) 목은 성리학의 핵심이다. 사람이 본래부터 하늘과 하나란 의미다. 하지만 현실은 어떤가? 하늘과 같지 않다. 그래서 안타깝게 생각한다. 때문에 목은은 수양철학을 크게 강조했다. 수양철학이 후일 정치철학과 초탈원융철학으로 나눠진다. 수양철학의 대표적인 학자론 양촌 권근(1352~1409)과 회재 이언적(1491~1553), 퇴계 이황(1501~1570)을 들 수 있고, 정치철학은 정암 조광조(1482~1519)와 율곡 이이(1536~1584), 우암 송시열(1607~1689)을 들 수 있으며, 초탈원융철학은 매월당 김시습(1435~1493)과 화담 서경덕(1489~1546), 남명 조식(1501~1572) 등을 들 수 있다.

써 복잡한 수양과정이 설정되지 않습니다. 사실 천인무간이란 용어는 주자의 문집에서도 쓰이고 있습니다만 그것이 주자학의 전제가 되진 않습니다. 하지만 목은에서의 천인무간은 목은사상의 전제입니다.[63]

천인무간의 명제를 사상적 기반으로 삼은 목은은, "감응하는 것은 틀림이 없다. 그러므로 윤리가 실천되고 정치와 교육이 밝아지면 해와 달이 궤도에 따르고 제 때에 바람이 불고 비가 오며 경성景星, 경운慶雲, 예천醴泉, 주초朱草와 같은 상서로운 징조가 나타난다. 윤리가 거스르고 정치와 교육이 어두워지면 해와 달이 흉함을 알리고 바람과 비가 재난을 이루며 혜성이 나타나고 산이 무너진다."[64]고 했습니다.

또한 "가뭄과 변괴 등이 일어난다. 그러므로 안정과 어지러움의 조짐(기미)은 사람의 일을 살펴보면 알 수 있고, 안정과 어지러움의 표상은 바람과 달을 보면 알 수 있다."[65]고 하여, 하늘과 사람을 매개체 없이 직접 연결시킨 것처럼, 인간사회의 질서와 자연계의 질서를 직접 연결시키고 있습니다. 목은은 또 자연계의 운행에 대해서도 언급을 했습니다. "오직 하늘의 명命은 굳세어서 그치지 않는다."고 하는가 하면,

"비록 소리가 없고 냄새가 없다고 하지만 운행하여 그치지 않고, 크지만 남기지 않는다. 어찌 주재하는 바가 없다고 하겠는가. 해와 달과 별상象을 드리우고 바람과 비, 서리와 이슬이 주는 가르침이 어찌 일찍이 잠시라도 어김이 있겠는가. 비록 그 꾸짖음이 위에서 나타나고 재앙이 아래에서 일어나지만 또한 잠시일 뿐이다. 그 낳고 기르는 바의 조화는 오

---

63) 이는 사실 목은에게서만 비롯되는 것이 아닌 한국 고유의 민족정서이기도 하다.

64) 『목은문고』권1, 「西京風月樓記」.

65) 『목은문고』권1, 「西京風月樓記」.

늘에 이르기까지 하루와 같다."[66]고 한 것은 의미가 있습니다.[67]

중국 성리학에서의 하늘은 소리도 냄새도 없는 초월자며 불변자로 설명됩니다. 인간은 나면 늙고 병들어 죽을 수밖에 없는 허무한 존재임을 자각하고, 이를 극복하는 방법으로 제시된 것이 초월적이고 불변적인 하늘과의 합일인 것입니다. 그런데 인간이 하늘과 합일이 되고 난 뒤에 하늘을 보면 하늘은 초월적으로 무위無爲의 상태로 존재하는 것이 아닌 실제로 천지만물을 운행하게 하는 작용이 있음을 알게 됩니다.

마치 밖에서 달리는 자동차를 보면, 움직이는 것은 자동차이고 움직이지 않는 것은 운전자인 것처럼 보입니다. 하지만 자동차 내부에서 보면 운전자의 움직임에 따라 자동차도 그대로 움직이고 있음을 알게 되는 것과 같습니다. 그러므로 중국 성리학에서 설명되는 하늘은 '만물의 존재 근거가 되는 존재원리로서의 초월적이고 불변적인 성격'과 '만물을 낳고 운행하는 운행원리로서의 주재적 성격'으로 나눌 수 있습니다.

그러나 천인무간天人無間이 전제된 목은의 성리학에선 '하늘과 인간이 이미 하나'라는 사실에서 출발합니다. 따라서 인간 삶의 허무함을 극복하기 위하여 불변적이고 초월적인 성격을 가진 하늘을 설정하고, 그 하늘을 인식함으로써 천인합일天人合一을 이루어야 한다는 인식론적 과정이 생략되어 있습니다. 그러므로 목은에겐 만물을 낳고 운행하는 이른바 '운행원리로서 하늘의 주재적 성격'만 남게 되는 것입니다.[68]

---

66) 『목은문고』권10, 「純仲說」.

67) 이런 자연계의 운행은 순수한 것임을 알 수 있다고 하여, 하늘이 주재하는 것이라고 밝히고 있다.

68) 목은이 "비록 소리가 없고 냄새가 없다고 하지만 운행하여 그치지 않고, 크지만 남기지 않으니, 어찌 주재하는 바가 없다고 하겠는가."라고 한 것에서 그의 사상을 엿볼 수 있다.

이처럼 자연계의 질서와 인간사회의 질서를 직접 연결시키고 하늘(天)에 신뢰를 보냅니다. 하지만 인사人事가 천의天意를 따라야 한다는 천天 중심주의보다 오히려 천의가 인사를 따른다는 인사중심의 사상을 주장합니다. "천도天道엔 항상성이 있으니 10월에 채전을 가꾼다. 따라서 추위와 더위의 바뀜에 근거하여 민사民事에 순서가 있음을 알게 된다. 민사가 아래서 다스려지면 천도가 위에서 따른다."[69]고 했습니다.

여기서 천도天道의 항상성이 신뢰되고 있다는 것과 인간의 행위가 천의天意보다 중심이 되어 있다는 것을 찾아낼 수 있습니다. 천의의 나타남은 인사가 여하如何한가에 따릅니다. 다시 말하면 천의에 의해 인사가 결정되는 것이 아닌 인사에 의해 천의가 결정되는 것입니다. 한편 천도의 항상성에 따라 행동해야 할 인간이 항상성을 상실할 경우가 있습니다. 그러면 천도 또한 그것에 의해 항상성을 상실하게 됩니다.

그러므로 천도天道의 불순不順에 대한 책임은 모두 인간이 짊어지지 않을 수 없습니다. 목은 사상에 있어서 인간과 인사는 하늘과 직접 연결되어 있기 때문입니다. 근본적으론 인간이나 인사人事에 대한 긍정적 · 낙관적 자세를 취하면서도, 현실적으론 자연현상을 포함한 모든 불순한 사실에 대한 책임을 인간과 인사人事에 묻는, 즉 강렬한 비판정신을 나타냄으로써 긍정과 부정, 낙관과 비관이 항상 동반됩니다.[70]

69) 『목은문고』권5, 「圃隱齋記」.

70) 천인무간(天人無間)을 기반으로 하는 목은의 사상에서 연역되는 인간관은, "사람에게 있는 것은 성(性)이고 물(物)에 있는 것도 또한 성(性)이니, 동일한 성(性)이므로 동일한 하늘이다."(『목은문고』권10, 「直說三篇」.)라고 한 것에서도 알 수 있듯 천인일체(天人一體), 만물일체(萬物一體)인 존재로 파악된다.

3) 성誠과 경敬

중국 성리학에서 제시한 천인합일의 방법은 복잡한 과정을 거쳐야 합니다. 즉 하늘은 먼 곳에 있기 때문에 먼저 자기 속에 있는 성性을 인식하고 그것이 남의 성과 일치하는 것임을 자각함으로써 결국 그것이 천명임을 인식하는 과정을 거쳐야 비로소 하늘과 사람이 하나가 되는 것입니다. 그런데 자기의 성은 자기의 마음(心)속에 있는 것이기 때문에 객관적으로 관찰할 수 있는 존재가 아니므로 인식하기 어렵습니다.

따라서 자기의 성에 해당하는 존재의 본질은 외물外物에도 있습니다. 외물에 있는 존재의 본질을 궁구하여 그것으로 자기의 성을 인식하는 간접적 방법을 추출하는데 그것이 이른바 이기론理氣論입니다. 즉 자기의 성을 인식하기 위해선 먼저 외물을 관찰하여 자기의 물物에 해당하는 외물에 있는 존재의 본질인 '이理'를 궁구하여 인식한 뒤, 그 '이'로 말미암아 자신의 성을 간접적으로 인식하는 방법이 이기론입니다.

이 이기론은 중국 성리학이 만들어낸 매우 큰 업적입니다. 따라서 중국 성리학 속에서 차지하는 비중은 대단히 크다 하겠습니다. 하지만 천인무간天人無間이 전제되어 있는 목은의 사상에서 보면, 하늘은 인간으로부터 먼 곳에 있는 것이 아닌 하나로 연결되어 있는 존재입니다. 그렇기 때문에 하늘과 하나 되기 위한 복잡한 '수양 과정'과 '인식 방법'이 설정될 이유가 없습니다. 목은의 주장을 직접 들어 보겠습니다.

"대저 사람이 이 기氣를 받아 생겨나는 것은 하늘의 강건함과 땅의 순조로움 뿐이다. 세분하여 말하면, 수水·화火·목木·금金·토土일 뿐이다. 그 양陽이 홀수고 음陰이 짝수며, 양이 변하고 음이 합하는 근원을 궁구해보면 무극無極의 진수로 돌아갈 뿐이다. 무극의 진수는 이름 붙여 말하기 어렵다. 『시경』에서, '상천上天의 작용은 소리가 없고 냄새도 없다'고 했으니 무극이 존재하는 바일 것이다.[71)]

그러므로 주자(周子: 주렴계, 1017~1073)가 '태극도'를 지어 말하길, '무극이면서 태극'이라 했으니 대체로 태극이 하나의 무극임을 찬술한 것이다. 하늘에 있어선 혼연渾然할 뿐이니 바람을 일으키고 우뢰를 일으키기 전의 상태이고, 사람에 있어선 고요할 뿐이니 사물에 응접하기 전의 상태이다. 바람을 일으키고 우뢰를 일으키더라도 혼연한 상태는 조금도 변함이 없으니, 사물에 응접하였을 때 고요한 상태는 마땅히 어떠해야 하겠는가."[72)]

이렇게 보면 하늘이 바람을 일으키고 우뢰를 일으키는 작용을 하더라도 혼연한 하늘 본래의 모습을 상실하지 않는 것처럼 하늘과 하나인 사람도 사물에 대응하고 일을 꾸미더라도 당연히 고요한 본래의 모습을 잃지 않아야 한다는 실천론적實踐論的 당위가 도출됩니다. 그렇다면 목은에 있어서 실천론적 수양론은 어떻게 전개되는 것일까요? 인간에겐 본래 고요한 본래성을 잃으면 안 된다는 실천적 당위가 존재했습니다.

하지만 본래성은 '기질이나 물욕에 의해 상실'되고 있는 상황입니다. 따라서 이 당위의 실천을 어떻게 하면 될지 고민하게 됩니다. 목은에 의

71) 『목은문고』권3, 「養眞齋記」.

72) 이밖에 "거울에 비유한다면 잘생기고 못생긴 것은 비추는 물체에 있는 것이고 거울 자체에는 흔적이 없다. 어찌 일찍이 물체를 비춘다고 해서 물체 때문에 더럽혀질 리가 있겠는가. 이로써 사람이 사는 것도 이미 참된 것임을 알 수 있으니 오직 대인만이 그것을 잃지 않기 때문에 능히 대인이 될 수 있다. 대인이 밖에서부터 얻어온 것이 아니다."(『牧隱文藁』권3, 「養眞齋記」.)라고 하였다.

하면, 이 당위의 실천은 아직 상실되지 않은 본래성을 굳게 지키고, 그것을 확충擴充함으로써 가능하게 합니다. 이른바 '사단四端을 확충'하는 것입니다. 그리고 남아 있는 본래성을 굳게 지키고 확충하는 구체적인 실천방법이 목은에겐 '성誠을 실천하는 것'이라고 설명됩니다.

"장차 실천하려 한다면 반드시 삼달덕三達德73)으로부터 해야 하는데, 장차 삼달덕을 실천하려 한다면 반드시 하나로부터 해야 한다. 그러면 하나란 무엇인가? 성誠일 뿐이다. 성誠의 도道는 천지天地에 있을 땐 가득한 귀신의 덕德이고, 성인聖人에 있어선 넉넉하고 커서, 높게 하늘에까지 다한 것이다. 천天의 체體는 태극太極에 근본하고, 만물에 산재하여 맥락이 정연하고 일정하니, 그 밝음이 크도다."74)

이처럼 목은은 성誠의 실천을 통해 '하늘과 하나인 인간의 본래성'이 발현될 수 있다고 일러줍니다. 그런데 성의 실천은 다시 경敬을 지킴으로써 가능하기 때문에 결국 목은에 있어서의 실천적 수양론은 지경持敬으로 귀일됩니다. 목은의 설명을 들어봅니다. "『예기』에 경敬하지 않음이 없다고 했다. 예의삼백禮儀三百과 위의삼천威儀三千을 경으로써 대표할 수 있으니, 「요전」에서 먼저 흠欽이라고 기록한 뜻이다.75)

도道를 배우는 자는 경敬으로써 성의誠意와 정심正心을 하고, 나아가 다스리는 자는 경으로써 치국과 평천하를 한다. 부부 간에 서로 공경하

73) 군자(君子)가 갖추어야 할 세 가지 덕목을 일컫는다. 공자는 삼달덕(三達德)이라 하여 지(知)와 (仁), 용(勇)을 들었다.

74) 또한 "사람이 텅 비어서 신령스럽고 어둡지 않아 비록 마음속에 있다 하더라도, 하늘과 결단코 약간의 차이도 없다. 하늘과 사람이 서로 속해 있다고 여기지 않는 자는 이 도(道)를 아는 자가 아니다."(『목은문고』권10, 「可明說」.)라고 하였다.

75) 『목은문고』권10, 「韓氏四子名字說」.

는 것을 사관이 또한 기록했으니 논밭 가운데서도 경敬이 없을 수 없다. 하물며 조정에 있어서랴. 하물며 시골에 있어서랴. 하물며 은밀한 곳에 있어서랴. 하늘을 섬기고 상제上帝에게 제사지내며 사령四靈[76]을 불러오는데 모두 이것에서 벗어나지 않는다."[77]고 했습니다.[78]

중국 성리학에선 인간이 멀리 있는 하늘과 합일合一할 수 있는 방법으로 성誠을 실천하는 것 외에도 생각을 중지시킴으로써 자기의 감정을 소멸시키는 멸정滅情의 방법이 제시되고 있습니다. 또 자기의 본래성을 인식하기 위해 바깥 사물에 나아가 사물의 본래성인 이理를 인식함으로써 간접적으로 자기의 본래성을 인식하는 격물치지의 방법을 제시했습니다. 하지만 목은에 있어선 본래 인간은 하늘과 하나입니다.

즉 하늘과 사람은 본래 하나라는 천인무간天人無間이 전제됨으로써 하늘을 인식하기 위한 복잡한 방법이 제시되지 않고, 내재된 하늘의 요소를 실천하면 됩니다. 말하자면 인간사의 모든 것을 가능하게 하는 핵심이 모두 경敬으로 귀일되는 것입니다. 이처럼 목은에 있어선 천인무간이 전제되어 있기 때문에 천인무간의 상태로 돌아가기 위해 매우 철저하고 적극적인 수양을 요구합니다.[79] 이것이 특성이라 하겠습니다.

---

76) 사상(四象)이라고도 하고, 신봉하는 신령이 붙어 사령(四靈)이라고도 한다. 일반적으론 동서남북 사방을 각각 주재하는 신(神)으로, 청룡(靑龍)과 백호(白虎), 주작(朱雀), 현무(玄武)로 알려져 있다.

77) 『목은문고』권10, 「韓氏四子名字說」.

78) 여기서 목은의 주장을 정리하면, 성의(誠意)와 정심(正心)의 수양법은 경(敬)으로, 치국평천하(治國平天下)라고 하는 정치적 실현을 가능하게 하는 것도 경(敬)으로, 인륜과 예의의 실천을 가능하게 하는 것도 경(敬)으로 귀일된다. 즉 인간사의 모든 것을 가능하게 하는 핵심이 모두 경(敬)으로 귀일되는 것이다.

79) 천인무간(天人無間)을 전제로 한 목은의 수양철학은 권근과 이언적을 거쳐 이황에 이르러 경(敬) 중심의 수양철학으로 발전한다. 그리고 '하늘과 사람은 사이가 없는 하나'란 천인무간의 전제는 하늘과 하나인 사람들이 살고 있는 지상이 곧 천국이라는 논리로 발

3. 서천 문헌서원은?

- 위치: 충청남도 서천군 기산면 서원로 172번길 66(영모리)
- 문화재 지정: 충청남도 문화재자료 제125호(1984년 5월 17일)
- 유형문화재: 『가정목은선생문집판』, 충남 유형문화재 제77호
- 문화재자료: 『목은선생신도비』, 충남 문화재자료 제127호
- 지정기념물: 『이색선생묘일원』, 충남 지정기념물 제84호
- 보물: 『목은이색영정』, 제1215호

문헌서원文獻書院은 가정 이곡(1298~1351)과 목은 이색(1328~1396)의 학문과 덕행을 추모하기 위해 세운 서원입니다. 그렇지만 창건연대는 정확

문헌서원

전한다. 하지만 실제에선 천국이 아님을 자각하여 현재의 지상을 천국으로 만들어야 한다는 강렬한 정치적 의욕이 이른바 '조광조의 지치주의(至治主義)사상'이다.

히 확인하기 어렵습니다. 다만 이성중(李誠中, 1539~1593)이 재임하던 1580년대 초반으로 추측되나, 기록상으론 1594년(선조 27)으로 전해집니다. 효정사孝靖祠는 그 후 정유왜란丁酉倭亂으로 소진되어 겨우 사우祠宇만이 존재하다가 1610년(광해군 2)에 관찰사 정엽(鄭曄, 1563~1625)과 정언 이경탁李慶倬 등이 이를 애석하게 여겨 이건移建을 기획해 이듬해에 동재, 다음해 강당을 건립하게 된 것입니다.

이와 같은 서원의 재건과 때를 같이하여 1611년(광해군 3)에는 '문헌文獻'으로 사액賜額을 받게 되는데, 이경함(李慶涵, 1553~1625)을 비롯한 이덕형(李德馨, 1561~1613), 이경준(李慶濬, ?~?), 이경전(李慶全, 1567~1644), 이현영(李顯英, 1573~1642), 이경탁, 이임 등의 협조와 지원이 무척 컸습니다. 이때 이종학(李鍾學, 1361~1392)과 이자(李耔, 1480~1533) 2위를 추배하여 모두 4위를 제향하게 되었습니다. 이런 일련의 서원 재건은 목은牧隱 이색李穡의 '문묘배향' 논의와도 때를 같이 하고 있었습니다.

특히 이 과정에서 우암尤庵 송시열(宋時烈, 1607~1689)은 목은牧隱의 행적에 대한 재평가를 역설하면서 문헌서원의 운명은 지대한 관심을 끌기에 충분했습니다. 『문헌서원지』에 의하면, 창건 후 원장으로 동춘당同春堂 송준길(宋浚吉, 1606~1672)과 윤증(尹拯, 1629~1714), 남구만(南九萬, 1629~1711), 권변(權忭, 1651~1726) 등이 기록되어 있으며, 우암 송시열은 '문헌서원'이란 액호額號를, 진수당進修堂, 존양재(存養齋, 동재), 석척재(夕惕齋, 서재) 글씨는 송준길이 쓴 것으로 나옵니다.

1713년(숙종 39)에는 백옥헌白玉軒 이개(李塏, ?~1456)를 추가로 배향하여 모두 5현을 제향하게 되었습니다. 문헌서원은 1871년(고종 8) 흥선대원군의 서원철폐령으로 훼철되자, 1891년 옛터에 단壇을 설치하여 제향

문헌서원 전경

했습니다. 『서원구지書院舊誌』에 의하면, 설단設壇 시 한산 향현사에 제향되던 한산 6군자(현암玄巖 이종덕李種德, 어성漁城 신담申湛 1519~1595, 남강南江 이임李稔, 1548~1624, 과묵당果默堂 홍미洪宷, 복천復泉 강학년姜鶴年, 1585~1647, 지족당知足堂 권양權讓 1628~1697)를 '함께 제향했다'고 기록되어 있습니다.

이후 백여 년이 지난 1967~1968년에 종족宗族들에 의해 중건重建이 발론되고, 후손들의 합력合力으로 영모리 동쪽의 현재 위치로 이건(移建, 1969)했습니다. 그해 현암玄巖 이종덕李種德을 추가로 배향하여 모두 6현을 제향하게 되었습니다. 경내 주요 건물로는 강학당인 진수당進修堂, 존양재存養齋, 석척재夕惕齋, 장판각藏版閣, 효정사孝靖祠, 영당影堂, 강륜당講倫堂 등으로 배치되어 있습니다.80)

문헌서원의 핵심인 강학당은 '진수당'이란 이름으로 나라의 인재, 즉

80) 사우(祠宇)에는 목은과 그의 부친인 이곡(李穀)을 주벽(主壁)으로 이종학과 이자, 이개, 이종덕의 위패가 봉안되어 있으며, 강학당인 진수당은 유림의 회합 및 학문에 대한 토론 장소로도 사용하고 있다.

문헌서원 강당인 진수당(進修堂)

동량지재棟梁之材를 길러내던 곳입니다.

『문헌서원지』에 의하면, 우암이 '문헌서원'이란 액호額號를 쓴 것으로

문헌서원 편액

존양재(存養齋, 東齋)

나옵니다.

존양存養은 맹자의 '존양성찰存養省察'에서 유래했습니다. 즉 '착한 마음을 보존하고, 본성을 잘 기른다'는 의미를 지니고 있습니다. 참고로 동재엔 고학년들(先輩)이 주로 기거하고, 서재엔 저학년들(後輩)이 주로 기거했습니다.

석척재(夕惕齋, 西齋)

석척夕惕은 『주역周易』의 '건건석척乾乾夕惕'에서 유래했습니다. 즉 '군자가 종일 조심하고 저녁에 두려운 듯하면 위태로우나 허물은 없다'는 의미입니다. 말하자면 해가 저물면 사당에 모신 유현儒賢들이 걱정된다는 뜻에서 '석척'이라 지은 것입니다.

장판각(藏版閣)

효정사(孝靖祠)

장판각은 경서經書와 목판을 보관하는 곳입니다. 현재 『목은집』 55권과 그의 부친인 가정 이곡의 문집인 『가정집』 20권, 인쇄에 필요한 975개의 목판이 보관되어 있습니다.

사당인 효정사孝靖祠는 목은과 부친인 이곡(李穀, 1298~1351)을 주벽主壁으로 이종학, 이자, 이개, 이종덕의 위패가 봉안되어 있습니다.

목은 이색 선생의 묘

목은 이색의 영정(影幀)

목은 이색의 영정(보물 제1215호)은 본래 관복官服 차림과 평상복 차림 두 종류가 있었으나, 현재는 관복 차림만 전해집니다. 관복 차림의 그림도 사실은 원본이 아니며, 원본을 보고 옮겨 그린 것입니다. 1654년(효종 5) 허의와 김명국金明國이 옮겨 그렸다고 전해지는 가로 85.2cm, 세로 143cm 크기의 예산누산영당본禮山樓山影堂本은 관리들이 쓰는 사모를 쓰고, 좌측을 바라보는 모습입니다. 사모엔 회색줄을 넣어 입체감을 표현했습니다.

얼굴엔 옅게 붉은 기운을 넣어 당시의 화법을 보여주고 있습니다. 이 영정은 고려말의 관복을 충실하게 표현했고, 옮겨 그린 것이지만, 당시 일류 화가들이 그린 것으로 회화사적 가치가 매우 큰 것으로 평가되고 있습니다. 목은영당본牧隱影堂本은 가로 25cm, 세로 25.8cm 크기의 소본小本과 가로 81.6cm, 세로 149.8cm 크기의 대본大本이 전해집니다. 소본은 누산영당본과 같은 시기인 1654년(효종 5)에 그린 것입니다.

현재는 반신상이지만 잘려나간 것을 감안하면 전신상일 가능성도 배제할 수 없습니다. 대본은 누산영당본과 동일한 형태와 크기로 1711년(숙종 37)에 옮겨 그려 임강서원臨江書院에 모셔 두었습니다. 가로 85.2cm, 세로 150.7cm 크기의 문헌서원본文獻書院本은 목은영당본과 동일한 형식으로 1755년(영조 31)에 새로 옮겨 그린 것입니다. 목은영당본에 비해 수염처리와 옷의 묘사 등의 표현기법이 떨어지는데 이는 화가의 기량 차이 때문입니다.

가로 78.7cm, 세로 146.3cm 크기의 대전영당본大田影堂本은 헌종 10년(1844)에 옮겨 그린 것으로 누산영당본과 동일한 형태와 규모이며, 뛰어난 화가에 의해 옛 그림 화풍이 잘 표현된 초상화입니다. 현재 이색 영정의 원본은 전해지지 않습니다만, 조선시대 화가에 의해 새로 옮겨 그려진 4본 5점 모두 수준이 높고 보존 상태 역시 양호하며, 역사상 중요 인물을 그린 것으로 회화사 연구에 중요한 자료로 평가됩니다.

강륜당(講倫堂)

이곳은 학우들이 휴식하면서 강학講學이나 토론 등을 하던 곳입니다.

Ⅳ 포은 정몽주와 임고서원

1. 포은 정몽주의 삶

1) 출생과 수학

정몽주(鄭夢周, 1337~1392) 선생의 자字는 달가達可, 호號는 포은圃隱입니다. 초명은 몽란夢蘭으로, 9세 때 몽룡夢龍으로 개명했다가 관년(冠年, 20세)에 다시 몽주夢周로 개명했습니다.81) 경주의 영일현迎日縣 사람으로, 1337년 (충숙왕 복위 6)에 영천迎川에서 부친 정운관鄭云瓘과 모친 영천 이씨 사이에서 태어났습니다. 포은의 가계는 고려 인종仁宗과 의종毅宗 때 벼슬82) 한 정습명鄭襲明으로 시작됩니다.

그는 인종의 고명顧命을 받고 의종의 사부師父 역할을 했으나 강직한 성품으로 의종의 꺼림을 받아, 결국 약을 마시고 자결했습니다.83) 정습명 이후, 그의 후손들은 대대로 오천(烏川, 迎日의 별호)과 영천에서 살았으나, 무신정권에서 몽골의 지배로 이어지는 동안엔 중앙에 진출한 사람이 거의 없었던 빈한한 집안이었던 것으로 보입니다. 포은의 학문이나 가계

81) 『圃隱文集』권4, 「年譜」.

82) 정습명(鄭襲明)의 벼슬은 추밀원지주사(樞密院知奏事)를 지냈다.

83) 『포은문집』권4, 「知奏事鄭公本傳」.

는 정습명의 후예라는 것 외에는 특별한 것이 없었습니다.

19세에 부친상을 당한 포은은 3년 상을 여묘廬墓로 마친 뒤 21세 되던 해 감시에 합격했습니다. 이로부터 3년 뒤 24세 때 정당문학 김득배(金得培, 1312~1362)가 지공거知貢擧[84]로 시행한 과거에서 삼장장원三場壯元[85]을 차지해 명성을 떨쳤습니다. 이것으로 보아 초기 그는 사장詞章[86] 중심의 과거를 위한 수학을 한 것으로 보입니다. 감시에 합격한 뒤에 대과를 준비하는 과정에서 이른바 심신지학心身之學, 즉 성리학에 눈을 뜬 것으로 보입니다.[87]

2) 시대적 배경

포은이 살았던 시대는 우리 역사는 물론 동아시아 역사에 있어서도 원명교체기元明交替期에 해당하는 일대 전환기였습니다. 특히 원명교체는 오랫동안 원의 지배를 받았던 고려는 민족적 자주성을 회복할 수 있는 좋은 기회였습니다. 하지만 공민왕의 자주적인 개혁정치는 원元나라 세력과 결탁을 통해 기득권을 유지한 이른바 수구세력들의 방해와 홍건적 침입 그리고 왜구의 창궐 등 외환으로 성취할 수 없었습니다.

그것은 공민왕의 개혁이 사회적 이념과 기반을 갖추지 못한 데서 오는 필연적 결과였다고 할 수 있습니다. 하지만 이런 과정에서 당시 고려

84) 고려시대엔 과거(科擧)를 관장한 고시관을 지공거(知貢擧), 부고시관을 동지공거(同知貢擧)라 하였다.

85) 삼장장원(三場壯元)은 과거에 응시하여 초시(初試)와 복시(覆試), 전시(殿試)에 가장 좋은 성적으로 합격한 사람을 말한다.

86) 사장(詞章)은 유학(儒學)을 중심으로, 문장(文章)과 시부(詩賦)를 통칭하는 개념이다.

87) 『포은문집』권3, 「鄭道傳, 圃隱奉使藁序」, 續錄.

사회 내부의 모순을 각성하고, 대륙에서의 국제관계 변동을 정확히 통찰한 신진 사대부들이 등장하기 시작했다는 점입니다. 이색을 중심으로 정몽주, 정도전, 이숭인, 권근 등 신진 사대부들은 과거를 통해 중앙 정계에 진출하고, 사회개혁의 중추적인 세력으로 성장한 것입니다.

즉 생동력을 잃어버린 불교 대신 성리학 이념을 근거로 하여, 현실 비판과 개혁을 추진했습니다. 태극과 이기로 세계관의 기초를 확정하여 공맹유학을 체계화한 성리학은, 신진 사대부들에게 사회개혁의 이념적 근거를 제공했습니다. 즉 기존 세력의 이념적 방패 역할을 하던 불교를 사상적으로 비판할 수 있는 근거가 되었고, 특히 성리학 수용과정에서 획득한 그들의 도덕적 순수성은 사회개혁의 강력한 무기였습니다.

신진 사대부들은 창왕과 공양왕의 폐립廢立 과정을 거치면서 여말의 실질적인 주체로 등장한 것입니다. 하지만 이들은 여말선초의 왕조교체기를 맞아, 사회개혁을 새로운 국가건설을 통해 완수하고자 한 이른바 혁명론자와 고려왕조를 유지하면서 사회개혁을 이루고자 한 이른바 강상논자로 분열됐습니다.88) 정도전이 전자의 대표라면, 포은은 후자를 대표했습니다. 결국 고려 5백 년의 사직과 함께 목숨을 던졌습니다.

3) 역사의식의 형성

삼장장원三場壯元으로 벼슬길에 나선 포은은 초기부터 순탄치 않았습니다. 과거에 합격한 다음 해 홍건적紅巾賊의 침입으로 공민왕은 복주(福州, 안동의 옛 이름)로 피난을 갔으며, 포은은 이때 시종신侍從臣으로 안동까지

88) 유승국(1999), 『한국의 유교』, 세종대왕기념사업회, 177~182쪽.

따라갔습니다.89) 피난에서 돌아와 26세 때 예문관 검열檢閱이 되었으나, 이때 홍건적을 격파한 공을 세웠던 그의 좌주座主 김득배(金得培, 1312~1362)가 김용(金鏞, ?~1363)이란 간신에게 모살당하는 사건이 발생했습니다.

이 사건은 전도가 유망한 청년으로 현실의 모순을 온몸으로 체험하는 계기가 됐습니다. 그는 김득배를 문생門生의 예로 왕에게 요청하여 그 시신을 거두어 장례를 지내고, 제문祭文을 지어 조상했습니다. "오호라, 황천이시여! 이 사람이 어떤 사람인가? 대개 복선화음福善禍淫하는 것은 하늘이요, 상선벌악賞善罰惡하는 것은 사람이라 들었으니, 하늘과 인간이 비록 다르나 그 '이치는 한가지'다. 옛사람이 말하길,

'하늘이 뜻을 정하면 사람을 이기고, 사람이 많으면 하늘을 이긴다'고 하니, 이 역시 어떤 이치인가? 지난번 홍건적이 침입했을 때, 왕의 수레는 남으로 옮겨가 국가 운명이 위태롭기가 실낱과도 같았다. 오직 공公이 대의를 수창首唱함에 원근에서 호응하였으며, 몸소 만 번 죽을 각오로 계책을 세워 능히 삼한의 기업을 회복했다. 무릇 지금 사람들이 여기에서 편안히 먹고 자는 것이 그 누구의 공功인가?

비록 죄가 있어도 공으로 덮어주는 것이 옳으며, 죄가 공보다 무겁다면 반드시 돌아와 죄를 인정한 뒤에 토죄함이 옳다. 어찌 말의 땀이 마르지도 않고 개선가凱旋歌가 끝나기도 전에 태산 같은 공로가 있는 사람을 피로 물들일 수 있는가? 이것이 피눈물을 흘리며 하늘에 따져 묻는 까닭

89) 『포은문집』권2, 「送李秀才就赴安東書記」.

이다. 그 충혼장백忠魂壯魄은 천추만세토록 반드시 구천 아래서 피를 마실 줄 알겠으니, 오호 운명이다. 어찌하나, 어찌하나."[90]

복선화음福善禍淫[91]의 천도天道와 상선벌악賞善罰惡의 사회정의에 대한 소박한 신뢰가 송두리째 흔들리는 모순덩어리의 현실에 대한 체험은 젊은 포은으로 하여금 현실과 역사에 대한 새로운 인식을 하게 했습니다. 사마천이 그의 『사기』, 「열전」 첫머리에 백이숙제伯夷叔齊의 열전을 두고, 선인善人인 백이숙제가 결국 굶어죽게 된 것에 대해 이른바 천도天道란 것이 옳은지, 그른지를 심각하게 물은 것입니다.

다시 말해 억울한 김득배의 죽음에 대해 포은은 피눈물로 하늘에 묻고 있는 것입니다. 하지만 이는 단순히 복선화음과 천도에 대한 회의가 아닌, 사회정의는 결국 현실과 역사를 통해 인간이 성취할 수밖에 없다는 자각이었다고 할 수 있습니다. 김득배의 충혼장백이 영원히 생생하게 살아 그 정의의 실현을 기다린다는 것은 현실과 역사 속에서 정의가 반드시 실현되고 또 되어야 한다는 그의 신념을 보여주는 것입니다.

4) 성균관에서 강학

김득배의 죽음 뒤 포은은 동북면도지휘사東北面都指揮使 한방신(韓邦信, ?~1376)의 종사관從事官으로 화주(和州, 永興)에 가서 여진女眞의 삼선三善과 삼개三介를 정벌했는데, 이 과정에서 여진 정벌에 힘쓰던 이성계와 만납니다. 비록 문무文武를 달리하지만, 두 사람의 관계는 포은이 이성계의

90) 『포은문집』권3, 「祭金得培文」.

91) 하늘은 착한 사람에게 복을 주고, 악한 사람에겐 재앙을 준다는 말이다. 『書經』, 「湯誥」.

화상찬畵像讚92)을 지은 사실이나 포은을 죽이려 할 때 이성계의 술회로 보아 무척이나 '친밀한 관계'였다고 할 수 있습니다.

여진 정벌에서 돌아온 후, 이번엔 모친상을 당해 다시 3년의 여묘廬墓를 살고, 그 사실이 알려져 정려旌閭의 표창을 받았습니다. 상복을 벗은 31세 때 예조정랑 겸 성균박사로 발탁되어, 대사성인 목은 이색, 도은 이숭인 등과 함께 성리학의 학문 기풍을 크게 진작시켰습니다. 목은이, "오천의 정달가鄭達可는 「녹명편鹿鳴篇」을 노래하여 은자에 보내는 예물이 찬연했고, 장원으로 뽑혀 문원의 영화를 독차지했으며, 염락濂洛93)의 연원에서 도통을 계승하고, 제생諸生을 시서詩書의 동산으로 인도했다."94)고 하였듯, 시문과 사장은 물론 성리학과 경학에 깊은 조예로 당대 최고의 학자였습니다.

특히 성리학에 근거한 경전강학은 추종을 불허했습니다. 목은은, "달가達可가 이치를 논함은 횡설수설95)이 모두 이치에 합당하지 않음이 없다."96)고 칭송함으로써 동방이학의 조祖로 불렸습니다. 당시 포은의 학문수준을 가늠할 수 있습니다.

---

92) 사람의 얼굴을 그린 그림에 덧붙여 쓴 찬사(讚辭)를 말한다.

93) 염락(濂洛)이란 '염락관민(濂洛關閩)'의 준말이다. 송대(宋代) 성리학의 주요 학파로, 염계(濂溪)의 주돈이(周敦頤), 낙양(洛陽)의 정호(程顥)·정이(程頤), 관중(關中)의 장재(張載), 민중(閩中)의 주희(朱熹)를 가리킨다. 성리학을 가리키는 말이다.

94) 『포은문집』권3, 「李穡, 圃隱齋記」, 附錄.

95) 주자(朱子)는 '모든 법을 세울 때, 횡설수설(橫說竪說)해야 한다'고 했다. 이는 고전이 얼핏 조리가 없어 보여도 상하(上下)와 본말(本末), 선후(先後), 체용(體用) 등의 방식으로 정리해 보면, 일관(一貫)하는 것이 있기 때문이다. 성리학에서 가로로 보는 것을 횡간(橫看 : 구체적 인식능력 배양)이라 하고, 세로로 보는 것을 수간(竪看 : 직관적 인식능력 배양)이라 한 것은 이를 두고 한 말이다. 즉 동시대 지식인들의 사상을 통찰하는 것이 횡설(橫說)이라면, 역사적 흐름을 통찰하는 것이 수설(竪說)이다.

96) 『고려사』권30, 「列傳」.

5) 외교적 공헌과 세계관의 확대

포은이 성균관의 직을 겸임하면서 외교문서를 담당하는 지제고知制誥가 되었던 32세 때, 중국 대륙에선 드디어 신흥의 명明나라가 정식으로 개국開國하는 사건이 일어났습니다. 그 여파는 고려로 하여금 본격적으로 외교정책을 재검토하게 했고, 포은은 신진 사대부들과 친명노선을 택했습니다. 이는 당시 원元의 세력과 결탁한 '일부 지배계층이 신진 사대부들의 사회개혁에 적지 않은 장애'가 되었기 때문입니다.

그는 36세 때 홍사범(洪師範, ?~?)의 서장관으로 명明나라를 다녀오면서 더욱 분명해졌습니다. 귀국 도중의 해로에서 태풍을 만나 정사正使인 홍사범은 익사하고, 포은은 13일을 표류하다 구사일생으로 살아났습니다. 이 사행使行[97]의 체험은 그로 하여금 확고한 생사관生死觀과 원대한 호연지기를 갖게 했습니다.[98] 그의 진충국사盡忠國事한 삶의 자세와 확대된 세계의식은 이와 같은 '경험을 통해 형성'된 것입니다.

하지만 고려와 명의 관계는 우왕禑王 원년(1375), 명나라 사신인 채빈蔡斌 살해 사건을 계기로 급격히 악화되고, 이인임(李仁任, ?~1388)을 중심으로 하는 친원파의 득세를 가져왔습니다. 이 과정에서 대사성으로 있던 포은은 박상충(朴尙衷, 1332~1375)과 김구용(金九容, 1338~1384) 등 신진 사류와 함께 친명책을 주장하다 언양으로 유배됐습니다. 포은의 주장은 약화된 북원의 작은 세력을 두려워하다 신흥대국인 명의 침입을 초래한다는 것이었습니다.

이런 현실적 판단과 함께, 사대외교는 천하의 의주義主를 따라야 한다

97) 예전에, '사신이 되어 길을 가는 일'을 이르던 말이다.

98) 김충렬(1987), 『고려유학사』, 고려대학교출판부, 202쪽.

는 명분을 내세운 것입니다.99) 1377년(우왕 3), 41세로 유배에서 풀린 포은은 일본에 사신으로 파견됐습니다. 당시 왜구가 창궐하고 이를 막고자 파견된 나흥유(羅興儒, ?~?)가 구금을 당했다 겨우 풀려났기 때문에 이 사행使行을 모두 두려워했으나, 포은은 조금도 난색을 표하지 않고, 사신으로 가서 포로로 잡혀간 사람 수백 명을 송환하는 공을 세웠습니다.

또한 명나라와 갈등이 지속되는 상황에서 46세 때는 두 차례나 명나라에 사신으로 파견되었다가 요동遼東에서 귀국해야 했고, 48세 때와 50세 때는 명나라로 보낸 사신들이 구금되고 귀양을 가는 상황에서 두 차례나 명나라에 사신으로 다녀왔습니다. 이 과정에서 포은은 외교적 공로는 말할 것도 없으며, 나라를 위해서는 '비록 수화水火라도 피하지 않는다'는 확고한 '공인의식公人意識과 가치관을 확립'했습니다.

6) 경륜 전개와 절사입명節死立命

명明과의 갈등은 철령위 설치로 심화되고, 최영이 주도한 요동정벌과 이성계의 위화도 회군이 있었으며, 고려는 우왕과 창왕의 폐립廢立이란 중대한 사회적 변동을 맞았습니다. 여기서 신진 사대부들이 중심이 된 친명세력은 정치적 주도권을 완전히 장악했지만, 창왕의 폐위와 공양왕 옹립은 곧 목은의 실각으로 이어지고, 급격한 개혁과 새로운 국가건설을 지향하는 정도전 등 '이성계 세력의 확대'를 가져왔습니다.

이 과정에서 목은을 대신해 문하찬성사로 정권을 담당하게 된 포은은 과격한 혁명세력을 억제하면서, 다양한 제도개혁을 통해 고려 왕조를 존

99) 『포은문집』권3, 「請勿迎元使疏」, 雜著.

속하려는 외로운 노력을 경주했습니다. 1387년(우왕 13), 하륜(河崙, 1347~1416)과 이숭인李崇仁 등과 관복의 제도를 바꾸도록 건의한 것으로부터 그의 사회개혁은 공민왕 2년, 『주자가례』에 의한 상례 제정, 관리 특히 수령 선발, 학교 건립, 의창義倉 설치, 조운漕運의 설치를 시행했습니다.

또한 『대명율大明律』에 근거한 신율新律의 찬진撰進 등 사회전반의 혁신을 주도했습니다.[100] 이 과정에서 포은은 우왕과 창왕의 복위와 이초彝初 옥獄 등 이른바 오죄五罪 사건이 혁명을 기도하는 일부 급진개혁파에 의해 정략적으로 이용되고 있음을 간파하고, 그 사실과 허위를 명백히 밝혀 정치적 안정을 도모코자 했습니다.[101] 포은의 이런 주도는 공양왕의 적극적인 지원을 받아 상당한 성공을 거두었습니다.

하지만 이성계와 혁명파의 위기의식을 불러일으켜 그들에게 죽임을 당하는 결과가 됩니다. 그리고 포은의 죽음은 곧 고려조의 몰락으로 이어졌습니다. 포은이 재상으로 있었던 기간은 길지 않았지만, "대사大事에 임해서 대의를 결정한 때도 표정과 말에 동요됨이 없었고, 좌우로 수답酬答함이 모두 적의適宜했다."[102]는 『고려사』의 평가처럼, 포은의 경륜이 이뤄낸 업적은 천하사天下士의 칭호가 부끄럽지 않습니다.

그리고 그가 추구한 개혁적 이념은 기본적으로 유학, 특히 성리학적 가치관에 기반한 것이었기에 혁명으로 왕조를 교체하고자 하는 혁명론에 동의할 수 없었습니다. 따라서 고려 왕조와 운명을 같이 할 수밖에 없

100) 『고려사』권30, 「列傳」.

101) 『고려사』권30, 「列傳」.

102) 『고려사』권30, 「列傳」.

었던 것입니다. 이런 면에서 그는 국가와 운명을 같이 한 사람이었습니다. 이런 포은의 공적에도 의문을 가진 사람에게, 퇴계는 정자程子의 말을 인용해, 포은의 '정충대절은 천지의 경위가 된다'고 했습니다.103)

아울러 포은은 천하사로서의 경륜과 충절을 넘어, 유학적 진리에 의한 삶으로써 문명의 역사를 추동시킨 원동력이 되었다는 데 더 큰 의미가 있습니다. 우암尤庵이 조선조 성리학의 학문적 연원을 확립하고 삼대의 이상적 문명사회를 지향할 수 있게 한 점을 포은의 가장 중요한 공로로 평가하고, 제치보방制治保邦104)하고 진충성인盡忠成仁한 것을 오히려 여사로 파악한 것105)은 이 점을 지적한 것이라 할 수 있습니다.

2. 포은 정몽주의 사상

1) 학문적 연원

포은의 삶이 조선조의 실천적 도학道學 연원이 되었음은 당연하지만, 이런 실천적 근거가 되는 학문과 사상에 대한 내용을 파악하긴 쉽지 않습니다. 학문과 사상을 엿볼 수 있는 자료 부족이 원인입니다. 그럼에도 남아있는 자료를 통해 면밀히 분석하면, 그의 학문적 연원과 대체를 파악

103) 포은의 공적에도 의문을 가진 사람에게, 퇴계는 포은의 정충대절(貞忠大節)은 천지(天地)의 경위(經緯)가 되고, 우주의 동량이 될 만하다고 평가했다.

104) 제치보방(制治保邦)은 가장 뛰어난 지혜를 지니고 있는 사람[上智]은 참사가 아직 발생되지 않았음을[未然] 분명하게 알고 있으므로 참사[亂離]가 일어나기 전 미리 다스리고, 나라가 위태롭기 전 미리 온전하게 보호하여 유지[保全]하는 말에서 따온 말이다.(上智明於未然, 制治于未亂, 保邦于未危.)

105) 『포은문집』권2, 「宋時烈, 神道碑銘」, 續錄.

할 수 있습니다. 우선 포은의 학문은 일정한 사승師承106)이 없는 자득지학自得之學107)을 중요한 특성의 하나로 꼽을 수 있습니다.

물론 그의 학문적 발전과정에서 송대 성리학의 주요 저술을 접했을 것이고, 목은 등 당대의 석학들과 강학의 과정이 있었습니다. 하지만 포은보다 선배인 목은이 "광풍제월光風霽月108)의 기상인 오천烏川의 정달가鄭達可는 홀로 유편遺篇을 궁구하여 부전의 도道를 이었네."109)라고 하였듯, 그의 학문은 사승 없이 독학으로 자득自得한 것이었으며, 이점에서 포은의 뛰어난 학문적 역량을 찾아볼 수 있습니다.

이런 특성을 보여주는 예로 유명한 것이 성균관에서 행한 주자의 『사서집주』에 대한 강설이 그것입니다. 『고려사』 본전本傳에, "이때 경서經書로 우리나라에 온 것은 오직 『주자집주朱子集註』뿐이었다. 몽주의 강설이 뛰어나 사람들의 의견을 뛰어넘으니, 듣는 사람들이 자못 의심하였다. 그러다가 호병문(胡炳文, 1253~1333)의 『사서통四書通』을 얻어 보니, 들어맞지 않는 것이 없어 여러 유자儒者들이 더욱 탄복하였다.110)

하여 포은이 독학한 학문이 얼마나 뛰어난 것인지를 보여주고 있다. 호병문은 주자 경학의 적전으로 불릴 만한 학자로, 그의 『사서통』은 요로饒魯의 사서해석(「어맹기문語孟紀聞」, 「학용찬술學用纂術」)이 주자의 학설과 다른 것을 비판하고 바로잡기 위한 것이었다."111) 주지하는 것처럼 주자

106) 사승(師承)은 스승에게서 가르침을 받아 이어가는 것을 뜻한다.

107) 『포은문집』, 「曺好益, 圃隱先生集重刊跋」.

108) 마음이 넓고 쾌활하며, 시원스런 인품을 비유할 때 쓰는 말이다.

109) 『포은문집』권4, 「牧隱, 憶鄭散騎三首」, 附錄.

110) 『고려사』권30, 「列傳」.

111) 黃宗羲, 『宋元學案』권22, 介軒學案.

의 『사서집주』는 그가 필생의 정력을 기울인 대표작인데, 그 정확한 의미를 독자적으로 파악했다는 것은 그의 학문적 탁월성을 보여주는 것입니다.

이런 점에서 포은은 주자 경학의 적전이라 할 수 있습니다. 따라서 당시 학자들에게 적지 않은 영향을 준 것으로 보입니다. 가령 양촌은 주자 경학의 가장 뛰어난 계승자로 알려진 오징(吳澄, 1249~1333)에 대해 비판적 입장을 보였는데, 이점은 오징이 요로의 계통을 이어 주자와 다른 견해를 가졌기 때문에 가능했던 것으로 보입니다. 이런 주자 정통 연원 차원에서 포은을 보면 조선조 유학에 크게 영향을 미쳤다고 하겠습니다.

2) 성리학의 이해

성리학性理學은 선진 유학의 철학적 기반을 확립한 사상이며, 여기서 강한 논리성과 사변성을 갖고 태극과 이기理氣를 중심개념으로 존재론적 사상으로 전개됩니다. 이는 성리학의 사상적 특징을 정확하게 지적한 것입니다. 하지만 실제로 성리학은 이 분야 외에도 심心과 성性, 정情의 인간관, 거경궁리居敬窮理의 수양론, 왕도와 지치를 추구하는 실천도학의 연관체계를 갖는 종합적인 사상이라 하겠습니다.

이것은 한당漢唐 훈고학訓詁學에 대한 반성과 노불老佛의 영향 속에서 성립한 것이지만, 기본적으론 모든 이론적 근거와 사상적 기초를 선진의 경학 속에서 이어온 것입니다. 그리고 그 중요한 근거가 된 것은 『주역』과 사서四書입니다. 성즉리性卽理란 성리학의 전제가 『주역』의 천인론에 기반한 것이고, 사서가 오히려 오경五經보다 중요한 경전으로 확립된 것이 '성리학의 형성과정과 일치'한다는 사실입니다.

포은의 성리학 이해는 바로 이런 성리학적 세계관에 의해 재해석된 경전을 통해 비롯되었습니다. 다만 초기의 포은은 성리학을 세계관적 이론으로서가 아닌 오히려 당위적인 심신지학心身之學으로 이해하고 있었습니다. 물론 주자의 『사서집주』에 대한 정확한 이해는 성리학적 세계관에 대한 상당한 이해 없이는 불가능한 것이지만, 그것은 아직 태극과 이기의 개념을 구사하여 이루어진 체계적인 것은 아니었습니다.

실제로 포은은 그 만년晩年까지도 동시대의 후배인 삼봉 정도전이나 양촌 권근과 같이 태극과 이기理氣의 개념을 구사한 저술이나 이에 관해 논의한 것을 찾아보기 어렵습니다. 이런 가운데 유일한 예외는 이일분수理一分殊라는 보편성과 특수성을 통일시키는 논리입니다. 이는 성리학적 세계관을 형성하는 중요한 논리의 하나이며, 도가道家와 불가佛家의 논리를 비판하는 중요한 무기의 하나이기도 했습니다.

그의 성리학 이해의 심도를 보여주는 것 가운데, 호중관어湖中觀魚[112]는 이일분수로 장자莊子를 비판한 것이고, 환암권자(幻庵卷子)[113]는 이일분수로 불교를 비판한 것입니다. 여하튼 포은의 성리학 이해는 특성적特

---

112) 포은의 호중관어(湖中觀魚)에 대한 시(詩)를 보면 다음과 같다. "깊은 못에 있는 듯 혹은 뛰어 오르는 듯, 자사는 무엇을 취해서 책에 적었을까. 다만 장차 눈으로 분명히 봐야 하는 것은, 사물마다 활발한 물고기가 되게 하는 것이니라."(潛在深淵或躍如, 子思何取著于書. 但將眼孔分明見, 物物眞成潑潑魚.) "물고기는 당연히 내가 아니고 내가 물고기 아니니, 사물의 이치는 제각기 여서 본래 같지가 않다네. 한 권의 장자의 호숫가 논설로, 지금까지 천년동안 사람을 미혹하게 하는구나."(魚應非我我非魚, 物理參差本不齊. 一卷莊生濠上論, 至今千載使人迷.)

113) 환암권자(幻庵卷子)는 유가(儒家)의 입장에서 불교의 공(空) 사상을 비판한 것이다. 즉 "크고 작음이 어지러이 만 갈래로 다르지만 찬란하게 빛나는 이치가 있으니, 머무는 바가 지극함에 이른다면 사물과 나 사이에 안팎이 없으리라. 불교는 이와 달라서 허공에 매달아 놓고 묘한 뜻을 말하니, 모든 것을 허깨비처럼 덧없는 것으로 보는 탓에 임금과 아버지가 마땅히 머물 곳을 잃었네. 하염없이 세월이 지나는 동안 벌떼처럼 논란이 이는구려. 그대 훌륭한 스님께선 마음을 비운 분이니 함께 바른 길을 찾기 바라오."

性的 이해라기보단 본령적本領的 이해였다고 할 수 있겠습니다. 따라서 그에게 주어진 동방이학의 조祖란 칭호도 결코 성리학적 이기론의 선구를 의미하는 것으로 한정할 필요는 없다고 하겠습니다.

3) 역학사상의 이해

이미 포은의 성리학에 대한 이해가 심신지학의 본령적 측면이 주를 이룬다고 언급했는데, 이는 성리학의 특성적 측면인 세계관적 논리에 대해 무지하거나 무관심해서가 아닙니다. 이 점은 이일분수理一分殊에 대한 이해와 만년에 그가 역학에 깊은 관심을 가졌다는 사실에서도 확인됩니다. 역易의 세계관이 성리학적 세계관의 기초가 된 것은 재론할 필요가 없지만, 포은의 역학관에도 큰 영향을 준 것으로 보입니다.

목은 이색이 포은에 대해, "만년의 역학은 이천伊川을 사모하고, 복희伏義 선천역先天易은 소강절(邵康節〈소옹邵雍〉, 1011~1077)의 전傳을 이었다."[114]라고 한 것은, 성리학의 두 흐름인 이천의 의리역義理易과 소강절의 상수역象數易을 이해하고 있었음을 보여줍니다. 그리고 그의 역학 이해는 이른바 도체시道體詩 형태의 시에 부분적으로 산견散見되는 것으로, 전반적이고 체계적인 것은 아니나, 나름 역학 수준을 가늠할 수 있습니다.

역에 대한 이해를 보여주는 것은 「독역기이讀易其二」를 들 수 있습니다. "나의 방촌方寸이 건곤을 포용하니以我方寸包乾坤, 36궁宮의 생기生氣 속에 우유優遊하노라優遊三十六宮春. 안전眼前에 복희획괘伏義劃卦 이전의 역易을 알았으나眼前認取劃前易, 돌이켜보면 복희의 자취도 이미 진적이

114) 『포은문집』, 「李穡, 憶鄭散騎三首」.

로다回首包羲跡已陳."115) 즉 역의 천인론에 기반해 보면, 64괘 36궁의 변화가 모두 인간 주체 속에 포괄됩니다.

이처럼 본체本體 체득이 역易을 배우는 핵심이 되고 있습니다. 포은의 이와 같은 역학관은 소강절의 선천심법지학先天心法之學을 정확히 통찰하고 있음을 보여줍니다.116) 아울러 복괘復卦를 읊은 「동지음冬至吟」117)을 통해서는 천인론적 역易 이해와 함께 억음존양抑陰尊陽의 논리를 보여주며, 「독역기일讀易其一」118)은 감리坎離의 두 괘卦가 '천지 변화의 두 추동력을 상징'하고 있음을 표현하고 있습니다.

특히 「독역기자안대림이선생유감세도고운讀易寄自安大臨二先生有感世道故云」119) 두 수는 그의 역학적 입장과 경지를 잘 보여줍니다. 기일其一은 역학의 이해를 통해 이단의 사설을 극복하고자 하는 의사를 표현한 것이라면, 기이其二는 그 실제적 근거로써 간괘艮卦에 담긴 정신을 제시하고 있습니다. 간괘는 설괘전說卦傳에서, "만물을 끝맺고 만물을 시작함이 간艮보다 더한 것이 없다."고 하고 있습니다.120)

그리고 「단전彖傳」에서는 "간은 '지止'니, 때가 그칠 만하면 그치고 행行할 만하면 행하니, 동정動靜에 그 때를 잃어버리지 않는 것이라, 그 도道가 광명하다."121)라고 했습니다. 이런 간괘는 성리학에서 특히 중요성이

---

115) 『포은문집』권2, 「讀易 其二」.

116) 『주역대전』권首, 「易本義圖」.

117) 『포은문집』권2, 「冬至吟」.

118) 『포은문집』권2, 「讀易 其一」.

119) 『포은문집』권2, 「讀易 其一」.

120) 다시 말해 『周易』, 「說卦傳」에 "간(艮)은 동북(東北)의 괘(卦)로, 만물이 종(終)을 이루고 시(始)를 이루는 바이다. 만물을 끝맺고 만물을 시작함이 간(艮)보다 더한 것이 없다."고 하고 있다.

부각됐으니, 주렴계는 몽蒙과 간艮을 시학始學과 성덕成德을 상징하는 것으로 해석121)했는데, 간괘는 '정靜을 주장하여 사람의 극極을 세웠다는 주정입인극主靜立人極 의미'를 담고 있습니다.

따라서 "일부一部의 『법화경』은 간艮 자로 다 해소할 수 있다."123)고 하였고, 정자程子도 "일부 『화엄경』을 보는 것은 하나의 간괘를 보는 것만 못하다."124)라고 하였습니다. 이는 그들이 간괘를 통해 '주정' '입인극'하는 모습과 '시지즉지시행즉행時止卽止時行卽行'하는 시중의 모습을 파악했기 때문입니다. 포은의 「독역기자안대림이선생유감세도고운讀易寄自安大臨二先生有感世道故云」 기이其二를 보겠습니다.

"진실로 이 마음이 허령虛靈함을 알았으니, 씻어내면 이미 온전한 모습임을 다시 깨닫네."라고 한 것은, 시중지도를 실천할 수 있는 온전한 주체를 확인한 것이며, 이로써 간괘 육효을 자세히 보는 것이 『화엄경』 한 부를 읽는 것보다 낫다고 한 것입니다. 역의 가치판단 기준이 행위의 정당성을 의미하는 정正과 상황적 시의성을 의미하는 중中으로 이루어지며, 특히 중이 정보다 강조되고 있음을 볼 수 있습니다.125)

4) 주체의식과 문명세계관

민족국가 건설을 표방한 고려高麗는 강한 민족주의民族主義 이념을 지니

121) 『周子全書』권10, 「通書」, 40, 蒙艮, 集說, 竇克勤條.

122) 『周易』, 艮卦, 彖辭.

123) 『주자전서』권10, 「遺書」.

124) 김충렬(1987), 『고려유학사』, 고려대학교출판부, 197쪽.

125) 이처럼 포은은 역(易)의 시중적(時中的) 가치판단 기준을 정확하게 통찰하고 있었음을 볼 수 있다.

고 있었습니다. 공민왕이 원元의 지배를 벗어나고자 했던 것도 고려의 민족주의적 전통 때문입니다. 하지만 민족주의가 보다 의미 있는 것이기 위해선 좀 더 넓은 세계를 향해 확대되고, 더 높은 단계의 문명을 지향하는 개방적 주체성이 요구됩니다. 즉 보편성을 향해 열려있는 주체성이야 말로 바람직한 주체성이요, 민족주의라 할 수 있습니다.

성리학은 그 이념 자체가 인간의 주체성을 부정해서는 성립될 수 없는 주체의식을 기반으로 하고 있습니다. 따라서 포은을 포함한 고려 말 성리학자들의 주체성은 폐쇄적인 학풍보다는 이미 지적한 대로 개방적인 것이었습니다. 특히 포은의 경우, 명明과 일본의 사신으로 다녀온 경험 때문인지 당시 지식인들보다 훨씬 확대된 세계관을 지니고 있었고, 이런 기반 위에서 상당히 개방적인 주체의식을 갖게 되었습니다.

유학, 특히 성리학에서 이와 같은 개방적 주체성의 논리적 근거는 인간 모두가 보편적 인간성을 함유한다는 점입니다. 즉 인간 개개인이 동등한 인간성을 지녔다는 것이 개인의 주체성을 가능하게 하는 근거라면, 그것은 혈연과 민족, 종교, 계급의 차별성을 넘어 모든 인간에게 동등하게 존재한다는 사실이 인류의 보편성을 가능하게 하는 근거이기도 한 것입니다. 포은이 일본 사신으로 다녀온 후의 의식을 보겠습니다.

"산천과 정읍은 예나 지금이나 같은데(山川井邑古今同), 땅은 부상扶桑에 가까워 아침 해가 붉네(地近扶桑曉日紅). 사람들은 단지 신선이 해상에 산다 말하지만(但道神仙居海上), 민중과 사직이 천동에도 있음을 그 누가 알랴(誰知民社在天東)."126)라고 한 것은, 이방異邦의 문화수준이 낮은 국가를

126) 『포은문집』권1, 「洪武丁巳奉使日本作, 其七」.

신비화하거나 이적시夷狄視하는 의식을 부정하고, 동일한 인간과 인간이 어울려 살아가는 사회임을 확인할 수 있습니다.

즉 열린 의식의 소유자였기 때문에 좀 더 확대된 문명세계에 대한 지향이 가능했던 것입니다. 포은의 이런 확대된 문명세계의 비전을 유학의 이념 속에서도 확인할 수 있습니다. "사신使臣이 멀리 기자국箕子國을 노닐다가(使節遠遊箕子國), 돌아가는 배 문득 월왕대越王臺를 향하네(歸舟却向越王臺). 어느 날 사해가 거울처럼 깨끗해져(何時四海淸如鏡), 함께 천태산天台山에 올라 한 번 웃을까(共上天台一笑開)."[127]

민족과 국가 간의 갈등과 분쟁이 사라지고, 평화로운 만남이 가능한 이른바 천하태평天下泰平의 상태야말로 유학이 추구하는 이상세계요, 포은이 염원한 문명세계의 모습입니다. 이런 관점에서 포은은 유가의 이상세계가 결코 중국에 한정될 수 없으며, 중국에 대해서도 지역이나 혈연으로 한정되는 것이 아닌, 문명적인 개념으로 이해했습니다. 중국이니 고려니 구분하는 것 자체가 소견이 좁은 결과로 본 것입니다.

이와 같은 세계관을 지닌 포은은 "중니가 필삭筆削한 의리가 정미하니(仲尼筆削義精微), 눈온 밤 등불 아래 자세히 완상하네(雪夜淸燈細玩時). 일찍이 이 몸 앉고 중국에 들었는데(早抱吾身進中國), 옆의 사람들 이것을 모르고 오랑캐에 산다하네(傍人不識謂居夷)."[128]라는 말에서도 그의 생각의 크기가 가늠이 됩니다. 말하자면 중국을 문명적 개념으로 이해하면 지역적 한계를 넘어 이적夷狄으로 비하할 수 없게 됩니다.

즉 공자가 『춘추春秋』를 통해 제시한 문명적 세계관은 지역과 민족의

127) 『포은문집』권2, 「送胡照磨海還浙東」.

128) 『포은문집』권2, 「冬夜讀春秋」.

한계를 넘어선 보편적인 것입니다. 이처럼 민족현실을 자각한 포은의 생각을 좀 더 들어보겠습니다. "반의는 생각건대 진나라 동자들로부터 변화한 것일테고(斑衣想自秦童化), 염치는 아마도 월나라 풍속과 통해서이겠지(染齒曾將越俗通). 고개를 돌리면 삼한이 응당 멀지 않으니(回首三韓應不遠), 거기엔 천년 기자의 유풍이 있으니까(千年箕子有遺風)."129)

포은 정몽주에게 있어서 기자箕子는 단순한 유학경전 속의 인물이 아닌, 우리 민족이 보편적普遍的 문명세계文明世界에 참여할 수 있는 주체적 전통의 근거이자, 나아가 현실現實의 문명적 모습을 가능하게 한 뿌리입니다. 일본을 향해서 이런 우리의 문명적 모습을 배울 것을 제의하는 포은의 이 시詩는 그처럼 혼란스러운 전환기에 처해 있으면서도 스스로의 문명성에 대한 높은 자부를 보여주었다고 하겠습니다.

3. 영천 임고서원은?

- 위치: 경상북도 영천시 임고면 포은로 447
- 문화재 지정: 경상북도 기념물 제62호(1985년 10월 15일)
- 영천 임고서원 전적: 보물 제1109호
- 정몽주 초상: 보물 제1110-1호
- 영천 임고서원 영조을묘모본 정몽주 초상 및 함: 경상북도 유형문화재 제537호
- 영천 임고서원 은행나무: 경상북도 기념물 제63호

129) 『포은문집』권1, 「洪武丁巳奉使日本作, 其七」.

임고서원 전경

임고서원臨皐書院은 1553년(명종 8)에 지방 유림儒林의 공의로 포은圃隱의 덕행과 충절을 기리기 위해 임고면에 창건하여 위패를 모셨습니다. 1554년(명종 9)에 임고臨皐라 사액賜額되었으며, 임진왜란 때 소실消失되었다가 1603년(선조 36) 현재의 위치인 '포은로'로 이건移建하고, 이듬해에 다시 사액됐습니다. 1643년(인조 21)에 장현광(張顯光, 1554~1637)을 배향하고, 1787년(정조 11)에 황보인(皇甫仁, ?~1453)을 추가 배향했습니다.

선현先賢배향과 지방교육을 담당하다 1871년(고종 8)에 대원군의 서원 철폐령을 맞아 훼철되었으나,130) 1919년 존영각尊影閣을 건립해 포은의 영정을 모시고 향사를 지냈습니다. 그러다 1965년에 복원되어 위패를 모셨습니다. 경내의 주요 건물로는 사우祠宇와 존영각尊影閣, 강당講堂, 동재東齋, 서재西齋, 장판각藏板閣 등으로 구성되어 있습니다. 사우인 문충사

130) 유서(由緖)가 깊은 임고서원이 훼철된 것은 당시 개경에 있는 숭양서원(崧陽書院)에서 포은을 배향(配享)하고 있었기 때문이다.

영광루(永光樓)

文忠祠엔 포은의 위패가 봉안돼 있습니다.

존영각엔 영정이 소장돼 있으며, 강당은 규모가 큰 마루로 이뤄져 있습니다. 여기선 유림의 회합이나 강학, 토론장으로 사용되고 있습니다. 임고서원에선 매년 2월 중정(中丁, 두 번째 丁日)과 8월 중정에 향사를 지내며, 제품은 4변籩 4두豆입니다. 유물로는 포은의 영정 3폭과 『포은문집圃隱文集』 목판 113판, 『지봉유설芝峰類說』 목판 71판, 『어사성리군서御賜性理群書』 11권 외, 200여 권이 소장돼 있습니다.

임고서원 강당인 흥문당(興文堂)

흥문당(興文堂)에 걸린 임고서원 편액

편액의 관지에는 숭정재임술후학파평윤봉오서崇禎再壬戌後學坡平尹鳳五書라고 적혀 있는데, 숭정崇禎은 명나라 마지막 황제인 의종毅宗 장렬제莊烈帝의 연호로 서기西紀론 1628년에서 1644년입니다. 이 편액은 1742년(영조 18) 학문에 늦게 종사한 파평을 본관으로 하는 윤봉오(尹鳳五, 1688~?)가 쓴 것입니다.

수성재(修省齋, 東齋)

함육재(涵育齋, 西齋)

문충사(文忠祠)

사당인 문충사엔 포은圃隱과 지봉芝峯 황보인(皇甫仁, 1387~1453)의 위패를 봉안하고 있습니다.

임고서원 앞에 있는 은행나무

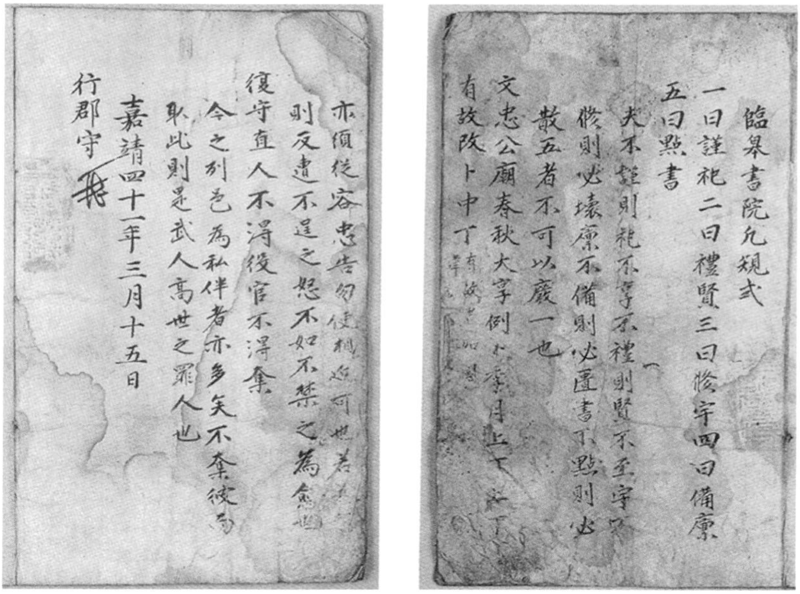
臨皐書院凡規式
一曰謹祀二曰禮賢三曰修宇四曰備廩
五曰點書
夫不謹則祀不享不禮則賢不至宇不
修則必壞廩不備則必匱書不點則必
散五者不可以廢一也
文忠公廟春秋大享例以季月上丁
有故改卜中丁

亦須從容忠告勿使梱必可世若
則反遺不逞之怨不如不禁之為愈也
復守直人不得役官不得奪
今之列邑為私伴者亦多矣不棄彼為
恥此則是武人高世之罪人也
嘉靖四十一年三月十五日
行郡守

임고서원의 범규

V 일두 정여창과 남계서원

1. 일두 정여창의 삶

정여창(鄭汝昌, 1450~1504) 선생의 자字는 백욱伯勖, 호號는 일두一蠹입니다. 일두는 정이천(程伊川<정이程頤>, 1033~1107)의 '천지간 일두天地間一蠹'란 말에서 따왔고, 수옹睡翁이란 호를 쓰기도 했으며, 본관은 하동河東입니다. 세종 32년(1450)에 함양군 북덕곡리北德谷里 개평介坪에서 났고, 종실宗室 도평군桃平君 이말생李末生의 따님에게 장가들어 성종 3년(1472), 김종직(金宗直, 1431~1492)이 42세 때 김굉필(金宏弼, 1454~1504)과 함께 김종직을 스승으로 모셨습니다.

『소학』과 『대학』, 『논어』, 『맹자』, 『중용』을 읽었으며, 진사인 이관의李寬義로부터도 배웠습니다. 김일손(金馹孫, 1464~1498)과 조위(曺偉, 1454~1503), 남효온(南孝溫, 1454~1492), 이심원(李深源, ?~?), 무풍부정茂豊副正인 이총(李摠, ?~1504)과도 벗으로 지냈고, 성종 14년(1483)에 진사에 합격하여 지리산에 들어가 3년 동안 글을 읽었으며, 섬진강 입구인 화개동花開洞에 악양정岳陽亭을 세웠으며, 성종 21년(1490)엔 소격서참봉昭格署參奉으로 천거되었으나 사퇴했습니다.

그 해 11월, 문과 별시에 합격하여 예문관검열藝文館檢閱, 시강원설서侍

講院說書가 되었고, 1495년(연산군 1)에 안음현감이 되었습니다. 이때 김굉필이 합천 야로冶爐의 말곡末谷에 있었으므로 거창 가조加祚의 산제동山際洞에서 자주 만나 천석泉石의 아름다움을 즐기며 학문을 강론했습니다. 하지만 1498년(연산군 4) 7월의 무오사화戊午士禍[131]에 연루되어 함경도의 두만강변에 위치한 종성鍾城으로 유배됐습니다.

유배생활 도중인 1504년(연산 10) 4월 초하루에 세상을 떠나 함양으로 반장返葬[132]되었으나, 그해 가을 갑자사화甲子士禍[133]가 일어나 부관참시剖棺斬屍를 당했습니다. 그 뒤 1507년(중종 2)에 도승지로 증직되고, 1517년(중종 12)에 의정부 우의정으로 증직되며, 1575년(선조 8)에는 문헌공文獻公이란 시호諡號가 내려졌습니다. 1610년(광해군 2) 9월 초, 일두는 김굉필과 조광조, 이언적, 이황 등과 함께 오현五賢으로 공자묘孔子廟에 종사됐습니다.

그를 김굉필, 박한주(朴漢柱, ?~1504)와 함께 필문삼현畢門三賢이라 하고, 이학理學은 김굉필과 함께 전합니다. 세계世系로 보면, 종부시정공宗

131) 무오사화의 직접적인 도화선은 김종직의 「조의제문(弔義帝文)」을 김일손이 사초(史草)에 기록한 것 때문이다. 1498년(연산군 4) 실록청이 개설되어 『성종실록』의 편찬이 시작되자 「조의제문」이 세조의 즉위를 비방하는 것이라며, 유자광은 김종직과 김일손이 대역무도(大逆無道)를 꾀했다고 연산군에게 고했다. 이에 연산군은 김종직과 그의 문인들을 대역죄(大逆罪)로 규정했다. 이미 죽은 김종직은 대역의 우두머리로 관을 쪼개 송장의 목을 베는 형으로 다스렸고, 김종직의 문도로 당을 이뤄 국정을 어지럽게 했다는 죄로 많은 사림들이 처형되거나 귀양을 갔다. 반면 무오사화를 주도한 유자광 등 훈구파는 권력기반을 굳혔고, 신진사림은 중앙정계에서 물러났다. 하지만 선조 대에 이르러선 사림이 국정의 주도권을 장악했다.

132) 객지에서 죽은 사람을 그가 살던 곳이나 그의 고향으로 옮겨다가 장사 지내는 것을 말한다.

133) 1504년(연산 10) 갑자년에 훈구사림파 중심의 부중 세력이 궁중 세력에게 당한 정치적인 탄압 사건이다. 무오사화에 이은 갑자사화를 계기로 연산군의 실정은 새로운 정치 변동과 정치 문화를 요청하게 됨으로써 마침내 중종반정(中宗反正)이 일어났다.

溥寺正公 지의之義가 처음으로 함양군에 살게 됐는데, 7세조 국용國龍, 6세조 예연藝衍, 5세조 유宥, 고조 견堅, 증조 지의之義, 조부 복주復周, 아버지 육을六乙, 일두로 계승되며, 아들에 희직希稷과 희설希卨이 있고, 손자에 언남彦男 등으로 이어지고 있습니다.[134]

일두를 사모하는 사원祠院으로 보면, 1579년(선조 12)에 김성일(金誠一, 1538~1593)이 순무사巡撫使가 되어 일두의 고향인 하동에 영계서원永溪書院을 창립했고, 선조 15년 안음현에 향사가 설립되니, 임훈(林薰, 1500~1584)이 비문을 지었습니다. 뒤에 용문서원龍門書院으로 개명했으며, '남계서원濫溪書院'은 일두의 주사主祀 서원입니다. 거창의 도산서원道山書院과 종성의 종산서원鍾山書院 등 지방에 그를 추모하는 서원이 많습니다.

저서론 『용학주소庸學註疏』, 『주객문답主客問答』, 『진수잡저進修雜著』 등이 있었으나 무오사화에 부인이 모두 불태워 버렸으나, 효행으로 소격서 참봉에 천거되었을 때 사양하는 「사참봉소辭參奉疏」가 있습니다. "효로써 나라를 다스리는 까닭에 늘 효자열부를 찾아 표창하니, 신을 효자로 잘못 아시고 참봉으로 명하시니, 기군망상欺君罔上할 수 없어 사양한다."고 밝혔습니다. 하지만 왕은 수용하지 않았습니다.

일두의 학學이 독실을 근본으로 하고, 자신을 속이지 않는毋自欺 학문과 무관하지 않은 결과입니다. 『일두속집一蠹續集』에 있는 「이기설理氣說」, 「선악천리론善惡天理論」과 「입지론立志論」의 세 편의 글과 「선평양행장宣平

134) 이밖에 증손 대민(大民), 수민(秀民), 현손에 홍서(弘緖), 5세손 광한(光漢), 6세손 세표(世杓), 7세손 희장(熙章), 8세손 윤헌(胤獻), 9세손 진췌(鎭萃), 10세손 덕제(德濟), 11세손 동노(東老), 12세손 환보(煥輔), 13세손 재기(在箕), 14세손 직현(直鉉), 15세손 순원(淳元), 16세손 근상(近相), 17세손 병호(炳鎬) 등으로 계승되었다.

裏行狀」은 현풍玄風의 곽효근郭孝根 집에서 얻었다고 했습니다. 일두는 이선기후理先氣後를 주장하는 이른바 '주리론자'였습니다. 그런데 송시열은 그가 '수數에 정밀했다'고 했습니다.[135]

그의 문인은 소수에 불과합니다. 노우명(盧友明, 1471~1541)은 일두가 안음현감으로 있을 때 왕래하여 배웠으며, 유일遺逸로서 참봉이 되고 이조판서로 증직贈職됐습니다. 이희증李希曾은 일두가 종성에 있을 때 3년간 수학하여 과거한 뒤 1507년(중종 2)에 무오제현戊午諸賢을 위해 신원伸冤하였으며, 고숭걸高崇傑은 종성에서 일두에게 수학하고 진사가 됐습니다. 많은 제자라 할 수 없습니다. 55세라는 짧은 삶 때문일 것입니다.

2. 일두 정여창의 사상

1) 입지론

일두는 일찍이 「입지론立志論」에서 "학문이란 성인聖人을 배우는 것이요, 지志란 성인의 학문을 완성하는 것이니, 지志를 세우지 않을 수 없다."고 했습니다. 이 내용은 주돈이(周敦頤, 1017~1073, 송나라 유학의 형이상학적 사유는 주돈이에 의해 비롯됨)의 『통서通書』, 「성가학장聖可學章」을 부연한 것입니다. 사람이 배워서 성인이 되는 것을 목적으로 한 것은 주돈이 이후이며, 그것은 사대부의 새로운 기상을 의미합니다.

일두에서 이를 다시 볼 수 있는 것은 조선왕조 사대부의 굳은 신념과

135) 송시열(宋時烈)은 「광풍루기(光風樓記)」에서 "김굉필은 이(理)에 정밀했고, 정여창은 수(數)에 정밀했다."고 밝혔다. 수에 정밀했다는 것이 무엇인지 확인할 순 없지만, 『여지승람(輿地勝覽)』에서 "정여창은 효(孝)가 지극했으며, 이학(理學)에 정밀했다."고 한 것으로 보아, 그의 학문지향이 어떤 것인지를 알 수 있다.

기절氣節을 표현한 것이라 하겠습니다. 지志를 세우는 데 굳세지 아니하면, 물욕에게 뜻이 박탈되고, 여러 입 때문에 동요되지 않는 일이 드뭅니다. 인간은 육체가 있고, 마음이 있으니 물物에 감하지 않을 수 없습니다. 물에 감하되 그 욕을 절제하지 않는다면, 물은 사람을 물로 화하게 됩니다. 때문에 성인은 중정인의中正仁義로 말한 것입니다.

따라서 일두는 본연지성을 회복토록 했고, 존천리알인욕存天理遏人欲, 즉 천리를 보존하고 인욕을 막아야 한다고 주장했습니다. 그리고 명선明善하는 공부를 다하지 않을 수 없다고 강조했는데, '명선'하는 하나의 방법은 책선責善에 있다고 했습니다. 벗과 사랑하는 도리가 다름 아닌 '책선'인 것입니다. 다시 말해 학문은 성誠으로 하고, 율신律身은 경敬으로 하는 것입니다. 즉 '성'과 '경'이 명선하는 것입니다.

2) 이기론

기氣 없는 이理는 존재할 수 없고, 이理 없는 기氣 또한 존재할 수 없습니다. 이런 까닭에 이理가 있는 곳에 기氣 또한 응축凝縮된 것으로 봅니다. 즉 '기'가 운동할 때 '이' 또한 존재의 가치가 드러나는 것입니다. '이'는 혼연지선渾然至善하여 작용이 없으며, '기'는 순박하고 스며들며 맑고 탁하여 운동이 있게 되니, 피차와 구별이 있습니다. 이것이 이른바 '일이이一而二'요 '이이일二而一'인 것입니다.

대개 태극太極은 양의兩儀를 생하고, 양의兩儀는 하나의 태극이니, 아득하여 조짐이 없지만 모든 형상은 이미 구비되어 있습니다. 만물은 흩어지면 개별적입니다. 하지만 만물을 하나一로 꿰어 놓으면 '하나'라고 할 수도 있습니다. 따라서 만물은 '하나'라고 할 수도 있고, 둘이라고 할 수

남계서원 전경

그 뒤 숙종 때 개암과 동계桐溪 정온(鄭蘊, 1569~1642)을 추가 배향했습니다. 1597년 정유재란丁酉再亂으로 소실燒失되어 사라졌다가 1603년(선조 36)에 나촌으로 옮겼습니다.

이후 1612년(광해군 4)에 옛 터인 오늘날의 자리로 옮겨 재건했습니다. 남계서원은 경사의 지형조건을 활용하여 앞쪽은 강학, 뒤쪽은 제향 공간으로 배치한, 전형적인 전학후사 형태의 독창적인 건축양식기준을 마련함으로써, 이후 지어지는 서원의 구조는 대체로 남계서원을 모델로 삼아 지었습니다. 1868년 대원군의 서원철폐령에도 훼철되지 않고 살아남은 47개 서원 중 하나며, '경상남도에선 유일한 존속서원'입니다.

한편 남계서원은 2019년 7월 6일, 제43차 유네스코 세계유산위원회에서 다른 8개 서원과 함께 '한국의 서원(Seowon, Korean Neo-Confucian Academies)'이란 이름으로 세계문화유산으로 등재됐습니다. 세계문화유산에 등재된 서원은 소수서원(1543년)과 남계서원(1552년), 옥산서원(1573년),

도산서원(1574년), 필암서원(1590년), 도동서원(1605년), 병산서원(1613년), 무성서원(1615년), 돈암서원(1634년) 등입니다.

풍영루(風咏樓)

유생들 혹은 유림이 휴식하면서 강학講學이나 토론, 풍류 등을 즐기던 곳입니다.

남계서원 강당인 명성당(明誠堂)

강당(명성당) 내부

명성당明誠堂은 경經과 논論을 강론하고 학습하던 곳입니다. 『중용』의 '성실(참된)한 것을 밝히는 것을 가르침'이라 하니, '성실하면 밝아지고, 밝아지면 성실하게 된다'는 의미를 지니고 있습니다.

양정재(養正齋, 東齋)

마음을 '옳고 바르게 기른다'는 의미를 담고 있습니다.

보인재(輔仁齋, 西齋)

보인재輔仁齋란 말은 『논어』에 '군자는 글로서 벗을 사귀고, 벗으로서 인仁을 돕는다'는 구절에서 따온 것입니다.

남계서원 사당

서원은 향교와 다르게 인재양성은 물론 성현聖賢들께 제사도 지냅니다. 즉 성현을 모시고 기리는 사祠기능과 자제子弟를 교육하는 재齋기능이 동시에 존재합니다. 남계서원은 강당의 이름이나 사당 등의 이름을 별도로 짓지 않은, 특유의 간결함과 소박함을 보여줍니다. 한편 사당 중앙에 일두一蠹를 모셨고, 동쪽엔 남계서원 건립을 주도한 개암介庵을, 서쪽엔 동계桐溪를 모셨습니다.

경판고(經板庫)

경판고는 장판각藏板閣과 같은 기능으로, 서원에서 보유한 책이나 판각 등을 보관하던 곳입니다. 여기엔 어정오경御定五經 등의 서적이 있었으나, 현재는 박물관으로 옮겨 보관하고 있습니다.

VI 정암 조광조와 심곡서원

1. 정암 조광조의 삶

조광조(趙光祖, 1482~1519) 선생의 자字는 효직孝直, 호號는 정암靜庵입니다. 그의 성품은 '선비는 물에 빠져도 개헤엄을 치지 않는다.'는 속담처럼 깐깐했습니다. 때문에 후학들은 그에 대해 곧은 선비의 상징으로 여깁니다. 정암은 학자요 정치가로, 감찰을 지낸 조원강趙元綱의 둘째아들로 한성에서 태어났습니다. 그의 고조 조온趙溫은 개국공신으로 2차 왕자의 난에서 공을 세워 좌찬성에 오른 명신입니다.[138]

정암은 17세 때 북쪽의 어천도魚川道 찰방察訪으로 부임한 부친을 따라갔다가 마침 희천에서 유배중인 한훤당寒暄堂 김굉필(金宏弼, 1454~1504) 선생을 만났습니다. 그는 천성이 총명하고 성실하여 한훤당의 문하에서 두각을 나타냈습니다. 시문詩文은 물론 성리학을 깊이 연구하는 데 힘을 쏟아, 20세를 전후해서 촉망囑望받는 학자로 지내다 마침내 점필재 김종직(金宗直, 1431~1492)의 학통을 이은 한훤당 문하에서 군계일학이 되었습니다.

138) 하지만 특별히 유학자를 배출한 집안은 아니다.

한훤당과 관련된 일화가 있습니다. 어느 날 한훤당이 꿩 한 마리를 포수에게 얻어 말려 두었습니다. 모부인母夫人에게 보내기 위함이었습니다. 그런데 고양이가 꿩을 훔쳐 먹었습니다. 한훤당은 집을 지키는 종에게 심하게 꾸짖었습니다. 이 모습을 지켜보던 조광조가 말했습니다. "봉양하는 정성이 비록 간절할지라도 군자의 사기辭氣는 조심해야 할 줄로 압니다. 제 마음속에 의혹된 바가 있어 감히 말씀드립니다."

한훤당은 어린 제자의 충고를 듣고는 그의 손을 잡고 말했습니다. "네 말을 듣고 내 잘못을 깨달았도다. 부끄럽구나. 네가 내 스승이다." 하늘이 큰 인물을 내기 위해선 시운과 지령地靈 등 주변여건으로 하여금 인걸人傑을 조성한다는 말이 틀린 말이 아닌 모양입니다. 특히 정암 같은 학자는 운이나 영으로 되는 것이 아닌 모양입니다. 조상들로부터 많은 '덕업德業을 쌓은 여운으로 태어났다'고 볼 수 있습니다.

정암의 도학道學139)을 살피기에 앞서 그의 가문과 성장과정을 보겠습니다. 정암은 한양인漢陽人인데, 그 상세선계上世先系의 공열功烈은 제외하더라도 5대조 조인벽趙仁璧은 처남인 태조가 혁명하고 삼징칠벽三徵七辟140)했지만 끝내 불사이군不事二君의 의義를 지켜 관직에 나서지 아니하고, 양양襄陽으로 피신하여 자질子姪과 후학을 양성했습니다.141) 그런

139) 도학(道學)은 학(學)보다 행(行)을 중시한다는 점에서, 정암의 학문은 보다 높이 평가돼야 한다. 참고로 도학의 근원은 포은 정몽주에서 발단하여 야은 길재, 강호 김숙자, 점필재 김종직, 한훤당 김굉필로 내려오는데, 정암이 한훤당으로부터 수학하여 대도(大道)를 깨달아 도통(道統)을 이었다.

140) 예전에, 관직에 임명하려고 조정이나 지방 관아에서 자주 부르던 일을 말한다. 여기서 삼징(三徵)은 임금이 세 번 부르는 일이고, 칠벽(七辟)은 주군(州郡)에서 일곱 번 부르는 것을 뜻한다.

141) 『漢陽趙氏大譜』.

공公을 모신 동명서원東溟書院이 그것을 증언하고 있습니다.

양열공의 아들 조온(趙溫, 시호는 양절공良節公, 1347~1417)은 정암의 고조高祖인데, 비록 청백한 고절高節이 있으면서도 국초에 혁명의 주체인으로 청백淸白을 자처하지 않았습니다. 양절공의 청백은 그의 시호를 보아도 족히 증명이 됩니다. 즉 "시호諡號를 '양절'이라 내렸는데, 시호법에 온화하고 어질고 낙樂을 좋아하며, 청렴하여 스스로 극복한다는 것을 드러내는 이름이다."142)라고 세보世譜에 보여준 것으로도 능히 알 수 있습니다.

그리고 그 후손인 문절공文節公 조원기(趙元紀, 1457~1533)는 정암의 숙부이기도 한데, 한양 조씨 최초의 족보를 편찬하면서 서문에 이르길, "양절공(조온)과 양경공(良敬公 조연趙涓, 1374~1429)께서 효孝하고 청렴하고 충의忠義함으로써 모두 좋은 시호諡號를 얻으셨다. 그리고 양절공은 삼대三代를 도운 공이 모두 의義로 이루었고, 공훈으로 얻으신 것은 가난한 여러 종족들에게 흩어주시고 초가집 두어 칸으로 말(馬)을 돌릴 수 없었고, 음식은 좋은 맛이 없다.

앉으심에 자리를 겹으로 하지 않고 나이 팔십이 되신 뒤에도 시종 한결같이 하셨다. 이는 우리 집이 대대로 지킨 업으로 우리 선대부에 미쳐서 일찍이 용방에 오르고 공이 사문에 중히 되었으니, 비록 지위가 덕에 차지는 않으면서도 효와 청렴은 양절공보다 못하지 않으셨다."143)라고 했습니다. 이처럼 한양 조씨 선조들은 효우孝友와 충성忠誠을 이룩했고, 그 충효는 곧 자손에게 내리고 있음을 알 수 있습니다.

뿐만 아니라 정암의 조부는 자신이 효렴孝廉할 뿐 아니라 자제들에게

142) 『漢陽趙氏大譜』.

143) 『漢陽趙氏大譜』.

'심곡深谷'이라 사액됐고, 양팽손(梁彭孫, 1488~1545)을 추가 배향했습니다.

1871년(고종 8)에 대원군의 서원철폐령 당시 훼철되지 않고 존속한 47개 서원 가운데 하나로, 선현先賢제향과 지방교육의 일익을 담당했습니다. 경내 건물로는 전형적인 전학후사前學後祠 형태로 배치된, 서원으로서 갖춰야 할 기본적인 건축물로 이루어져 있습니다. 즉 정암과 학포學圃 양팽손을 모신 사우祠宇와 강당講堂, 거인재(居仁齋, 東齋), 유의재(遊義齋, 西齋), 장판각藏板閣 등으로 구성된 것입니다.

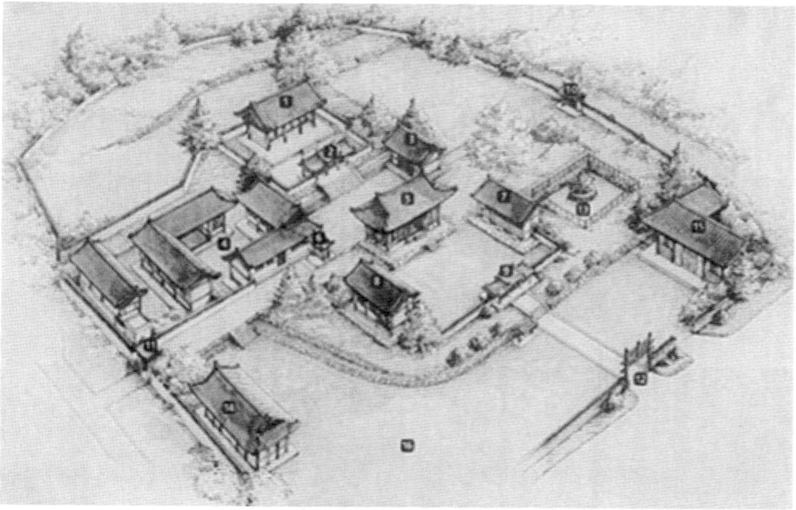

심곡서원 배치도

전형적인 전학후사前學後祠 형태로 배치된, 서원으로서 갖춰야 할 기본적인 건축물로 이루어져 있습니다.

심곡서원 강당인 일소당(日昭堂)

일소당日昭堂은 정면 3칸, 측면 3칸의 합각合閣지붕에 겹처마로 되어 있고, 목판벽木板壁으로 각 칸마다 판자문비板子門扉를 달아 사면을 모두 개방할 수 있도록 했습니다. 강당은 강학講學이나 토론, 유림의 회합 장소로 사용했습니다. 강당 현판은 몽촌夢村 김종수(金鍾秀, 1728~1799)가 썼으며, 내부의 강당기講堂記는 우암尤庵 송시열(宋時烈, 1607~1689)이 쓴 것으로 나옵니다.

거인재(居仁齋, 東齋)

거인居仁이란 『맹자』의 거인유의居仁由義에서 따온 말입니다. 즉 인仁에 거처하고 의義를 행하면, 대인大人이 된다는 의미입니다.

유의재(遊義齋, 西齋)

동재엔 주로 고학년들(先輩)이 기거하고, 서재엔 주로 저학년들(後輩)이 기거한다는 점을 고려하면, 유의재遊義齋가 어떤 의미를 지니고 있는지 가늠이 될 것입니다.

심곡서원 사당

서원은 향교와 다르게 인재양성은 물론 성현聖賢들께 제사도 지냅니다. 즉 성현을 모시고 기리는 사祠기능과 자제子弟를 교육하는 재齋기능이 동시에 존재합니다. 사우祠宇엔 정암과 학포의 위패가 봉안되어 있으며, 지붕의 좌우엔 방풍판防風板을 달고 겹처마로 되어 있습니다.

1650년(경인년, 효종 1) 7월 27일 사액된 심곡서원深谷書院이란 문구가 보입니다. 정암이 일찍이 주창한 개혁이 뜻을 이루지 못하고 죽자, 효종이 이를 안타깝게 여겨 심곡深谷이란 시호諡號를 내려 사액된 것입니다.

장서각(藏書閣)

장서각은 경서經書와 목판을 보관하는 곳입니다. 기록에 의하면, 67종의 목판과 486권의 장서가 있었으나, 1985년 도난으로 대부분 소실消失되고, 현재는 『정암집靜菴集』과 『조선사朝鮮史』 등만 남아 있습니다.

Ⅶ 회재 이언적과 옥산서원

1. 회재 이언적의 삶

이언적(李彦迪, 1491~1553) 선생의 자字는 복고復古, 호號는 회재晦齋, 자계옹紫溪翁 혹은 자옥산인紫玉山人입니다. 본관은 여주驪州이고, 초명은 적迪이었으나, 중종이 언彦 자를 넣으라고 권해 언적이 됐습니다. 경상도 경주부(현, 경주시 안강읍 옥산리)에서 태어난 그는 정치가이자, 사상가로 16세기 사화士禍로 어수선한 시대에 살았던 인물입니다. 실제 그 자신 55세 때 을사사화乙巳士禍를 당했습니다.

회재는 한훤당 김굉필, 일두 정여창, 정암 조광조, 퇴계 이황과 함께 동방오현東方五賢으로 영남에서 칭송되었는데, 이들은 모두 16세기 사림파의 영수領袖들이었습니다. 회재는 성리사상性理思想과 경세제민사상經世濟民思想과 관련된 저술을 주로 했는데, 사림파 이데올로기의 이론적 체계를 갖췄다고 평가되고 있습니다. 그의 경학 저서로는 『대학장구보유大學章句補遺』와 『속대학혹문續大學或問』 등이 있습니다.

회재의 '성리사상'은 망재 손숙돈(忘齋 孫叔暾)과 망기당 조한보(忘機堂 曺漢輔) 사이에서 논변한 '무극태극논변無極太極論辨'을 통해 확인할 수 있습니다. 또 그의 '경세제민사상'은 「일강십목소一綱十目疏」와 「홍문관상소

弘文館上疏」 등 2편의 상소문과 「진수팔규進修八規」와 미완성의 저술이긴 하지만 『중용구경연의中庸九經衍義』를 통해 확인할 수 있습니다. 이는 '경학과 철학, 정치를 포괄'하고 있습니다.

퇴계와 율곡 이전, 화담 서경덕(花潭 徐敬德, 1489~1546) 선생이 경기지역을 대표한 학자였다면, 회재는 영남지역을 대표한 학자였습니다. 화담이 기氣 중심의 학자라면, 회재는 이理 중심의 학자였습니다. 후일 율곡이 화담을 칭송하고 회재의 사로仕路[169]에 대해 비판한 데 비하여, 퇴계는 화담의 기론氣論을 비판하고, 회재의 '무극태극논변無極太極論辨'을 높이 평가하며 동방사현東方四賢으로 추숭한 것은 인상적인 일입니다.

앞에서 언급했지만 회재는 정치가이자 사상가입니다. 그는 대표적인 사림의 영수로 도학의 치국이념인 민본民本의 경세론을 피력했을 뿐 아니라, 주자학과 경학에서 독창성과 심오함을 보였습니다. 즉 퇴계에 앞서 주자학의 핵심사상인 '무극태극론'에 대해 올바른 이해를 한 점 하나만으로도 사상사적으로 큰 의의가 있습니다. 특히 망기당(忘機堂, 조한보曺漢輔)과의 논쟁이 최초의 학적 논쟁이란 점에서 더욱 의의가 있다 하겠습니다.

그의 사상을 깊이 논하기 전, 시대 배경에 대해 좀 더 언급토록 하겠습니다. 16세기 전반기의 조선은 그간 누적된 모순으로 점차 통치 질서에 대한 동요와 변화가 일기 시작했습니다. 두 가지로 살펴볼 수 있습니다. 첫째, 과전법科田法에서 직전법職田法으로 바뀐 토지제도는 이 무렵에 무너짐으로써 중앙권력에 의한 농장 확대는 지속되고, 이로 말미암아 국가

169) 자신은 물론 후손들이 벼슬길에 오를 수 있는 일종의 허통(許通) 제도다. 당시 회재가 자신은 물론 서자(庶子)와 서손자(庶孫子)들을 위해 애쓴 것을 두고 비판한 것이다.

의 토지에 대한 통제력은 마침내 상실되고 말았습니다.

둘째, 병농일치兵農一致와 양인개병제良人皆兵制를 원칙으로 이뤄졌던 오위五衛의 병무제도가 훼손되기 시작했습니다. 이에 다수의 병역의무자들로부터 현역에 복무하는 대신 병역세에 해당되는 군포軍布를 징수함으로써 일부 현역으로 복무하는 군사들만 고통을 겪게 되었습니다. 말하자면 의무복무제徵兵制가 무너지고, 모병제募兵制가 아직 확립되지 않은 상태였기 때문에 군정은 굉장히 혼란스러웠습니다.

이처럼 토지와 군사제도가 문란紊亂해지면서 정치적으론 새로운 양상을 띠기 시작했습니다. 훈신勳臣과 척신戚臣을 주축으로 한 이른바 '훈구파'가 중앙정부에서 세력을 구축함으로써 왕권이 상대적으로 약화되고 있었던 것입니다. 이와 같은 현상은 중종반정中宗反正에 연산군이 추방되고, 중종이 반정공신(反正功臣, 정국공신靖國功臣)들에 의해 옹립된 결과, '왕권이 이들에 의해 크게 제약을 받으면서 나타난 것'입니다.[170]

훈구파는 권력을 이용해 대토지 점유는 물론 뇌물수수 등 부정부패를 널리 만연시켰습니다. 이는 농민을 비롯한 민중들에게 부담을 가중시키고 수탈을 한층 가혹하게 하는 현상을 노정시켰습니다. 이에 민중들의 저항은 포망逋亡[171]으로 나타났고, 그들은 황구첨정黃口簽丁[172]과 백골수포白骨收布[173] 심지어는 족징族徵[174]과 인징隣徵[175] 등 정부 스스로 부

170) 중종이 워낙 우유부단한데다 인종의 요절, 명종의 유소 시(幼少時) 즉위 등 일련의 정치적 환경이 그런 경향을 드러냈다.

171) 조세를 회피하고 도주하는 것을 말한다.

172) 황구라는 말은 '어린아이'란 뜻으로, 황구첨정(黃口簽丁)이란 어린아이를 군적에 올려 군포를 내게 하는 것을 뜻한다.

173) 백골(白骨)에까지 세금을 매긴다는 뜻이다.

174) 군역을 피해 달아난 사람에게 부과하던 것을 말한다. 본래 도피해서 10년이 지날 경우

조리와 몰대책의 사회적 병폐와 위기를 초래했습니다.

중종대(1506~44)엔 대체로 정국공신인 박원종(朴元宗, 1467~1510)과 성희안(成希顔, 1461~1513), 유순정(柳順汀, 1459~1512) 등을 비롯한 기묘사화己卯士禍 이후의 남곤(南袞, 1471~1527)과 심정(沈貞, 1471~1531) 그리고 김안로(金安老, 1481~1537, 중종의 부마駙馬 김희金禧의 아버지) 등이 차례로 실권을 잡아 세력을 부렸으며, 이어 짧은 인종대를 지나 명종대(1545~67)에 이르러선 윤원형(尹元衡, ?~1565, 명종의 외손) 일파와 한때지만 이량(李樑, 명종의 국구國舅 심강沈綱의 처남)이 '권력을 손에 쥐고 국정을 농단壟斷'하기에 이르렀습니다.

이들은 모두가 국가의 공신 혹은 왕실과 인연을 가진 척신戚臣들로 어하폐상御下蔽上**176)**하여 국왕을 고립시킨 후, 사림을 배제하고 추종자들을 당파로 만들어 권력을 남용했습니다. 이들의 부정과 횡포는 날이 갈수록 심해졌는데, 특히 김안로의 방종과 수탈, 윤원형의 횡포와 부조리는 말로 표현할 수 없을 정도입니다. 정치권력의 부패는 민중들을 도탄에 빠지게 했음은 물론 사회의 구조적 모순을 잉태시켰습니다.

이와 같은 역사적 상황에서 주목할 점은 사림파의 꾸준한 중앙정계로의 진출입니다. 이들은 대체로 지방 향리鄕吏에 얼마간의 농장을 지닌 중소지주계급 출신으로 과거科擧를 통해 관로官路에 나선 신진관료이자 청

행방불명으로 면역을 시켜야 함에도 수령과 아전들은 규정을 무시하고 도피자의 가족에게 군포를 납부하게 했다. 이는 지극히 가혹한 처사였고, 이에 따라 민중들은 누군가 친족가운데 한 사람이 도피하면 연달아 고향을 떠나는 상황이 되기도 했다.

175) 군역(軍役) 의무자가 도피하면 군포(軍布)를 그 이웃 가호(家戶)에게 징수하는 것을 말한다.

176) 『史記』에 나오는 말로, '아랫사람을 거느리고 윗사람을 가로 막는다'는 뜻이다. 다시 말해 '신하가 존귀하면 임금이 낮아진다'는 의미다.

백리였으며 양심적인 지식인이었습니다. 이들은 도덕과 절개를 숭상하고 명분과 체통을 존중함으로써 훈구파와는 체질적으로 다를 뿐 아니라 정치적, 사회적 처지도 대립관계에 놓일 수밖에 없었습니다.

따라서 훈구파와 사림파 간의 정치적 충돌은 불가피했습니다. 연산군대(1495~1506)의 무오사화戊午史禍와 갑자사화甲子士禍 그리고 중종대의 기묘사화己卯士禍와 명종대의 을사사화乙巳士禍가 그것입니다. 사화 때마다 그들은 극심한 탄압과 죽임을 당했으나, 지방에 견고한 뿌리를 둔 덕분에 줄기차게 중앙정계로 진출할 수 있었습니다. 그리하여 사림파는 을사사화를 마지막으로 마침내 정치적 승리를 거두었습니다.

회재는 이런 사림파의 영수로 어려운 시대를 살았습니다. 그가 8세 되던 해에 무오사화가 일어났고, 14세 되던 해에 갑자사화가 일어났지만 모두 유소년 시절의 일이었고, 29세 되던 해엔 기묘사화로 정암 조광조 등 도학자道學者들이 참화慘禍를 당했을 때는 아직 정8품의 교서관저작으로 미관말직이었을 뿐 아니라, 마침 조부의 상을 당해 낙향해 거상居喪 중에 있었기 때문에 별 다른 문제없이 지낼 수 있었습니다.

하지만 41세 되던 1531년(중종 26)에는 사간원의 사간으로 일찍이 심정 일파의 탄핵을 받고 유배 중에 있던 김안로를 소인小人이라 하여 서용敍用을 반대하다 마침내 김안로 일당인 정언正言 채무택(蔡無澤, ?~1537)과 대사헌 심언광(沈彦光, ?~?) 등의 탄핵으로 파직됐습니다. 이때 김안로는 조정에 복귀해 실권을 장악했습니다. 따라서 회재는 1537년(중종 32) 김안로가 실각해 사사될 때까지의 6년간은 실의의 공백기였습니다.

그 후 다시 복직되어 대사헌大司憲과 이조판서吏曹判書, 좌찬성左贊成 등 중직을 역임하게 되었으나, 1545년(명종 즉위)에 척신인 윤원형 등이 을사사화를 일으키자 이들로부터 사림을 구출하고자 백방으로 뛰었습니다. 하지만 그의 노력에도 어떤 결과물도 얻을 수 없었습니다. 오히려 그런 움직임이 자신을 평안도(江界府)에 유배되는 결과를 초래했습니다. 결국 풀려나지 못하고 1553년(명종 8) 그곳에서 생을 마쳤습니다.

2. 회재 이언적의 사상

1) 경학사상, 『대학장구보유』와 『속대학혹문』 분석

회재는 퇴계보다 10년 연상입니다. 퇴계가 주자학을 무비판적으로 묵수墨守했다면, 회재는 주자학을 비판적으로 연구한 학자라 할 수 있습니다. 『대학장구보유大學章句補遺』와 『속대학혹문續大學或問』이 그 결과입니다. 이 저서들은 주자의 『대학장구』에 대한 비판적 연구서로 그의 만년(59세)의 역작입니다. 『속대학혹문』은 주자의 『대학혹문』 예를 모방하여 붙인 이름으로 '『대학장구보유』에 대한 해설서'입니다.

다시 말해 『대학장구보유』가 회재의 개본대학改本大學이라면 『속대학혹문』은 그 개편에 따른 설명입니다. 『대학장구』는 주자의 역작으로 단순한 『대학』 주해에 그치지 않고, 주자학 자체가 녹아 있습니다. 따라서 『대학장구』에 나타난 주자의 사상(특히 격물치지설)은 주자사상의 핵심적 일면이기도 합니다. 이런 의미에서 주자의 『대학장구』에 대한 비판적 이해는 주자학 수용의 한 양상을 보여준다고 할 수 있습니다.

그러므로 회재의 『대학장구보유』를 분석함은 그의 주자학 수용의 특징을 알 수 있습니다. 사실 주자의 『대학장구』에 대한 비판적 연구는 회재 이전에 이미 중국의 많은 학자들이 시도한 바 있으며, 우리나라에서

도 회재 이후 서계 박세당과 백호 윤휴, 다산 정약용 등 여러 학자들이 시도했습니다. 아울러 회재의 이런 『대학』에 관한 연구 및 『대학장구』에 대한 비판은 거의 동시대의 퇴계와 서애, 율곡도 비판했습니다.177)

회재의 비판적 『대학』 연구를 통해 드러난 그의 독창성을 이해하기 위해선 먼저 비판의 대상이 된 주자의 『대학장구』에 대한 이해가 우선되어야 합니다. 그리고 좀 더 근원적으론 『대학장구』와 그것의 저본인 『고본대학古本大學』과의 이동異同을 이해해야 합니다. 그것은 회재의 원래 의도가 단순히 주자의 『대학장구』를 비판하고 검토하는데 있는 것이 아닌, 『대학』의 원래 의미를 탐구하려는데 있었기 때문입니다.

따라서 회재의 비판적인 『대학장구』 연구는 바로 비판적 『대학』 연구와 같은 것이라 할 수 있습니다. 뿐만 아니라 그에게 『대학』 연구는 경세적經世的 실천에 적용될 수 있는 것이기도 했습니다.178) 그럼에도 그의 『대학장구』에 대한 대체大體는 주자의 『대학장구』를 그대로 따르고 있습니다. 『대학장구보유』라고 이름을 지은 것만 봐도 알 수 있습니다. 그저 중요한 부분에서 주자와 견해를 달리하고 있을 뿐입니다.

(1) 경문經文의 두 가지 수정

회재의 『대학장구보유』와 주자의 『대학장구』를 비교하면 구조적으로 수정된 것이 두 곳이 있습니다. 첫째, 격물치지의 전문은 『고본대학』에 있다고 보고, 『고본대학』의 이른바 2소절小節인 '지지이후유정知止而后有定… 즉근도의則近道矣'가 이에 해당됩니다. 다만 그 소절의 '지지이후유

177) 이들의 비판을 통해 주자학 수용의 한 단면을 볼 수 있다는 점에서 흥미로운 일이다.

178) 미완인 『중용구경연의(中庸九經衍義)』도 같은 취지로 볼 수 있다.

정'과 '물유본말'을 서로 바꿔 놓은 것입니다. 또 5소절인 차위지본此謂知本, 차위지지지야此謂知之至也를 결어로 삼았습니다.

둘째, '자왈청송子曰聽訟… 차위지본此謂知本'의 이른바 제2단 12소절을 주자는 전4장으로 하여 '본말'을 해석한 것으로 보았으나, 회재는 이것을 경문의 마지막 결어로 보고, 주자의 '석본말釋本末'장을 없애고 전체를 경1장, 전9장으로 만들었습니다. 이 12소절을 경문에 넣은 것은 정이천의 개본改本에 근거했다고 했습니다. 본래 청송聽訟 한 절은 『고본대학』엔 착간錯簡되어 지어신止於信 아래 있었습니다.

이것을 정이천이 개본을 만들면서 경문에 해당되는 앞부분으로 옮겼고, 주자는 이를 전4장으로 삼았습니다.179) 하지만 회재는 달리 해석합니다. 첫째, 고인이 술작述作할 땐 옛 성현의 말을 결어로 삼는 수가 많음을 상기시키고, 증자도 『대학』을 기술할 때 그렇게 했을 것이라는 것이고, 둘째, 문리상으로 전후와 접속이 잘 되지 않고, 또 8조목을 해석하면서 그 조목과는 상관없이 '본말'을 해석할 리가 없다는 것입니다.

(2) 격물치지의 문제

치지致知의 지知는 지지知止의 지, 지지知至의 지를 다 포함하는 것이 『대학』 원문의 본래 뜻입니다. 그렇다면 정자와 주자가 격물格物의 측면에서 천하 만물의 개개물물마다 즉물궁리卽物窮理해야 한다는 주장을 왜 하며, 또 그것이 위의 지지知止와는 어떤 관계에 있는 것일까요? 사실 이것이 주자학의 한계이면서 특색인 이른바 물리物理는 도리道理라고 하는 이理의 이중성 내지 애매성 때문입니다.

179) 이에 회재는 주자의 설을 부인하고 경문의 결어로 보았다.

그런데 정자程子와 주자朱子를 비롯한 선유先儒들이 지지知止와 치지致知의 상관성을 알면서도 이를 격물 전문으로 삼지 않은 것은 왜일까요? 회재는 이에 대해 그 지지知止란 것이 지어지선止於至善의 아래에 연속된 까닭으로 선유들은 그것을 경문經文으로 인식하여 감히 옮기지 못했다고 보는 것입니다. 그리하여 자신의 저술인 『대학장구보유』처럼 일부 수정하면 문맥과 의미상 순조롭다고 보는 것입니다.

하지만 정자와 주자가 지지知止를 전의傳義로 보지 않은 것은, 그것을 오인한 것이 아닌 사상적 입장이 주지주의主知主義였기 때문입니다. 주자는 '격물'을 모든 사물의 이理를 궁구하는 것으로 봤습니다. 그런데 회재는 '격물치지'의 전문을 물유본말物有本末 소절로 봄으로써 격물의 대상을 물유본말物有本末과 사유종시事有終始로 이해한 것입니다. 즉 '물유본말, 사유종시'를 아는 것이 격물치지인 것입니다.

다음은 '물유본말, 사유종시'에서의 물物과 사事라는 개념의 내포와 외연 문제 및 '격물'의 '물'과의 관계(차이점) 문제입니다. 그리하여 회재는 위 설명에 이어 이 장章의 지旨를 '격물치지'로 삼았으며, 사事를 겸해 말한 것이 과연 무슨 이유인지 자문하기에 이릅니다. 따라서 '물'과 '사'에 대해 구체적으로 논합니다. 즉 천天에 근본한 것으로 말하면 '물'이라 하고, 인人이 작위한 것으로 말하면 '사'라 이릅니다.

또한 상대적으로 말하면 물物은 물이고 사는 사事이겠으나, 다만 '물'만 말한다면 '사'도 그 중에 있으니, 군신과 부자, 부부, 곤제昆弟, 붕우는 물이고, 군신의 의義와 부자의 친親, 부부의 별別, 곤제의 애愛, 붕우의 신信은 물物의 이理로서 사事에 나타난 것이라 하여 '물을 말하면 사도 그 중에 있다'는, 즉 '물'은 '사'로 보는 것입니다. 이는 '서계와 다산 등의 물사론物事論과는 견해가 다른 것'입니다.

즉 그들은 물物을 '의意와 심心, 신身, 가家, 국國, 천하天下'를, 사事를 '성誠과 정正, 수修, 제齊, 치治, 평平'을 가리킨다고 본 것입니다. 이에 회재는 오륜五倫의 예를 들어 설명하면서 오륜의 인간관계 지칭인 부자父子와 군신君臣, 부부夫婦 등은 '물'이고, 오륜의 실천은 '사'라고 본 것입니다. 다시 말해 회재는 '물'과 '사'를 일반적으로 일컫는 모든 사물事物의 뜻으로 이해한 것입니다.

회재는 이런 물사론에 의거하여 '본말'에 대해 오륜五倫의 이理가 심心에 존存한 것은 본本이고, 사事에 드러난 것은 말末로 이해합니다. 즉 '본'은 오륜에 대한 도덕심의 내재이고, '말'은 그것의 구체적 실천행위로 보는 것입니다. 이는 앞에서 본 부자와 군신 등을 '물'로 볼 때의 '물유본말'의 설명과는 잘 연결되지 않는 듯하나 이는 사실 회재가 '물과 사'를 일반적인 사물事物로 본 데서 연유된 것입니다.[180]

(3) 여慮를 사思로 해석하는 문제

주자는 『대학장구』에서 여慮를 처사정상處事精詳, 득得을 득기소지得其所止로, 『대학혹문』에선 안이후능려安而后能慮를 일용지간日用之間, 종용한가從容閑暇, 사지물래事至物來, 유이규지이능려의有以揆之而能慮矣라고 했습니다. 즉 주자에 있어 '여'는 '일을 자세히 처리하는 것' 혹은 '헤아림揆'과 '일에 따라 이理를 보고 더 깊이 자세히 살피는 것(그리하여 지선의 소재

180) 결론적으로 회재에 있어서의 '물'과 '사'는 같은 의미로 쓰이는 일반적인 무규정의 천하 '사물'이며, 격물치지는 사물의 어떤 조리, 즉 본말(本末)과 종시(終始), 선후(先後), 완급(緩急) 등의 올바른 파악과 실천이 된다. 따라서 회재에 있어선 '사물의 조리'가 중요시된다.

를 알아내는 것)'이라 해석됩니다.

이에 대해 회재는 여慮는 사思라고 하여 이른바 '생각한다'로 풀이합니다. 또 주자가 '득'은 득기소지得其所止라고 하여 지지知止가 지知의 문제라면 '득'은 행行의 문제로 '지선을 알아', '지선에 머물 바를 얻었다'는 식으로 지지知止와 능득能得이 순환하는 인과관계로 보고 있습니다. 즉 '지지'에서 '능득'까지의 중간 과정을 생략하면 '지지'와 '능득'은 지행합일의 세계를 단계적으로 나눠 기술한데 불과합니다.181)

회재는 지어지선止於至善의 '지선'을 『서경』에서 말하는 '윤집궐중允執厥中'의 중中으로 해석합니다. 이것은 '중'이란 과부급過不及이 없는 것이므로 사리당연지극事理當然之極의 지선至善과는 뜻이 통한다고 보았기 때문입니다. 이것은 별 무리가 없는 해석입니다. 그리고 회재는 '치국평천하治國平天下의 근본'을 '인仁'으로 보았는데, 이것은 회재의 독창적인 견해라기보다는 부연설명이라 할 수 있습니다.182)

그가 치국평천하의 근본을 위정자의 인仁에서 구한 것은 『대학』 해석을 통해 자신의 정치사상을 표현한 것으로 볼 수 있습니다.183) 또한 『대학』의 인친이위귀仁親以爲貴, 유인인방류지唯仁人放流之, 인자이재발신仁者以財發身, 미유상호인이하불호의자야未有上好仁而下不好義者也 등 인仁이 위정爲政의 근본임을 보여주고 있습니다. '학문과 정치적 경륜을 겸비'한 그의 삶에서 우러나온 것이라 할 수 있습니다.

---

181) 때문에 회재에 있어선 아는 것도 지어지선(止於至善)이요, 얻는 것(행하는 것)도 '지어지선'이다.

182) 이는 회재가 만년(60세)에 지은 『구인록(求仁錄)』 저술취지와 일맥상통한다고 볼 수 있다.

183) 이는 회재의 민본에 대한 정치관을 살필 수 있는 부분이기도 하다.

2) 철학사상, 무극태극 논변

퇴계는 일찍이 행장行狀[184]에서 회재에 관해 언급한 적이 있습니다. 회재가 정예精詣[185]한 견해와 독득獨得의 오묘함이 있는 학자로 평한 것입니다. 게다가 회재를 동방사현東方四賢의 한 사람으로 칭송까지 했습니다. 사실 회재가 퇴계로부터 칭송을 받게 된 것은 28세 때 동향의 선배학자였던 조한보曺漢輔와 왕복 논변한 '무극태극논변無極太極論辨' 때문입니다. 이 논변은 조선조 유학사에서 큰 의미가 있습니다.[186]

회재의 '무극태극논변'은 그가 27세 되던 해 그의 외숙 망재 손숙돈孫叔暾과 망기당 조한보와의 사이에 왕복했던 '무극태극논변'을 얻어 보고, 「서망재망기당무극태극설후書忘齋忘機堂無極太極說後」란 논문을 지어 비판함으로써 시작됐습니다. 조한보는 회재보다 훨씬 선배였던 것으로 보이나 손숙돈과 조한보에 관한 전기나 남아있는 자료가 자세하지 않아, 두 사람의 무극태극에 관한 설을 자세히 알 수는 없습니다.

다만 회재의 논문 속에 나타난 것으로 미루어, 손숙돈의 설은 육구연陸九淵류에 속하는 듯하고, 조한보의 설은 도가道家나 선학禪學의 영향을 받은 것으로 보입니다. 조한보의 무극태극에 대한 견해를 회재의 논변에서 발췌한 것을 정리하면 대략 이렇습니다. 태극은 곧 무극인데, 본체에서 유무有無를 따질 수 없고, 내외를 구분해 이름 지을 필요도 없으므로 무극과 태극과의 변증법적인 관계는 논하지 않습니다.

---

184) 사람이 세상을 떠난 뒤, 그 사람의 평생 행적을 기록한 글을 말한다.

185) 정수(精粹)한 학문의 수양이 깊음을 뜻한다.

186) 또한 주자학사(朱子學史)에서도 최초의 이론 논쟁이란 점과 그 주제가 형이상학적인, 즉 고차원의 이론 문제였다는 점에서 의의가 있다. 이는 당시에 와서 주자학 이해가 이론적으로 심화된 것을 의미한다.

그저 본체本體라고 하는 근본에서 무극과 태극을 보려고 합니다. 그리하여 대본大本을 체득하면, 대본과 달도達道가 하나가 되어 이른바 『중용』에서의 중中 유무나 또 여기서의 무극과 태극 양자의 구별도 자연스럽게 없게 된다고 하면서, 역시 대본(앞의 '본체'와 같은 의미로 추측)의 체득을 강조하고 있습니다. 그러면서 그는 또 이 '본체'라든지 '대본'이란 것을 태허太虛라는 용어로 바꾸어 설명하고 있습니다.

태허는 기론자氣論者나 도가道家에서 많이 언급하는 용어인데, 그는 '태허의 체는 본래 적멸한데, 허虛하면서 영靈하고, 적寂하면서 묘妙하므로 영묘靈妙의 체體가 태허에 충만하여 곳곳마다 노정露呈된다'라고 하여, 무극이태극無極而太極을 '영묘의 체가 태허에 충만함'으로 이해합니다. 태허를 가지고 무극태극을 이해하려 한 것은 도가적道家的 사유나 선학적禪學的 사유 경향이라 할 수 있습니다.187)

회재는 이에 대해 무극태극無極太極이란 '이 도道란 물物이 처음 있는 것이 아니지만, 실제론 만물의 뿌리라는 것을 형용한 것이다'라는 주자 『태극도설해太極圖說解』의 요점을 전제로 하고, 조한보의 '태허의 체가 적멸하다'고 한 말에 있어서 특히 '멸滅' 자로 태허를 설명할 수 없음을 강조하고, 나아가 이런 설명은 유가 학설이 아니라고 단정했습니다. 태극과 태허는 그 용어가 본래 다른 것이기 때문입니다.

회재의 생각엔 존재의 근원(최고 궁극자)인 태극의 설명에 태허太虛로 설명할 수도 없을 뿐만 아니라, 비록 태허를 설명하는데도 '적멸'로써 할 수 없다는 것을 강조하는 것입니다. 왜냐하면 '멸'자를 쓰면 '태극'이라는

187) 그의 호 '망기당(忘機堂)'도 그런 사유방식이나 취향과 결코 무관하지 않음은 물론이다.

궁극자의 만물화육의 공능功能이 나타나지 않기 때문입니다. 즉 상천上天은 무성무취無聲無臭하니 '적'이라 할 순 있으나,188) 화육유행이 상하소저上下昭著하니 '멸'이라 할 수 없다는 것입니다.

이에 조한보는 회재의 위 「설후說後」의 글을 얻어 보고 반박 서한을 회재에게 보냅니다. 그리고 회재가 이에 대해 보낸 비판 답서가 이른바 「답망기당제일서答忘機堂第一書」입니다. 회재의 이 답서를 통해 조한보의 논변을 살펴보면, 그는 주로 무극적멸無極寂滅의 본체론과 존양상달存養上達의 수양론을 논한 것으로 보이는데, 그는 본체에 관하여 '무無는 무가 아니라서 영원독립靈源獨立하여 있는 것'입니다.

즉 유有는 유가 아니라서 오히려 시진澌盡189)으로 돌아가고, 수양에 대해선 무극지진無極之眞에 유심遊心하여 허령의 본체로 하여금 오심吾心의 주主로 삼게 한다고 하였습니다. 이와 같이 조한보는 불교적 색채와 장자사상(소요유)적으로 설명을 하고 있기 때문에 회재는 주자학적 입장에서 비판한 것입니다. 아울러 회재는 태극을 만화萬化의 영요領要 혹은 자사子思가 말한 천명지성 등으로 이해했습니다.

말하자면 회재는 그것이 '충막무짐冲漠無朕190)한 가운데 만상萬象이 삼연森然191)히 갖추어져 있다'라는 『주역周易』의 말을 인용하여 태극太極이 '존재의 최고 궁극자, 즉 최고의 원리'임을 강조한 것입니다. 그런 다음, 주렴계가 '무극이태극'이라 한 것은(무극을 더 붙인 것) '정해진 장소도

188) 궁극자인 태극의 성격은 하나의 사물처럼 경험적으로 파악되는 것이 아니란 의미다.

189) 물이 잦아들어 사라진다는 의미다.

190) 만상삼연(萬象森然)은 '마음의 작용'을 말하고, 충막무짐(冲漠無朕)은 '마음의 본체'를 형용한 말이다.

191) 사전적 의미론 '숲이 우거지고, 큰 나무들이 빽빽하게 들어 찬 모양'을 뜻한다.

없고 일정한 형태도 없고, 물物이 있기 전에도 후에도 있었으며, 음양의 기氣 밖에 있으면서 음양 속에서' 움직입니다. 즉 '모든 존재에 다 관여되면서도 경험적으로 파악할 수 없다'라고 하는 형이상학적 원리이자 최고의 궁극자(마치 신神과 같은 것)임을 나타내기 위함이었다고 할 수 있습니다. 이는 물론 주자의 『태극도설해』의 설명 그대로지만, 회재가 그것을 정확히 이해하고 있었다는데 의의가 있다고 할 수 있습니다. 그렇기 때문에 회재는 노자의 '무無에서 나와 유有로 들어간다'거나 불교의 공空과는 다른 것으로 본 것입니다.

그리하여 이 입장에서 조한보의 '영원독립'은 기화氣化이니, 그는 이理를 모른다고 한 것입니다. 즉 지무至無한 가운데 지유至有한 것이 있으므로 '무극태극'이라 하는 것이며, 이理가 있은 뒤에 기氣가 있는 것이기에 이른바 태극생양의太極生兩儀라고 하는 것을 강조하는 것입니다. 회재는 이처럼 이理는 본체로서 영구하므로, '적멸'이라 할 수 없음을 강조하여 무극태극의 이理로서의 의미를 강조한 것입니다.

또 회재처럼 하학이상달下學而上達적인 공부에 익숙한 처지에서 보면, 조한보는 하학인사下學人事보다 상달천리적上達天理的인 돈오의 입장에 치우친다고 비판하지 않을 수 없었습니다. 이는 앞에서 말한 본체론과 상관관계에 있는데, 그는 유가儒家의 입장에서 조한보의 불교적인 수양론을 비판한 것입니다. 즉 도道는 인사人事를 떠나 구하면 공허하게 된다면서, 그것은 '유가의 입장이 아니라고 한 것'입니다.

그리하여 유가의 '하학상달'하는 인륜의 정신을 강조하고, 조한보의 수양론에 대해 무극지진無極之眞에 유심한 허령의 본체로 오심吾心의 주를 삼게 한다는 수양방법은 막연하여 폐해가 크다고 지적했습니다. 이보다는 오심의 체體가 허령하기 때문에 인위적으로 그것을 중심으로 삼기보다는 다만 인욕의 사私를 없앰으로써 오심의 체가 본래성을 회복하도록 하는 유가의 수양법을 택해야 한다고 강조한 것입니다.

회재의 제1답서에 대한 조한보의 답변은 유심遊心과 '멸滅' 자를 없앨 뜻을 보인 것 같으나, 근본 입장은 변하지 않았던 것으로 보입니다. 따라서 회재는 유자의 말을 빌려 이단의 설을 꾸며주는 것이라 지적했습니다. 제2답서에선 '허무적멸'에 대해 자세히 변론했는데, 주자학적 입장을 볼 수 있는 자료를 인용하면서 설명했습니다. 회재는 이 설명에서 주자가 "노자의 유무有無를 말함은 유와 무를 둘로 나눴습니다.

하지만 주자의 유와 무는 하나로 보는 것이니, 남과 북, 물과 불처럼 상반된다."고 한 말을 인용했고, 또 "내교來敎에 주경존심主敬存心하여 상달천리라 하였으니, 이 말은 진실로 좋은 말입니다."라 하고, 이어 "사事를 배워 그 '이'를 통해 형이하에 즉卽하여 형이상을 얻으면 이것이 상달경지가 되는 것이니, 여기에 종사하여 적구관통積久貫通하면 가히 혼연渾然의 극치에 도달할 수 있습니다."라고 했습니다.

또 "하학공부下學工夫를 하지 않고 바로 상달上達하려 한다면, 이는 불가佛家의 돈각지설頓覺之說이니, 어찌 숨길 수 있겠습니까."라고 하기도 했습니다. 이처럼 도가道家와 불가의 비판, 주경(主敬, 유가 수양방법의 하나로 경을 위주로 함)과 존심(存心, 마음에 새겨 잊지 않음)의 강조, 하학을 통한 상달의 강조, '적구관통'이란 용어의 사용 등에서 회재의 주자학朱子學적인 '이해의 깊이를 확인'할 수 있습니다.

회재의 제2답서에 대해 조한보는 "세인世人이 환형幻形에 집착하여 그것을 견실堅實이라고 함을 깨뜨리기 위해 적멸이라 하고, 하학상달은 동몽초학지사童蒙初學之士의 일을 가리키며 호걸지사에겐 다르다."라고 하여 자신의 입장을 분명히 밝혔습니다. 현존적 형기形器를 일시적 환망幻妄으로 보는 현세 부정의 불교적 견해에 대해 회재는 '도기불리道器不離'론과 '소이所以의 이理'론으로써 비판했습니다.

회재의 제3답서를 받은 조한보는 적멸론과 하학인사 문제에 대해 종래의 주장을 수정 양보한 것으로 보이는데, 조한보는 회답에서 물아무간物我無間이란 설을 새로 제출했습니다. 이에 회재는 제4답서에서 물아무간의 논에 이르러선 옛 모습대로 공허의 교에 빠졌다고 논박하고, 또 조한보가 제안한 의망지설衣網之說에 대해서도 비판했습니다. 이런 회재의 비판적인 글은 학문의 성향과 입장이 무엇인지를 보여줍니다.[192]

회재와 조한보의 '무극태극논변'은 모두 4회로 끝났는데, 회재의 논변을 보면 그가 주자학의 이론을 정확히 이해하고 있음을 볼 수 있습니다. 그의 '주자학에 대한 정확한 이해', '주자학에 대한 조선조 최초의 이론적 논쟁', 주자학 체계 중 '이理 중심의 철학'을 들어낸 점 그리고 퇴계가 추숭하여 영남지방에서 퇴계에 앞서 큰 학자로 숭앙되었다는 점에서, 그의 '사상사적인 지위를 더 부여해야 할 것'으로 여겨집니다.

3) 정치사상

회재의 경세론, 즉 정치사상을 엿볼 수 있는 자료는 당시 중종中宗에게 올린 「일강십목소一綱十目疏」와 「홍문관상소弘文館上疏」 등 2편의 상소문

---

192) 체용상수(體用相須), 동정교양(動靜交養) 그리고 궁리와 성찰공부, 의이방외(義以方外) 등의 용어는 모두 주자학과 송학에서 애용하는 용어들인데, 이로써 그의 학문 성향을 충분히 알 수 있다.

과 만년에 저술한 「진수팔규進修八規」가 있습니다. 그의 상소문과 저술의 내용을 보겠습니다. 첫째, 「일강십목소」에서 '일강'은 군주의 심술心術을 논하고, '십목'은 말 그대로 열 가지 덕목을 가리킵니다. 이 덕목을 지키지 못하면 세상 경영을 할 수 없음을 일러줍니다.

우선 엄가정嚴家政입니다. 즉 궁정의 정치를 엄중히 하고 청탁행위를 방지할 것, 양국본養國本, 즉 세자를 잘 교육하여 덕성을 함양하도록 할 것, 정조정正朝廷, 즉 조정의 기강을 바로잡아 진작할 것, 신용사愼用舍, 즉 인사행정을 신중히 하여 인재를 적재적소에 배치할 것, 순천도順天道, 즉 천도와 호생好生하는 법칙을 본받아 민중을 사랑할 것, 정인심正人心, 즉 인심을 바로잡아 풍속을 순후하게 할 것,

그리고 광언로廣言路, 즉 언론을 창달시켜 민정을 상통하게 할 것, 계치욕戒侈欲, 즉 절검節儉을 숭상하고 상하의 사치를 경계할 것, 수군정修軍政, 즉 군정을 정비하여 보국안민할 것, 마지막으로 심기미審幾微, 즉 만사의 기미를 미리 살펴 화를 미연에 방지할 것 등으로 되어 있습니다. 둘째, 「홍문관상소」에선 '일강'과 '구목'을 논하는데, 일강은 중화中和를 이루는 것이고, 구목은 아홉 가지 덕목을 이릅니다.

우선 엄궁금嚴宮禁입니다. 즉 궁중의 기강을 엄하게 바로잡아 상하 마음이 소통되고 간사함이 일어나지 않도록 할 것, 정기강正紀綱, 즉 정치의 기강을 바로 잡을 것, 변인재辨人材, 즉 인재 등용에 군자와 소인을 분별할 것, 근제사謹祭祀, 즉 제사를 정성들여 지낼 것, 휼민은恤民隱, 즉 민중의 고통을 보살필 것, 명교화明敎化, 즉 교화를 밝힐 것, 신형옥愼刑獄, 즉 형벌과 옥사를 신중히 할 것을 요구합니다.

이 밖에 금사치禁奢侈, 즉 사치를 금할 것과 마지막으로 납간쟁納諫諍,

즉 신하의 간언을 경청할 것 등으로 되어 있습니다. 셋째, 「진수팔규進修八規」는 군주가 세상을 경영함에 있어서 꼭 필요한, '덕으로 나아가고, 주어진 일에 최선을 다해야 한다'는 이른바 진덕수업進德修業에 관한 여덟 가지 조목으로 이루어져 있습니다. 우선 명도리明道理, 즉 인륜의 도道와 사물의 이치를 궁구窮究해야 함을 강조합니다.

그리고 입대본立大本, 즉 군주의 마음을 바르게 할 것, 체천덕體天德, 즉 천도를 본받아 군주부터 근신하고 부지런히 노력할 것, 법왕성法往聖, 즉 전대 성인을 본받을 것, 광총명廣聰明, 즉 군주가 마음을 열어 충언과 직언을 잘 들을 것, 시인정施仁政, 즉 민중에게 인정仁政을 베풀 것, 순천심順天心, 즉 민심이 천심이므로 민심을 항상 살펴 그에 걸맞은 민본정치民本政治를 행할 것을 강조하고 있습니다.

마지막으로 치중화致中和, 즉 군주가 수양을 통해 『중용』에서 말하는 중화中和를 이뤄야 한다고 강조합니다. 이처럼 회재가 올린 상소문이나 저술을 한마디로 정의하면 군주론 혹은 경세론이라 할 수 있습니다. 이를 좀 더 세분화하면 군주론(군주의 수양에 관한 것)과 인정론(인재등용과 언로 개방 등 실제적인 정책시행), 군정론(당시 정책 가운데 중요한 것으로 여겨지는 군정) 등으로 나누어 살펴볼 수 있겠습니다.

(1) 군주론

주지하듯 유가는 '제왕의 학이요, 치자의 수양론'이라 할 수 있습니다. 때문에 사대부의 정책 개진의 첫머리는 늘 군주의 수양에서 비롯됩니다. 회재도 이와 다르지 않았습니다. 군주의 수양이 중시되는 이유를 그는 군주의 인품이 바로 정치에 영향을 주기 때문이라 지적했습니다. 그러므로 군주의 수양을 위해선 이른바 도학道學 공부가 필요함을 역설했습니다. 도학과 아울러 도학의 수양법인 경敬도 강조했습니다.193)

회재가 강조한 군주론의 내용은 대체로 송대宋代 사대부의 상소上疏 속에 나타나는 도학정치이념 그대로지만, 당시 상황에 비춰볼 때 시대적 의의意義가 있다고 할 수 있습니다. 즉 연산군 이후 군주의 위상은 크게 떨어지고, 반정反正 이후 훈구파 귀족이 세력을 떨치고 있는 당시 상황에서, 그의 군주론은 왕권강화를 통한 중앙집권적 질서 확립과 훈구파의 세력 억제를 통한 민폐지양民弊止揚이 목표였습니다.

(2) 인정론

회재의 인정론仁政論은 사대부로서 애민사상愛民思想에서 출발합니다. 유가의 정치이념이 곧 인정이고 민본정치지만, 회재의 애민사상 역시 새로운 것은 아닙니다. 하지만 16세기 당시 민중의 입장을 대변했다는 것은 상당한 의의가 있습니다. 회재는 민중이 나라의 근본이므로 근본이 튼튼해야 함을 강조하면서, 민중은 나라에 의지하고 나라는 민중에 의지하니, 민중을 사랑하지 않고선 나라를 보전할 수 없다고 보았습니다.

자고로 군주들이 하나같이 나라의 근본이 민중에 있음을 모르는 것이 아니고, 이들에 대한 구제를 소홀히 할 수 없다는 것을 언급하지만, 수취收取에 법도가 없고 부역에 절도가 없었던 까닭으로 애통의 조서詔書와 측달惻怛194)의 교지가 아무리 내려져도 모두 실효성이 없는 형식에 그치고 말았다고 지적했습니다. 천지가 생물에게 은택을 입히듯 군주 또한

193) 특히 「진수팔규(進修八規)」는 전적으로 군주의 수양을 강조한 이른바 군주론이다.

194) 측은하게 여겨 슬퍼하는 것을 말한다.

인정을 통해 민중의 삶을 북돋는 것이 책무라 했습니다.

이런 인정仁政에 방해가 되는 두 가지를 '가혹한 형벌과 과중한 세금'이라 진단했습니다. 즉 형벌이 가혹하면 원망이 많아 인仁을 해치고, 부렴賦斂이 과중하면 민중의 고혈을 짜내므로 인을 해치게 됩니다. 회재는 당시 현상에 대해 공론 없이 대신이나 대간臺諫이 특정인을 몰아 죽이기도 하고, 의금부의 추문推問 시에도 율외의 형장을 사용하여 외방의 수령과 방백들이 모방함으로써 원망을 샀다고 말했습니다.[195]

이처럼 회재는 상소 때마다 인명을 존중하여 형벌을 줄일 것과 지배층의 수탈로 도탄에 빠진 민중들을 구제하기 위해 세금을 줄일 것 등을 주요 내용으로 하는 인정을 펼 것을 촉구한 것입니다. 회재의 이런 인정론은 당시 지배층을 점하고 있던 훈구파의 전횡 무도한 대민 착취에 대한 경종으로, 제한된 조건에서나마 민중의 이익을 대변한 것입니다. 즉 도학을 정치이념으로 하는 사대부의 자세를 그대로 보여줬습니다.

물론 인정을 실현하는 데는 형벌 개선과 세금 경감이 주 내용이지만, 이를 위해선 정책을 시행할 사람의 문제, 곧 인재가 적재적소에 배치돼야 함을 강조했습니다. 그러므로 회재는 인물의 현부를 정확히 분변하여 쓰고, 또 한결같이 공론에 따를 것을 주장했습니다. 당시 훈구파의 간신 김안로(金安老, 1481~1537)는 문무 관리의 인사권을 갖는 이조와 병조의 당상관을 늘 자신의 문중에서 임명했습니다. 이는 사실상 전횡입니다.[196]

가령 대관臺官과 시종侍從에 결원이 생기면, 반드시 이들에게 품의稟議

195) 따라서 인정을 펴기 위해선 군주를 비롯한 지배층부터 근검과 절약이 필요하다고 했다. 즉 궁중의 사치와 사대부의 무절제가 횡행하자, 이를 지적한 것이다.

196) 이처럼 당시 권력은 일부 훈구파의 농단으로 인재 등용에 있어 전혀 공정성을 갖지 못했다.

하도록 했기 때문에 사실상 인사권이 김안로 한 사람이 장악하고 있는 것이나 마찬가지였습니다. 회재는 이처럼 잘못된 인사행정을 시정하지 않고는 양심적이고 유능한 인재가 조정에 진출할 수 없다고 생각한 것입니다. 따라서 공정한 인사행정을 위해선 군주가 어떻게 인재의 현부賢否를 가릴 것인가와 그 방법론이 관건이 아닐 수 없었습니다.

회재는 그 방법의 하나로 맹자가 주장한 것처럼 먼저 여론을 듣고 자신이 직접 관찰 심사할 것을 제안했습니다. 여기서 여론은, 곧 국인國人의 의견을 듣는다는 것으로 당시 사림파를 중심으로 한 각계각층의 공론을 의미하는 것입니다. 이를 위해선 언로를 개방하여 상하귀천上下貴賤을 논함 없이 의견을 개진할 수 있게 하고, 또 기휘忌諱[197]에 비록 저촉되는 일이 있어도 죄를 주지 않아야 함을 강조했습니다.[198]

(3) 군정론

회재는 당시 긴급을 요하는 시무時務의 하나로 군정 개선을 들었습니다. 국가의 방위와 민중의 안전을 위해선 평시, 즉 무사시無事時에 치불망란治不忘亂하고 안불망위安不忘危해야 유비무환有備無患이라 여긴 것입니다. 군정엔 '요무要務'가 있고 '근본'이 있는데, '요무'는 장수를 엄선하는 것, 병졸을 항상 훈련시키는 것, 저축(儲蓄, 군수물자 비축)을 늘리는 것, 무기를 갈고 닦는 것, 성보城堡를 수리하는 것을 말합니다.

그리고 '근본'은 화和와 신信, 곧 '인화단결'과 '상호신뢰'를 말합니다.

---

197) 꺼리거나 두려워 피하는 것을 뜻한다.

198) 이 같은 회재의 인재등용론은 당시 집권층이었던 훈구파의 소수에 의해 좌우되던 인사권을 회수하여 사림을 주축으로 한 국인의 올바른 공론 위에서 공정한 인사기능을 회복시키려는 것이었다.

하지만 당시 군의 상황은 이와 달랐습니다. 사졸들은 주장主將의 심한 닦달과 노역의 고통으로 원망하고 비방하는 소리가 높았습니다. 즉 주장은 사졸을 초개처럼 여기고 사졸은 주장을 원수처럼 대하니 인화와 신뢰는 그 어디서도 찾을 수 없는 지경이었습니다. 회재는 이 같은 당시 실정을 인식하여 장차 나라가 무너질 형세라고 지적했습니다.

변경에 비록 아무런 경보가 없으나 이미 군졸은 극도로 쇠약해져 있고, 그 원인은 변장邊將[199]들의 잘못도 있지만, 그 근본을 따지면 군정 문란에서 기인한다고 보았습니다. 즉 인화人和와 신뢰信賴를 해치는 당시의 군정 문란을 개선하기 위해 회재는 세 가지를 지적했습니다. 첫째, 지방 무관(첨사僉使, 종3품과 만호萬戶, 종4품)들의 불공정 인사로 비롯된 '변장'들의 민중에 대한 가렴주구를 들었습니다. 즉 근래에 '첨사'와 '만호'가 거리낌 없이 수탈을 하고 있는데, 만약 공도公道로서 적합한 인물을 선출했다면 민중에 대한 침탈이 그 정도까지 이르진 않았을 것이라며 통탄했습니다. 당시 지방 무관들에 대한 조정의 인사행정은 말이 아니었습니다. 무에 대한 능력(武才)에 기초한 현부賢否가 아닌, 오로지 권세를 지닌 자의 청탁으로 인사가 이뤄진 것입니다. 향응은 물론 '뇌물을 주고받는 등 부조리가 횡행'했습니다.[200]

둘째, 군사들에게 보인保人을 지급하는 것이 비현실적이었습니다. 즉 보병은 기병보다 더 고역임에도 보인保人은 소수에 불과했고, 게다가 여러 형태의 가렴주구로 보인들은 도망가게 된다는 것입니다. 이에 이웃과

199) 변방의 일정한 지역에서 국경 수비를 맡은 장수들을 말한다.

200) 변장들은 군무보다 수탈에 열중했고, 주장(主將)과 사졸 간에 불화와 불신이 조장되어 군의 사기는 바닥으로 떨어졌다.

친척에게 병역을 연대책임을 지우니 이들마저 도망하게 되어, 결국 한 병졸의 병역문제로 인징과 족징을 거쳐 하나의 마을이 파산하게 되어 민중들의 원망이 극에 다다르게 된 것이라 지적하고 있습니다.201)

셋째, 서북양도(西北兩道, 평안도와 함경도) 민중들의 고역을 경감시킬 것을 주장했습니다. 서북양도는 국경을 지키는 것 외에 수달가죽 공납이나 사신使臣의 영송迎送과 지공支供 등에 지쳐있다고 지적한 것입니다. 따라서 세금과 병역의 책임을 완화하여 힘을 되살리고, 인사행정을 쇄신하여 장수와 수령을 엄선하며, 상벌을 분명히 하여 민중들을 위무하는 교지를 내려 사기를 진작시켜야 한다고 건의했습니다.202)

3. 경주 옥산서원은?

- 위치: 경상북도 경주시 안강읍 옥산서원길 216-27(옥산리)
- 문화재 지정: 사적 제154호(1967년 3월 8일)
- 유형문화재 제376-1호: 이언적신도비
- 국보 제322-1호: 『삼국사기三國史記』 완본 9책
- 보물 제586호: 회재의 수필 고본
- 보물 제524호: 『정덕계유사마방목正德癸酉司馬榜目』
- 보물 제526호: 『해동명적海東名蹟』 2책
- 보물 제413호: 독락당獨樂堂,

201) 따라서 군정을 개선하지 않으면 10년을 못가 보병과 수졸은 물론 군비도 완전 바닥을 드러내게 될 것이며, 그때 외침이 있다면 어떻게 대처할 것인지 염려된다 하였다.

202) 회재의 이 같은 군정론은 임진왜란이 일어나기 불과 반 세기 전에 나온 것으로 볼 때, 당시 상황에 비춰 시대적 의의가 있다고 할 것이다.

옥산서원 전경

옥산서원玉山書院은 회재晦齋의 학문과 덕행을 기리기 위해 1572년(선조 5) 경주부윤 이제민(李齊閔, 1528~1608)이 지방 유림儒林의 공의를 듣고 창건했습니다. 1574년 사액賜額이 되었으며, 대원군大院君의 두 차례에 걸친 서원철폐령에도 훼철되지 않고 살아남은 47개 서원 가운데 하나이며, 경상남도에선 유일한 존속 서원입니다. 경내 건물로는 정문인 역락문亦樂門과 회재의 위패를 봉안한 체인묘體仁廟를 들 수 있습니다. 또한 강론과 토론, 유림이 행사 때 사용하는 강당인 구인당求仁堂, 유생들이 거처하면서 학문을 닦는 곳인 민구재敏求齋와 암수재闇修齋, 유생들의 휴식 공간인 무변루無邊樓, 회재의 문집 및 판본을 보관하던 경각經閣 등으로 구성되어 있습니다. 구인당의 정면에 걸린 옥산서원玉山書院이란 편액은 본래 이산해(李山海, 1539~1609)의 글씨였으나, 1839년(헌종 5) 불에 타버린 구인당求仁堂을 새로 지으면서 김정희(金正喜, 1786~1856)가 다시 썼습니다.

구인당 내부에 걸려있는 구인당 편액은 한석봉(韓石峯: 한호韓濩, 1543~1605)이 쓴 것입니다. 서원에 보관되어 있는 김부식(金富軾,

1075~1151) 원저 『삼국사기』 완본 9책은 국보 제322-1호, 회재의 수필 고본은 보물 제586호, 1513년 간행된 활자본 『정덕계유사마방목正德癸酉司馬榜目』은 보물 제524호, 『해동명적海東名蹟』 2책은 보물 제526호로 지정되어 있습니다. 서원에서 떨어져 있는 독락당獨樂堂은 보물 제413호로 지정되어 있습니다.

한편 옥산서원은 2019년 7월 6일, 제43차 유네스코 세계유산위원회에서 다른 8개 서원과 함께 '한국의 서원(Seowon, Korean Neo-Confucian Academies)'이란 이름으로 세계문화유산으로 등재됐습니다. 세계문화유산에 등재된 서원은 소수서원(1543년)과 남계서원(1552년), 옥산서원(1573년), 도산서원(1574년), 필암서원(1590년), 도동서원(1605년), 병산서원(1613년), 무성서원(1615년), 돈암서원(1634년) 등입니다.

역락문(亦樂門)

군자君子가 되어 진리의 세계로 들어가는 길은 즐겁고 또 즐겁다는 의미입니다.

옥산서원 강당인 구인당(求仁堂)

정면에 걸린 옥산서원玉山書院 편액은 본래 이산해李山海 글씨였으나, 1839년(헌종 5) 불에 타버린 구인당을 새로 지으면서 김정희金正喜가 다시 썼습니다. 그리고 구인당求仁堂 편액은 한석봉韓石峯이 쓴 것입니다.

무변루(無邊樓)

『옥산서원기玉山書院記』에 보면, 무변루無邊樓가 초기엔 납청루納淸樓로 불렸습니다. 납청納淸이란 '맑은 기운을 받아들인다'는 의미입니다. 사람의 기운은 우주의 기운과 하나로 통해 있습니다. '우주의 기운으로 존재하는 사람'은 그 자체로 '항상 우주'입니다. 가령 뚜껑이 없는 물통이 바닷물 속에 들어있는 것과 같습니다. 물통 속의 물과 물통 밖의 물은 하나이기 때문에 '물통은 바다 전체'와 다르지 않습니다. 하지만 물통이 자기를 인식하여 지키려고 뚜껑을 닫아버리면 바닷물과 물통 속의 물은 격리되고 맙니다. 사람도 같습니다. 자기를 인식하여 남을 차단하면 마치 뚜껑이 닫힌 물통 속의 물과 다르지 않습니다. 정체된 물은 썩기 마련입니다. 우주의 기운과 단절된 사람도 곧 병이 들기 마련입니다. 따라서 납청納淸, 즉 우주의 맑은 기운을 받아들이면, 다시 나는 우주와 하나가 될 수 있습니다. 납청이 무변인 것입니다.

민구재(敏求齋, 東齋)와 암수재(闇修齋, 西齋)

우측 건물이 동재인 민구재敏求齋이고, 좌측 건물이 서재인 암수재闇修齋입니다. 여기서 '민구'란 말은 '민첩하게 진리를 구한다'는 의미로, 『논어』의 "나는 나면서부터 알았던 사람이 아니다. 옛것을 좋아하여 부지런히 그것을 구求한 사람이다."라는 말에서 따온 것입니다. 또 '암수'란 말은 '남몰래 묵묵히 수양을 한다'는 의미입니다. 즉 공자처럼 진리의 세계로 들어가기 위해 학문에 매진하란 뜻을 지닌 것입니다.

회재의 문집 및 판본을 보관하던 경각(經閣)

회재의 위패를 봉안한 체인묘(體仁廟)

VIII 퇴계 이황과 도산서원

1. 퇴계 이황의 삶

이황(李滉, 1501~1570) 선생의 자字는 경호景浩, 호號는 퇴계退溪 혹은 도유陶叟, 퇴도退陶, 청량산인淸凉山人 등이며, 본관本貫은 진보眞寶입니다. 그는 1501년(연산군 7) 11월 25일, 경상도 예안현 온계리(현, 안동시 도산면 온혜리)에서 진사인 이식李埴의 8남매[203]중 막내로 태어났습니다. 부친이 진사였던 것으로도 짐작할 수 있듯, 양반이 지배하던 당시 사회에서 그도 신분상으론 양반이었습니다. 즉 자신의 능력에 따라 장래가 보장되는 가문에서 태어난 것입니다. 가계를 보면 그의 5대조五代祖는 통헌대부通憲大夫와 판전의시사判典儀寺事로 있다가, 1362년(공민왕 11)에 비장裨將으로, 정세운鄭世雲을 따라 홍건적의 침입을 격퇴하여 안사공신安社功臣의 호를 하사받고 송안군松安君으로 봉해진 이자수李子修이고, 고조高祖는 중훈대부中訓大夫로 군기시부정軍器寺副正을 역임한 이운후李云侯입니다.

증조曾祖 또한 중직대부中直大夫로 선산善山 부사를 지낸 이정李禎입니

203) 본래 퇴계의 부친은 예조정랑(禮曹正郎) 김한철(金漢哲)의 딸과 혼인하여 3남 1녀를 얻고, 김 씨 부인이 29세로 세상을 뜨자, 다시 별시위(別侍衛) 박치(朴緇)의 딸과 재혼하여 4형제를 두었다. 그런데 김 씨 소생 중 하나가 어려서 죽었기 때문에 사실상 퇴계의 동기는 7남매였다. 퇴계는 재취부인인 박 씨의 소생이다.

다. 그리고 진사였던 조부祖父 이계양李繼陽과 부친이 계셨습니다. 하지만 퇴계의 가정환경이 유복했던 것은 아닙니다. 태어난 지 불과 7개월 되던 때에 당시 40세의 장년이던 부친을 잃었습니다.[204] 당시 만형 한 분만 혼인을 했을 뿐, 다른 형제는 모두 어려 가족의 생계를 어머니가 홀로 농사와 누에치기로 이어가야 할 형편이었습니다.[205]

1) 해동의 유종儒宗

퇴계와 거의 때를 같이한 조선 성리학의 쌍벽을 이뤘던 율곡栗谷[206]은 퇴계를 가리켜, "선생은 세상의 유종儒宗으로, 정암靜庵 뒤론 서로 비견할 사람이 없다. 그 재주와 기국器局은 혹 정암에 못 미칠지 모르겠으나, 의리를 탐구하여 정미한 것까지 드러내는 데는 정암이 미치지 못하는 것."[207]이라 했습니다. 중종 당시 지치주의至治主義, 즉 왕도정치王道政治의 이상을 누구보다 갈구한 '정암과 비견'한 것입니다.

다시 말해 지치주의(요순堯舜시대 같은 태평성세를 이룩하겠다는 이상)를 실현키 위해 목숨까지 던졌던, 사림정치의 대표로 손꼽히는 정암을 두고, 경세經世 측면에선 몰라도 학문學問 측면에선 퇴계에 미치지 못한다고 한 것입니다. 조목(趙穆, 1524~1606)의 『언행총록言行總錄』, 김성일(金誠一, 1538~1593)의 『실기實記』, 정유일(鄭惟一, 1538~1593)의 『언행통술言行通述』

---

204) 그로 말미암아 부친의 훈도(薰陶)를 받지 못함은 물론 빈곤한 생활 속에서 자랐다.

205) 『退溪先生言行錄』, 「年譜」.

206) 퇴계는 정암 조광조(趙光祖, 1482~1519)보다 19년, 화담 서경덕(徐敬德, 1489~1546)보다 12년 늦게 태어났고, 율곡 이이(李珥, 1536~1584)보다는 35년 먼저 태어났다.

207) 『退陶言行通錄』권1, 「遺事」.

등에서도 한결같이 퇴계를 가리켜, "동방의 일인一人."이라 칭송했습니다.

물론 이들의 평은 제자로서 스승의 학덕을 기리고자 하는 뜻이 부가된 것이지만, 퇴계의 학문을 칭송하고 평가한 기록은 또 있습니다. 한말 개화기의 대표적 유학자인 장지연(張志淵, 1864~1921)은 처음으로 한국의 유학사를 정리하면서 퇴계에 대해 "그 정학正學을 천명하고 후생을 개도開導함으로써 '공자와 맹자, 정자, 주자(孔孟程朱)의 도道'를 우리 동방에 다시 밝힌 사람은 오직 퇴계 선생 한 분뿐이다."[208]라고 했습니다.

그런가 하면 문일평(文一平, 1888~1936)[209]은 "불교사상에서 원효元曉를 대표자라 할 수 있다면, 유교사상에선 퇴계가 대표자임은 거의 이의가 없는 바이다.… 말하자면 퇴계 이전까진 유교가 오히려 정치나 사장詞章의 여습餘習에서 벗어나지 못하던 것이, 퇴계의 출현을 기다려 완전한 철학의 성립을 보게 되었으며, 예론의 발달도 또한 퇴계 이후에 있었던 일로, 그를 유종儒宗으로 삼는 것은 당연한 일이다."[210]라고 했습니다.

퇴계의 학문에 대한 평가는 한국인에 한정된 것만은 아닙니다. 많은 일본 학자들의 견해 속에서도 발견됩니다. 일찍이 수고산藪孤山은 "공자의 도道는… 송의 정주程朱 두 분에 이르러 깊이 탐구됨에 따라 비로소 찾아졌다. 그 학은 조선의 이퇴계에게 전해진 다음, 다시 (퇴계로부터) 우리나라(일본)의 산기암재山崎闇齋에게 전해졌다."[211]고 퇴계를 정주에 이

208) 장지연(1922), 『朝鮮儒敎淵源』, 회동서관(匯東書館).

209) 문일평(文一平, 1888~1939)은 일제강점기의 독립운동가이자 언론인, 민족주의 사학자로, 호는 호암(湖岩)이다. 교육 활동과 일제 강점기 조선의 고서적, 역사에 대한 연구 등을 했다. 그는 정인보, 안재홍과 함께 1930년대 조선학 운동을 주도한 역사학자다.

210) 文一平(1982), 『湖岩全集』, 光朝.

211) 藪孤山, 『送赤崎海門序』, 玄相允 所引.

어 유학의 정통을 잇는 한국 유학의 대표로 평가했습니다.

일본의 유학性理學이 퇴계에 의해 발달했음을 밝힌 일도 있습니다. 도변예재渡邊豫齋는 "퇴계 학식의 조예야말로 원명元明의 제유諸儒와도 비교되지 않는 것."212)이라 하여, 평가의 범위를 한국과 중국, 일본으로 확대하더라도 당시로선 퇴계가 제1인자임을 역설한 것입니다. 이처럼 퇴계의 학문은 성리학을 대표했다고 할 수 있습니다. 그의 학문을 더 알기 위해선 우선 그의 인물과 사상을 살펴봐야 하겠습니다.

2) 면학과 인격의 형성

생활이 곤궁한 중에도 퇴계의 모친은 항상 자식들에게 '문예만 힘쓰지 말고, 몸가짐과 행실을 더욱 삼가도록 훈계'하고, '세상 사람들은 모두 과부의 자식은 배운 것이 없다고 조소嘲笑하니, 너희들은 남보다 백배 더 힘쓰지 않으면, 조소를 면할 수 없다'고 경계했습니다. 그 스스로 모친을 묘사하여 "뒤로 두 아들(이해李瀣와 이황李滉)이 대과에 급제하여 벼슬길에 오르게 되었어도 부인께선 그 영진榮進을 기뻐하지 않았다.

항상 세상의 혼란을 걱정했으며, 비록 문자는 익히지 않았어도… 그 의리義理를 가르쳐 주고 사정을 밝히는 식견과 사려는 사군자四君子와 같았다."213)고 밝히고 있습니다. 이런 점으로 미뤄 그의 학문과 인격 형성엔 모친의 영향이 컸음을 짐작할 수 있습니다. 6세 때 이웃 노인으로부터 『천자문』을 배운 것으로 시작된 학문은 그가 12세 때 숙부인 송재공松齋公 이우李堣로부터 '『논어』를 비롯한 유학을 공부'했습니다.

212) 渡邊豫齋, 『韞藏錄討論筆記』, 玄相允 所引.

213) 『退溪文集』권46, 「先妣贈貞夫人朴氏墓碣識」.

14세에 이르러선 '비록 많은 사람이 모인 자리일지라도 반드시 벽을 향해 조용히 생각(잠완潛玩)하고 있을 정도'로 학구열이 높았고, 20세 때는 '침식을 거의 잊어가며 독서와 사색'으로 일관했습니다.214) 21세 때 김해 허씨 부인215)과 혼인하고, 23세에 태학太學, 즉 성균관에 유학합니다. 27세 가을, 향시를 비롯한 진사 회시(28세), 문과 별시(32세), 경상도 향시(33세), 34세 때 마침내 대과大科에 급제하여 벼슬길에 나섭니다.

3) 환로宦路와 귀거래歸去來216)

34세 때 승문원권지부정자承文院權知副正字로 시작한 퇴계는 43세 때까지 대체로 관료생활이 순탄했습니다. 34세 때만 해도 그는 승문원의 정자(正字, 정9품)와 저작(著作, 정8품)을 거쳐 무공랑박사(務功郎博士, 정7품)까지 오릅니다. 이듬해엔 호송관에 차출되어 왜노倭奴를 동래까지 운송하기도 하고, 해가 바뀜에 따라 성균관전적 겸 중학교수成均館典籍兼中學敎授 및 호조좌랑(戶曹佐郎, 36세)을 역임합니다.

사헌부지평과 홍문관교리(40세), 세자시강원문학(世子侍講院文學, 41세)이 되었다가, 의정부검상議政府檢詳, 충청도어사, 사인舍人, 사헌부장령을

---

214) 이처럼 무리한 공부로 인해 생긴 일종의 소화불량증(이췌지질羸悴之疾)이 그를 평생 괴롭혔다.

215) 진사(進士) 찬(瓚)의 딸이다.

216) 관직을 그만두고 시골로 돌아가는 것을 뜻한다. 귀거래(歸去來)와 관련해선 중국의 시인 도연명(陶淵明)의 대표작 가운데 하나인 '귀거래사(歸去來辭)'를 들 수 있다. 이는 관직을 버리고 떠나면서 읊은 시(詩)로, 노장사상(老莊思想)의 영향을 받아 자연과 함께 사는 삶의 아름다움을 노래했다. 도연명은 중국 강주 출신으로, 뒤늦게 관리가 되어 십여 년을 봉직했으나, "어찌 오두미(五斗米, 닷 말의 쌀이란 뜻으로, 얼마 안 되는 봉급) 때문에 허리를 굽히겠느냐."라는 말을 남기고 관직을 그만두었다. 이후 남촌에 은둔하면서 문단과 교류했다.

지내고, 성균관사성(成均館司成, 43세)에 올랐습니다.217) 종3품인 성균관사성에 이른 43세의 퇴계는 이때부터 벼슬을 그만두고 고향 집에 돌아갈 뜻을 품습니다. 그때(계묘년)부터 52세(임자년)까지 그는 세 차례(43세, 46세, 50세)나 퇴귀退歸했다가 소환을 당합니다.

말하자면 이때 관료 생활을 벗어나 야인 생활로 접어드는 일종의 과도기라 할 수 있을 것입니다. 이 시기에 일어난 사건으로 몇 가지 주목되는 것들입니다. 첫째, 두 번째 퇴귀退歸한 46세 때, 그는 고향인 퇴계退溪218)의 동암東巖에 장차 자신의 학문 처소로 사용할 조그만 암자인 양진암養眞庵을 짓습니다. 둘째, 도성을 벗어나려는 생각에 스스로 외직外職을 구해서 떠납니다. 단양군수와 풍기군수가 그것입니다.

셋째, 군수 자리마저 벗어나기로 결심한 나머지 신병을 이유로 감사에게 세 차례나 사직원을 제출한 다음, 회답도 기다리지 않고 짐을 꾸려 퇴계로 돌아갔습니다. 이 일로 그는 자의로 임소를 이탈(천기임소擅棄任所)했다는 죄목으로 직첩(職牒, 고신告身)을 박탈당합니다. 넷째, 사생활에서도 불행한 사건들이 속출합니다. 일찍이 27세 때 부인 허 씨를 잃고, 30세 때 안동 권씨219)와 재혼을 했는데, 46세 때 그 권 씨도 잃었습니다.

더구나 단양군수로 나가던 해(48세)엔 둘째아들까지 잃었습니다. 다섯째, 50세 때는 친형인 좌윤공左尹公 이해(李瀣, 1496~1550)를 사화士禍의 격동 속에서 잃습니다. 좌윤공은 일찍이 사헌부에 있으면서 이기(李芑,

217) 퇴계는 37세 때 모부인(母夫人) 박 씨의 상(喪)을 당해 잠시 퇴직한 일이 있으나 논외로 한다.

218) 본래 속명으론 토계(兎溪)였으나 이황이 퇴계(退溪)로 고치는 한편, 자신의 호(號)로 삼았다.

219) 봉사(奉事) 질(礩)의 딸이다.

1476~1552)의 모함을 받아 장류杖流되다가 도중에서 숨졌습니다.220) 벼슬을 버리고 은거한다는 것도 퇴계의 경우엔 마음대로 되지 않습니다. 세 번째 퇴거 후, 2년의 세월이 지나 조정에선 홍문관교리 직함으로 다시 부릅니다.

마지못해 환조還朝한 퇴계는 그해 성균관의 대사성(大司成, 정3품)자리까지 오르나, 역시 신병을 이유로 곧 사퇴합니다. 이후론 반복되는 임명과 불취不就 혹은 사퇴가 노년의 퇴계를 상징하는 낱말이 됩니다. 번거로움을 피하기 위해 중요 관직의 임명을 일괄하면 이렇습니다. 우선 상호군(上護軍, 53~54세)과 형조참의刑曹參議, 병조참의(兵曹參議, 54세), 첨지중추부사(僉知中樞府事, 55세)라는 직함을 받습니다.

그리고 홍문관 부제학 지제교 겸 경연참찬관弘文館副提學知製敎兼經筵參贊官과 춘추관수찬관(春秋館修撰官, 56세), 공조참판(工曹參判, 58세), 동지중추부사(同知中樞府事, 59세), 공조판서 겸 예문관제학(工曹判書兼藝文館提學, 66세), 홍문관대제학지성균관사弘文館大提學知成均館事, 동지경연춘추관사同知經筵春秋館事, 예조판서 겸 동지경연춘추관사(禮曹判書 兼同知經筵春秋館事, 67세)란 직함을 받습니다.

이외에도 의정부 우찬성(議政府右贊成, 68~69세)과 판중추부사(判中樞府事, 68~69~70세), 이조판서(吏曹判書, 69세) 등의 직함을 받습니다. 형식적인 측면에서 퇴계의 이런 관직은 그가 70의 나이로 세상을 떠날 때까지 계속됐습니다. 그런 까닭에 끊임없이 치사致仕와 해직解職을 청원해야 했습니다. 하지만 이와 같은 현상은 어디까지나 형식에 지나지 않는 것이었

220) 이기(李芑)는 을사사회의 주동인물, 을사사화(1545년)는 이보다 4년 전, 퇴계가 45세 때 일어났다.

습니다. 대체로 명예직이 다수였기 때문입니다.

58세 때 치사소致仕疏를 올린 뒤론 모든 벼슬을 사양하며 받지 않았거나, 마지못해 받은 벼슬도 대체로 한두 달 만에 사퇴하곤 했습니다. 사실상 취임하지 않은 채 벼슬만 지니고 있다가 다른 벼슬로 옮겨지는 형국이었습니다.[221] 끊임없이 은퇴하려는 그의 뜻과 어디까지나 그를 놓아주지 않으려는 임금의 뜻이 항상 교차하여, 한낱 '문서상의 임명과 사퇴'만이 계속된 것이 그의 노년기였다고 할 수 있을 것입니다.[222]

4) 만년의 결실

퇴계의 관료 생활이 임명과 불취不就에 그친, 이른바 형식에 불과하게 된 까닭은 무엇일까요? 아마도 자신의 소망이 벼슬에 있지 않고 학문에 있었기 때문일 것입니다. 때문에 퇴계의 진면목을 드러내는 것은 그의 관직 생활이 아닌, 노년기의 '연구업적'이라 할 수 있습니다. 사실 청장년 시절을 살펴봐도 그 자신의 사상을 대변할 만한 저술을 찾을 수 없습니다. 50대에 이르러서야 '학문적 성과'를 낼 수 있었습니다.

즉 성균관대사성에 임명될 정도로 학문이 세인들로부터 인정을 받게 된 뒤부터 연구업적이 나오기 시작한 것입니다. 이는 탈고신奪告身[223]을 당할 정도로 관직을 임의로 버리고, 낙향해 암자 등을 짓고[224] 안거하기

---

221) 『退溪先生文集』, 「年譜」, 乙丑, 65세조.

222) 다만 하나의 예외로 68세 되던 해 7월에 판중추부사 등을 역임하다 이듬해 3월 귀향했는데, 이때도 수없는 상소와 입대(入對)를 통한 간청 끝에 겨우 귀향(歸鄕)의 승인을 받았을 뿐, '완전한 치사(致仕)'의 승인은 얻지 못했다.

223) 죄를 지은 벼슬아치로부터 임명장을 빼앗는 것을 뜻한다.

224) 퇴계는 50세 때, 퇴계의 서쪽에 한서암(寒栖庵)을 짓는 한편 광영당(光影塘)이란 연못도 팠다.

시작한 때와 거의 일치하고 있습니다. 뒷날 기대승奇大升과 사단칠정논변四端七情論辯을 불러일으킨 정지운(鄭之雲, 1509~1561)의 「천명도天命圖」를 53세 때 개정한 「천명도」에 이어 이런 저술을 내놓았습니다.

우선 「여노수신논숙흥야매잠주해서(與盧守愼論夙興夜寐箴註解書)」, 「연평답문발延平答問跋」, 「사정전대보잠思政殿大寶箴」, 「경복궁중수기景福宮重修記」(이상 54세), 『주자서절요朱子書節要』(56세), 「계몽전의啓蒙傳疑」(57세), 「어관포(득강)시집발魚灌圃得江詩集跋」, 「자성록自省錄」(58세), 「답황중거서론백록동규집해答黃仲擧書論白鹿洞規集解」, 「이산서원기伊山書院記」(이상 59세) 등등을 열거할 수 있습니다.

또 「송계원명리학통록宋季元明理學通錄」(59세에 착수), 「답기고봉서변사단칠정答奇高峯書辯四端七情」(59~66세), 「도산기陶山記」(61세), 「정암조선생행장靜庵趙先生行狀」과 「심무체용변心無體用辯」(이상 64세), 「경현록개정景賢錄改定」(65세), 「회재이선생행장晦齋李先生行狀」과 「심경후론心經後論」(이상 66세), 「무진육조소戊辰六條疏」와 68세에 '선조宣祖에게 올린 「성학십도聖學十圖」'를 들 수 있습니다.

아울러 「답노이재의상례서答盧伊齋議喪禮書」(69세)와 70세에 저술한 「답기명언서론심성정도答奇明彦書論心性情圖」와 「답기명언서개치지격물설答奇明彦書改致知格物說」도 들 수 있습니다. 그렇다고 그가 노년에 저술만 한 것은 결코 아닙니다. 이미 두 번째로 귀향하여 한서암寒栖庵을 지었을 때(50세)만 하더라도 그에게 학문學問을 배우고자 하는 사람들, 이른바 '따르는 선비(종유지사從遊之士)들'이 상당히 많았습니다.

사정이 이렇게 되자, 제대로 된 강학講學 장소가 필요했습니다. 따라서 퇴계가 일찍이 얻어 둔 도산陶山의 남쪽에 도산서당(도산서원의 전신)을 지은 것입니다. 이때가 60세였습니다. 이 서당을 중심으로 그는 스스로의 학문을 배가하는 동시에 후진을 양성했습니다. 그가 특별히 힘을 기울여 가르친 것으론 『계몽啓蒙』과 『심경心經』으로 알려지고 있습니다만, 그의 '강학은 세상을 떠나기 전까지 지속'했습니다.225)

5) 퇴계의 인간상人間像

퇴계는 무엇보다 과거科擧를 거친 경세가經世家로 오랫동안 관직에 있었기 때문에 그의 인간상은 기본적으로 '관료'로 파악할 수 있습니다. 또 그의 저술이 입증하는 점에선 '학자'로 이해할 수 있겠고, 대사성으로서 성균관의 책임을 맡았을 뿐 아니라 은퇴한 뒤로는 강학에 힘썼다는 점에서 '교육자'로도 볼 수 있습니다. 결국 관료와 학자, 교육자로서의 상像이 우리가 추정할 수 있는 퇴계의 인간상이라 하겠습니다.

(1) 관료로서 인간상

앞에서 언급한 자료만으로는 관료로서 인간상을 분명히 알기 어렵습니다. 따라서 몇 가지 구체적인 사실을 추적하면서 알아보도록 하겠습니다. 왜구가 남해 지방을 침입하여 양민을 괴롭히던 일은 이미 예로부터 있었지만, 당시에도 자주 일어난 사건이라 항상 국방문제 중의 하나로 등장했습니다. 당시는 마침 삼포왜란(三浦倭亂, 1510년)이 있은 뒤라 조정에선 왜의 납관納款을 불허했고, 이에 왜는 여러 번 화해를

225) 이런 장면을 통해 추측할 수 있는 것은 학구열 못지않게 교육열 또한 높았음을 짐작하게 한다. 인생칠십고래희(人生七十古來稀)가 통념으로 받아들여지던 당시, 퇴계는 천수를 다하고 평안한 모습으로 1570년(선조 3) 음력 12월 8일 세상을 떠났다.

청해왔습니다.

퇴계는 일찍이 호송관의 임무를 띠고 왜놈들을 동래까지 보낸 경험 때문에 이런 조정의 정책에 나름의 이견異見을 지니고 있었으며, 따라서 자신의 견해를 관철하기 위해 힘썼습니다. 인종 이후, 명종이 즉위하던 때를 맞춰 걸화乞和226)를 받아들이도록 상소했습니다. "나라가 이미 북쪽 오랑캐와 대치하고 있는데, 만일 남북의 두 오랑캐가 일시에 침략해 온다면, 어찌 할 도리가 없을 것."227)이란 이유를 들었습니다.

즉 '걸화'를 받아들이는 것이 사직과 민중(億萬生靈)을 위하는 길임을 역설한 것입니다. 당시의 선비士大夫들은 왜국이라면 오랑캐란 의식 때문에 무조건 무시하던 경향이 지배적이었습니다. 때문에 왜구에 대한 처리 방안은 늘 강경책이 다반사였습니다. 그런 당시의 사고방식에 기초해서 본다면, 확실히 기존의 방책과는 무척이나 다른 외교와 국방문제로 다룬 것입니다. 실리 위주의 진지한 태도가 아닐 수 없습니다.

특히 이런 생각들이 임진왜란壬辰倭亂보다 47년이나 앞선 판단임을 고려하면, 퇴계의 이와 같은 주장은 현실을 바라보는 안목, 곧 경세가經世家로 상당한 상황판단 능력을 지니고 있었음을 알 수 있습니다. 그리고 그가 외직을 자청해 풍기군수로 있을 때(49세)는 안향安珦의 고향인 백운동白雲洞에 건립한 서원을 사액서원賜額書院으로 만들었습니다. 이는 중국 송宋나라 때의 고사故事를 본뜬 것이긴 합니다.

하지만 그의 이 같은 노력이 결실을 맺어 백운동 서원은 전토田土 및

226) 걸화걸항(乞和乞降)의 줄임말로 걸화(乞和)는 '강화하길 빈다'는 뜻이고, 걸항(乞降)은 '항복하길 빈다'는 의미다.

227) 『퇴계선생문집』, 「年譜」, 仁宗, 45세, 원년조.

서적과 더불어 소수서원紹修書院228)이란 사액賜額을 받게 된 것입니다. 그로 말미암아 백운동 서원은 우리나라 사액서원의 효시嚆矢를 이루게 되었습니다. 후일 조선의 유학이 수많은 서원을 중심으로 발전했고, 그중에서도 특히 사액서원이 일반서원들을 이끌었다는 점을 고려하면 퇴계의 이 업적 또한 결코 '과소평가 될 수 없을 것'입니다.

이는 그의 관심사가 문치文治의 방향으로 흐르고 있었음을 추측할 수 있습니다. 다시 말해 문치에 의한 문예의 흥성興盛을 기도한 문관으로서의 뜻을 전해주는 자료라 할 수 있습니다. 게다가 당시는 사화士禍, 즉 을사사화기 때입니다. 양심良心있는 선비의 입장에서 본다면 당시는 언로가 사실상 폐쇄된 상태였고, 선비의 기개氣槪가 땅에 떨어진 시기라 할 수 있습니다. 그런 엄중한 때에 그는 이렇게 말합니다.

"대저 복상福祥은 태평한 시대에 내리고, 재얼災孽은 어두운 군주 때 일어나는 법이다.… 이제부터 주상 전하께서 하늘의 경동警動시킴이 심히 두려워 할 것임을 생각하시고, 민중을 수고롭힘을 두 번 다시 할 수 없음을 생각하시어, 삼가 덕 닦기를 옥루屋漏에 부끄럼 없이 하시고 마음 깨치기를 전문殿門처럼 바르게 하시며, 그 위位를 밟고 그 예를 행하시어…."라고 했습니다. 『퇴계문집』229)에 들어있는 말입니다.

이는 「경복궁중수기」에 들어 있는 일절에 불과하지만, 내용은 천인상감설天人相感說에 기초한 '제왕경계론'입니다. 정치란 제왕의 수덕修德에 의한 정치, 즉 유가 본래의 덕치德治와 민본적 왕도정치론을 피력한 것입니다. 물론 덕치를 위한 제안이라 하더라도 정암靜庵 조광조趙光祖나 율

---

228) 자세한 사항은 '회헌과 소수서원(紹修書院)'을 참조할 것.

229) 『퇴계문집』권42, 「景福宮重修記」.

곡栗谷 이이李珥가 주장한 정책이나 제도처럼 개혁론을 구체적으로 찾아볼 순 없습니다. 그의 경세론經世論의 한계가 여기에 있다 할 것입니다.

이 점은 가장 대표적인 경세론으로 전하는 「무진육조소戊辰六條疏」230)에서도 잘 드러납니다. 사실 그의 특기는 구체적인 경세론을 제시하는 것보다는, 「성학십도聖學十圖」에서 보듯 덕치와 왕도정치를 지향하는 경세론의 근거를 밝혀주는 것입니다. 이런 점에서 그의 인간상의 비중은 관료의 상보다 학자의 상에 더 가깝다고 할 수 있습니다. 그럼에도 그만큼 엄격하게 군주를 경계할 수 있는 것은 흔하지 않습니다.

퇴계가 이 같은 정신을 잃지 않은 것은 역시 '사림파의 정신'과 맥을 같이 하고 있다고 하겠습니다. 사실 퇴계는 정암을 크게 존숭했고, 그 존숭의 도는 손수 정암의 행장行狀을 지어 그의 공을 기릴 정도였습니다. 뿐만 아니라 시강侍講231)을 통해 직접 군주에게 정암 조광조의 인품과 학행의 비범함을 일러주고자 애썼습니다. 또 사림파에 속하는 회재晦齋 이언적李彦迪의 행장을 지은 것도 같은 뜻이라고 볼 수 있습니다.

이처럼 관료로서 퇴계의 정신적인 본적을 찾으라면 '사림파'에 있었음은 조금도 의심할 나위가 없습니다. 이렇게 본다면, 사림의 정신을 이어가면서 소극적이긴 하지만 완곡한 방법으로나마 자기 나름대로 당시의 모순과 부정에 대항한 것이라고 할 수 있습니다. 다만 그 소극적인 태도

230) 「무진육조소(戊辰六條疏)」의 내용은 여섯 가지로 나눠 볼 수 있다. 첫째, 계통을 중히 하여 인효를 온전히 할 것[重繼統以全仁孝], 둘째, 참소하는 말을 막음으로써 양궁에 친근할 것[杜讒間以親兩宮], 셋째, 성학을 돈독히 하여 정치의 근본으로 삼을 것[敦聖學以立治本], 넷째, 도술을 밝혀 인심을 바로잡을 것[明道術以正人心], 다섯째, 대신에게 일을 맡겨 이목이 통하게 할 것[推腹心以通耳目], 여섯째, 수양과 반성을 성실히 하여 하늘의 사애(思愛)를 받을 것[誠修省以承天愛] 등이다.

231) 군주나 세자 앞에서 경서(經書)를 강의하던 일이나 그 일을 하던 사람을 말한다.

가 노년에 모든 관직으로부터 멀어져 가려 한 고사불이固辭不已의 의지로 말미암아 더욱 '그 인상을 짙게 했다'고 볼 수 있습니다.

그렇다면 그는 왜 현직에서 그토록 벗어나려 했을까요? 우선 당시 상황으로 볼 때, 사화士禍가 하나의 원인이 아닐까 추측됩니다. 그가 45세 때 몸소 을사사화乙巳士禍의 여파를 체험한 것입니다. 물론 을사사화의 중핵中核에 말려 직접 참화를 당하진 않았지만, 당시 사화를 주도한 이기(李芑, 1476~1552) 등에 의해 일단 삭직되었다가, 그의 조카인 이원록李元祿이 역간力諫해 준 덕택으로 환직還職된 일이 있습니다.[232]

그런데 그의 형인 좌윤공左尹公 이해李瀣가 이기의 구함構陷에 빠져 장류杖流되다가 도중에 숨지는 참극을 겪습니다. 현실을 부정하고 부조리에 정면으로 도전하거나 대결하는 성품이 아닌 그로선 참극의 현장에서 벗어나고 싶었을 것으로 짐작됩니다. 또 다른 원인으론 그의 학구열이 아닐까 추측됩니다. 퇴계는 과거科擧가 본의 아닌, "집안의 곤궁困窮 및 노모와 친구의 강권 때문이다."[233]라고 고백한 바 있습니다.

즉 "어려서부터 성현聖賢과 성현의 학문을 그리는 마음(慕古之心)이 있었을 뿐."이라 회고했던 것입니다. 고봉高峰 기대승(奇大升, 1527~1572)에게 주는 글에서 그는 "어려서 바로 산림 속에서 늙어 죽을 계획을 세워, 조용한 곳에 띠집(茅屋)이나 얽어 놓고, 독서와 양지養志의 미진한 점을 더욱 구해 나가는 데 수십 년의 공을 더했더라면, 병病도 틀림없이 나았을 것이고, 학문도 틀림없이 성취되어, 천하 만물이 내 즐기는 것이 되었을 것이다.

---

232) 『퇴계선생문집』, 「年譜」, 45세조.

233) 「年譜」에 의하면, 형 대헌공(大憲公)이 모부인(母夫人)에게 권유토록 말했다고 전한다.

그런데 어찌 하다 이런 것을 깨닫지 못하고, 과거나 보고 관직에나 눈을 팔아 육신만을 위했는지."234)라고 탄식한 바 있습니다. 따라서 그의 치사은퇴致仕隱退 현상은 학문에 대한 열망을 버릴 수 없었던 데 기인한 것으로 봐야 타당할 것입니다. 이런 학구열이 관직 사퇴의 근본 원인이었다고 한다면, 역시 그에게 있어선 경세지향의 '관료상'보다는 근본적으로 학문지향의 '학자상'이 더 강했음을 볼 수 있다 하겠습니다.

(2) 학자로서 인간상

「연보年譜」에 의하면, 어릴 때 『논어』 등을 가르쳐 준 그의 숙부 송재공松齋公 이우(李堣, 1469~1517)는 퇴계의 문의文義 이해력이 뛰어남에 항상 칭찬을 아끼지 않았다고 전합니다. 예를 들면 『논어』를 읽던 중 퇴계는 '이理'자를 가리키며, 뜻을 '무릇 일(事)의 옳음(是者)'이라 스스로 깨달아 말했다는 것입니다. 이런 경험을 한 숙부는 퇴계를 가리켜 말할 때마다 "가문家門을 유지할 사람은 이 아이임에 틀림없다."고 한 것입니다.235)

성장하여 향시鄕試를 비롯한 대과大科에서 수석 아니면 차석의 성적을 받은 것만 보더라도 그의 재질이 본래 우수했음을 짐작할 수 있습니다. 태학(성균관)에서 함께 생활한 하서河西 김인후(金麟厚, 1510~1560)가 그를 평가함에 있어서 '영남의 수재(夫子嶺之秀)'라고 칭한 것은 결코 과장이 아닌 듯합니다. 퇴계가 이처럼 재질만 뛰어난 것은 아닙니다. 더 평가할 수 있는 것은 그의 멈추지 않는 학구열을 빼놓을 수 없습니다.

이미 14세 때부터 '비록 많은 사람이 모인 자리(稠人廣座)일지라도 반

234) 『퇴계문집』권16, 「答奇明彦」.

235) 『퇴계선생문집』, 「年譜」, 12세조.

드시 벽을 향해 조용히 생각(潛玩)할 정도'로 학문을 좋아했고, 그것이 20세경엔 '침식을 거의 잊어 가며 독서와 사색'에 잠길 정도였습니다. 그것이 평생 괴롭힌 '몸이 야위는 일종의 소화 불량증'을 일으켰다는 것은 앞에서도 언급한 그대로입니다. 심지어 안질로 오랫동안 고생할 경우에도 독서하길 멈추지 않았다는 제자의 기록236)이 있을 정도입니다.

군수직을 버리고 귀향할 때도 짐은 오직 몇 상자의 책뿐이었습니다. 뿐만 아니라 앞서 말한 '산림에 들어가 30여 년의 연구에 매진하지 못했음'을 한탄하던 것은 그의 나이 59세 때의 일로, 고향에 암자들을 짓는 한편 서당을 짓기 위한 토지까지 마련해 놓고, 『주자서절요朱子書節要』를 엮은 다음, 『송계원명이학통록宋季元明理學通錄』, 『논사단칠정서論四端七情書』 등의 저술에 착수한 것도 일치하는 현상입니다.

저술 활동, 특히 고봉과의 서론書論은 그가 세상을 떠나기 며칠 전까지 지속합니다. 이렇게 보면 초년에서 말년에 이르도록 그의 학구열은 변치 않았습니다. 학구열에 불타는 '진지한 학자', 이것이 퇴계를 논하면서 빠뜨릴 수 없는 상입니다. 그의 학문태도는 이런 학구열보다 더 인상적입니다. 그의 학문태도 중 가장 인상적인 것이 바로 고봉高峯 기대승奇大升과 나눈 '사단칠정四端七情에 관한 논변論辨'입니다.

주지하듯 그 당시는 장유유서長幼有序와 같은 예속禮俗이 지배하던 시대였습니다. 사대부들은 학문을 하는 데서 권위주의적 복고풍 방식에 의해 일방적인 전수만을 강조하거나 강요하는 그런 세상이었습니다. '선배들의 이론理論에 의문을 제기하거나, 비판을 가하는 자유로운 토론'은 상

---

236) 『退溪言行錄』권2, 類編, 「學問」, 第一, 「艮錄」.

상조차 할 수 없던 시대입니다. 그런 환경을 과감히 깬 것이 기고봉과 논쟁을 마다하지 않은 '사단칠정논변四端七情論辨'입니다.

선배의 이론에 반기를 든 기대승도 비범하지만, 그것을 넓은 아량으로 받아들인 퇴계의 태도에 더욱 감탄하게 됩니다. 이 '두 사람의 논변'이 8년여의 긴 시간에 걸쳐 논쟁을 했다는 것은 세상에 널리 알려진 일이지만, 이 기간에 퇴계는 고봉의 이론異論을 신중히 검토하면서 자신의 잘못을 발견할 때마다 개정하길 주저하지 않습니다. 그러면서 자기 논리에 비판을 서슴지 않는 '후학의 견해를 오히려 격려'합니다.

즉 "논의가 지극히 명쾌하여 혼잡되는 병폐를 일으킴이 없다."고 찬사를 아끼지 않은 것입니다. 고루한 관습대로 한다면, 퇴계가 고봉의 질의조차 묵살해도 그만이고, 연령과 관직의 고하를 들어 일갈一喝해도 무방했습니다. 예컨대 논변이 시작될 무렵, 퇴계는 대사성까지 지낸 59세의 대가인데 비해 고봉은 갓 과거에 급제한 33세의 소장에 지나지 않았습니다. 그럼에도 논변에 있어 전혀 방해가 되지 않은 것입니다.

이것이 당시 정체된 학문 풍토에 참신한 기풍을 일으켜, 성리학 발전을 부른 것은 퇴계의 학덕, 보기 드문 그 겸허한 학문태도에 말미암은 것입니다. 여기서 우린 학문 외의 조건을 생각하지 않고, 오직 '진리 그 자체만을 찾으려 하는 진지하고 겸허한 양심의 소유자'를 만난 것입니다. 그의 제자가 "선생은 겸허로써 덕을 삼아 털끝만큼도 교만하여 잘난 체하는 마음이 없었다."[237]고 한 말이 사실이었음을 믿게 됩니다.

237) 『退溪言行錄』권2, 類編, 「學問」, 第一, 「鶴錄」.

(3) 교육자로서 인간상

사대부의 경우, '학문과 경세'를 분리하기 어려운 것처럼, '학문과 교육'을 분리하기도 어렵긴 마찬가집니다. 비록 관료가 되더라도 학문을 한 이상 '천하의 영재英才를 얻어 교육하는 것을 더 없는 즐거움'238)으로 여기던 것이 공맹 이후 사대부의 공통적인 인생관이었기 때문입니다. 오늘날 서울대학교 총장에 비견되는 성균관 대사성의 책무를 맡으면서도 '관료적 교육자의 입장'에서 그의 교육관을 밝힌 일이 있습니다.

"선비(士子)란 예의의 원칙(宗)이며 원기元氣의 본거(寓)이다. 지금부터 제군은 모든 일상생활日用飮食이 예의 가운데서 행하여지도록 하라. 모름지기 서로 칙려飭勵하여239) 구습을 벗도록 힘쓰고, 집에서 부형 모시는 마음을 미루어 밖에서 어른과 윗사람을 섬기는 예로 삼을 것이다. 안으로 충신忠信에 주력하고, 밖으로 손제遜悌를 행함으로써 국가가 문예를 장려하고, 학교를 세워 선비를 기르는 뜻에 부응하도록 하라."240)

이는 퇴계가 충忠과 신信의 마음가짐과 겸손, 공경의 행실로써 예의를 실천하고, 경세의 기운을 잃지 않는 선비를 길러야겠다고 생각한 것이고, 또 그렇게 하는 것이 곧 교육 목적에도 부응하는 길이라 믿은 것입니다. 그에게서 교육자상은 바로 이와 같은 '선비를 육성'하는 것이었습니다. 이런 교육자상은 구체적으로 어떻게 구현되었을까요? 퇴계는 제자

---

238) 맹자는 『孟子』, 「盡心章句」에서 '득천하영재이교육(得天下英才而敎育)'을 군자의 세 가지 즐거움의 하나로 꼽았다.

239) 칙려(飭勵)란 단속과 훈계를 통해 독려하는 것을 뜻한다.

240) 『通文四學諭諸生』.

들을 가르칠 때 가장 먼저 『소학小學』으로부터 출발합니다.

이후 『대학大學』과 『심경心經』, 『논어論語』, 『맹자孟子』 및 『주자서朱子書』를 가르친 다음에야 모든 경서를 가르쳤다고 합니다. 이것으로 보면 모든 경전을 다 가르치되 그 중에서도 『소학』과 『대학』, 『심경』, 『논어』, 『맹자』, 『주자서』 등 여섯 가지를 기본으로 삼았음을 알 수 있습니다. 그리고 정자程子와 주자朱子의 학문을 표준으로 삼아, 경의협지敬義夾持241)하고 지행병진知行竝進해야 함을 강조했습니다.

이처럼 교육 방법으로는 정주程朱 계통의 해석을 기준으로 삼고, 그런 중에도 특히 의리義理를 탐구하되 '경敬의 태도'를 더불어 지니는, 이른바 '지'와 '행'을 병진시키는 방법을 택했음을 알 수 있습니다. 지행병진을 가르치기 위해선 몸소 행하여 그 모범을 보여야 함은 물론입니다. 따라서 그런 스승은 단순히 지식만의 전수에 그치지 않고, 인격의 차원에서 인격 형성에 '감화를 줄 수 있는 스승이 되어야' 합니다.

퇴계 제자들의 회고에 의하면, 그는 제자를 대하는 것을 마치 벗을 대하듯 했습니다. 비록 어린 제자라 하더라도 반말이나 하대下待하지 않았으며, 보내고 맞을 때엔 항상 공손히 경敬의 자세를 잃지 않았습니다. 늘 드나들며 배우는 제자일망정 반드시 자리에서 일어나 절을 받았으며, 제자가 자리에 앉으면 으레 먼저 부형의 안부부터 물었습니다. 평일에도 제자가 먼 길을 떠나면 반드시 술을 대접하여 보냈습니다.

수업할 땐 각 제자의 학문 이해理解 정도에 따라 알맞게 가르쳤고, 만

241) 『近思錄』에 나오는 말로, 학문을 함에 있어 '경(敬)과 의(義)가 좌우에서 자신을 잡아주면, 곧 바로 위로 올라가니, 천덕(天德), 즉 성인(聖人)의 덕에 도달함이 이 경(敬)과 의(義)로부터 시작된다(敬義夾持, 直上, 達天德, 自此.)고 하였다.

일 이해하지 못하는 곳이 있으면 몇 번이든 이해할 때까지 반복해 자세히 설명하면서도 가르침에 조금도 염증을 내지 않았습니다. 비록 병으로 아파도 심한 정도가 아니면 강론을 쉬지 않았습니다. 세상을 떠나기 한 달 전엔 중환이었음에도 강론하여 제자들이 뒤늦게 그것을 깨달을 정도였습니다. 그의 강론은 숨을 거두기 며칠 전까지 계속됐습니다.242)

자신의 목숨이 다한 것을 짐작한 퇴계는 숨을 거두기 나흘 전, 자제들이 만류하는 것도 뿌리치고 "죽는 마당에 (제자들을) 아니 볼 수 없다."면서 제자들을 불러 놓고, "평소에 올바르지도 못한 견해를 가지고 종일토록 강론한 것 역시 쉬운 일은 아니었다."는 마지막 인사까지 잊지 않았습니다.243) 이와 같은 정중한 예의와 성실한 강론은, '높은 인격'과 제자에 대한 '깊고 뜨거운 애정'이 없고서는 불가능하다 하겠습니다.

그는 이처럼 무한한 애정을 쏟을 줄 아는 동시에 감화를 주는 '성실한 스승의 상'을 남겼습니다. 그의 문하에서 서애西厓 류성룡(柳成龍, 1542~1607)을 비롯하여 학봉鶴峰 김성일(金誠一, 1538~1593), 한강寒岡 정구(鄭逑, 1543~1620), 월천月川 조목(趙穆, 1524~1606), 간재艮齋 이덕홍(李德弘, 1541~1596), 문봉文峰 정유일(鄭惟一, 1533~1576), 금계錦溪 황준량(黃俊良, 1517~1563), 사암思庵 박순(朴淳, 1523~1589) 등 기라성 같은 제자들이 쏟아져 나온 것은 결코 우연한 일이 아닙니다.

(4) 참된 인간 성취

퇴계의 인간상은 위와 같이 관료와 학자, 교육자의 모습만으로도 충분히

242) 『퇴계언행록』권2, 類編, 「學問」, 第一, 「艮錄」, 「文錄」, 「鶴錄」.

243) 『퇴계선생문집』, 「年譜」, 70세조.

확인할 수 있습니다. 하지만 여기서 그에 관해 만족할 순 없습니다. 왜냐하면 그의 인간상은 여기서 그칠 수 없기 때문입니다. 퇴계의 인품, 즉 '참된 인간'을 확인할 수 있는 것 가운데 하나가 자신의 묘비墓碑에 관한 유언을 들 수 있습니다. 숨을 거두기 나흘 전, 제자들을 마지막으로 만난 그는 조카로 하여금 '유계遺戒'244)를 받도록 했습니다.

'예장禮葬을 사절할 것'과 '비석을 세우지 말 것'을 언급합니다. 묘에 무슨 표지를 하고 싶거든 비석 대신에 다만 '작은 돌(小石)'을 사용해서 그 앞면에 '퇴도만은진성이공지묘退陶晩隱眞城李公之墓'라고만 쓰고, 뒷면에는 향리鄕里와 세계世系, 지행志行, 출처出處를 『가례』에서 말하는 방식대로 간략히 쓰라고 했습니다. 이를 통해서 보면, 퇴계는 절대 세속적인 (신분상의) 성공을 바라고 산 것 같지는 않습니다.

그저 바람이 있었다면, 인간 자체로서의 성공, 즉 '참된 인간의 성취'를 염원한 것으로 보입니다. 그의 학문은 유학 중에서도 성리학性理學이었습니다. 성리학이란 무엇보다 존심양성存心養性, 즉 착한 마음을 보존하고, 본성을 잘 기르는 것을 중시하는 학문입니다. 외면상으론 원시유학原始儒學 위에 이기설理氣說에 의한 형이상학의 체계를 더한 것이나, 내면에선 존심양성 또는 수기정덕修己正德을 강조합니다.

말하자면 존심양성을 통해 도덕적인 인격 완성에 역점을 두고, 그 인격완성의 전제에서 치인治人 혹은 안인安人이란 유가의 이상을 실현코자 하는 것입니다. 때문에 성리학은 유학에서 본래 강조하고 있는 '나 자신의 완성을 위한 학문(爲己之學)'을 가장 큰 특징으로 삼습니다. 이미 관료

244) 죽은 사람이 생전에 남긴 교훈이나 훈계를 말한다.

와 학자, 교육자로서의 생활 속에서 면모를 확인했지만, 사실 그는 항상 "군자의 학문이란 위기爲己일 뿐."245)이라 말했습니다.

즉 참된 인간으로서 '본래적인 자기를 위하는 것(爲己)'이 그의 학문 방향이었으며, 그 방향에서 설정된 목표가 곧 군자君子로 일컬어지는 인간상이었습니다. 성인聖人이 유가의 이상인理想人이라면, 군자君子는 유가의 실제적으로 실현 가능한 이상인입니다. 인간 자체로서 결함이 없는 표준적 인간임에는 '군자' 역시 '성인'과 다르지 않습니다. 이렇게 도덕적이고 이상적인 인간이 되기 위해선 수양이 필요합니다.

끝없는 자기 수양과 함께 인생과 우주에 대한 깊은 철학적 이해, 즉 달관達觀이 요청됨은 물론입니다. 말하자면 '구도자求道者'의 그것처럼 노력을 기울이지 않으면 안 됩니다. 그런 노력을 끊임없이 했던 사람이 바로 퇴계입니다. 우린 이제야 그의 진수를 발견했습니다. 그가 지은 수많은 시詩를 보더라도 그것들은 한낱 정감의 흐름을 자기 수양의 목적에 일치시키기 위한 일종의 '수련의 방편'으로 삼고 있습니다.

그가 18세 때 쓴 시詩246)에서도 그런 점이 명백히 드러납니다.

이슬 머금은 풀잎 싱그러이 물가에 우거지고
작은 연못의 물 티 없이 맑고 깨끗하도다.
떠가는 구름과 나는 저 새도 본래의 연관이 서로 있는 것
다만 때때로 제비의 차고 가는 발길에 물결일까 저어되도다.

245) 『퇴계언행록』권2, 「學問」, 第一, 「艮錄」, 類編.

246) 『퇴계선생문집』, 「年譜」.

이는 연못의 청정淸淨한 물을 마음의 본성(本然之性)에 비유하고, 물을 차고 나는 제비의 삶을 감성적 욕구(氣質之欲)에 비유하면서, 그 욕구로 인하여 본성이 구애됨을 경계한 것입니다. 한편 그에겐 깊은 철학(理氣論)이 있었음은 뒤에서 살피겠지만, 그런 철학탐구에 이미 이 시를 지을 무렵부터 골몰하고 있었습니다. 스무 살 즈음 평생 고질병을 얻게 될 정도로 침식을 잊어 가며 열중했던 공부는 다름 아닌 『주역』입니다.

이런 퇴계의 수양과 사색의 면모를 한눈에 볼 수 있는 자료가 『자성록自省錄』입니다. 퇴계는 벗 또는 후배들과 논구論究한 철학과 심성수양의 문제를 '자성의 자료'로 삼기 위해 그것을 '자성록'이란 이름으로 엮어 언제나 고찰, 완색, 반성하길 멈추지 않았습니다. 일찍이 일본의 산기암재山崎闇齋는 승문僧門에서 환속한 후, 이 『자성록自省錄』과 『주자서절요』에 크게 감분感奮하여 '일본 성리학의 대가'가 되었습니다.

또한 대총퇴야大塚退野는 젊어서 양명학陽明學을 공부하다 『자성록自省錄』을 읽고 정주학程朱學에 심취心醉 되었다고 술회한 바 있습니다. 이처럼 내외內外의 학자들이 『자성록自省錄』을 찬탄하게 된 까닭은 결코 그 이론의 탁월함만 존재해서가 아닌 그 속에서 학문에 대한 끝없는 열의와 애착, 성실과 겸허의 태도가 발견되며, 아울러 그것들이 궁극적으로 '자기 수양의 정화淨化로 무르익는 것을 깨달았기 때문'입니다.

즉 학문과 수양을 하나의 지혜로 승화시키는 능력을 『자성록自省錄』에서 보여줬기 때문입니다. 특히 '경敬'으로써 학문(知)과 수양(行)을 토대로 삼은 것은 놀라운 일입니다.[247] 다시 말해 그는 경敬을 바탕으로 한

247) 퇴계는 『聖學十圖』와 『戊辰六條疏』에서 이런 것을 상세히 밝히고 있다. 또 이런 점에서 그의 철학은 '경철학(敬哲學)'이라 할 수 있다.

구도자의 자세로, '인생의 지혜'를 쌓아 올린 것입니다. 때문에 그에게 있어 세속적인 영달과 명예는 매력을 끄는 요인이 되지 못했습니다. 그토록 관직에서 물러나고자 했던 것도 이런 차원에서 비롯된 것입니다.

뿐만 아니라 수없이 사퇴를 반복하는 그를 당시의 군주(명종과 선조)는 포기하지 않고 불러들인 것도 퇴계의 '참된 인간'이 되고자 하는, 즉 구도자적인 인간성을 높이 평가한 결과였다고 할 수 있습니다. 당시 명종은 벼슬을 받지 않는 퇴계를 그리워하다 "어진 이를 부르나 오지 않음을 탄식한다(招賢不至歎)는 글제로 신하들에게 시부詩賦를 짓게 했고, 은밀히 화공畵工을 퇴계의 고향인 도산으로 보내기도 했습니다.

그들에게 산수의 풍경을 그리게 한 다음, 당시의 명필인 여성군礪城君 송인(宋寅, 1517~1584)으로 하여금 퇴계가 지은 〈도산기陶山記〉와 〈도산잡영陶山雜詠〉을 그 위에 쓰게 하여 병풍을 만들어 쉬는 방에 두었습니다.[248] 선조도 퇴계의 만년 저작인 『성학십도』를 병풍으로 만들어 항상 보면서 그를 경모했습니다. 이는 이상인을 향한 구도자적 인간상의 반영입니다. 또한 그런 태도로 쌓아 올린 지혜의 보고寶庫라 하겠습니다.[249]

2. 퇴계 이황의 철학과 사상

퇴계의 철학과 사상을 살피는 방법엔 여러 가지가 있을 수 있습니다. 가

248) 『退溪言行錄』권1, 「言行通述」, 「遺事」.

249) 조목에 의하면, "먼 곳의 사람은 그의 덕을 앙모(仰慕)했고, 현자(賢者)는 그의 도(道)를 즐겼으며, 불현자(不賢者)는 그의 의로움을 두려워했다. 무릇 할 일이 생기면 반드시 '선생께선 어떻게 생각하실까?' 하며 물어본 다음에 행하였다."라고 할 정도로 퇴계는 구도자적 삶을 살았다.

령 존재론, 인식론, 윤리론 등으로 나눠 살피거나 우주관, 인간관, 도덕관의 범주로 나눠 살필 수도 있습니다. 그럼에도 여기선 그가 인간적일 뿐만 아니라 사상적으로 어떻게 한국을 대표하는 학자가 되었는지 살피고자 합니다. 또 그의 사상에 대한 고찰엔 그의 입장과 이론이 사상사에 어떤 영향을 미쳤는지 찾아내는 연구방법이 필요하다고 봅니다.

1) 사상적 원류

퇴계의 사상적 입장은 교육자로서 퇴계를 논할 때 이미 언급한 것처럼 정주학程朱學 계통에 있다고 할 수 있습니다. 즉 정자와 주자의 입장을 바탕에 깔고, 자신의 성리학을 구축해 나갑니다. 이후 기초 작업인 유학과 고전에 대한 해석과 학설을 정리합니다. 가령 『사서석의四書釋義』, 『송계원명이학통록宋季元明理學通錄』 등이 그런 저서입니다. 특히 『송계원명이학통록』은 11권에 외집外集까지 곁들인 대작입니다.

이는 중국 황종희(黃宗羲, 1610~1695)[250]의 『명유학안明儒學案』, 『송원학안宋元學案』보다 대략 100년이나 앞서 이뤄진 일종의 '송계원명 시대의 성리학사'입니다. 그것은 비록 정주학파에만 국한되고 있지만, 학설에 대한 역사적 정리란 점에서 퇴계가 당시 국내외 유학계서 최고 수준이었음을 증언하는 문헌이라 하겠습니다. 정주 계통의 성리학을 자신의 입장으로 삼았던 만큼, 다른 입장에서 주장되는 이론異論은 배척합니다.

요컨대 불교나 도교처럼 이교異敎의 사상은 말할 것도 없고,[251] 같은

250) 황종희(黃宗羲, 1610~1695)의 호는 이주(梨州)이고, 명말(明末) 청초(淸初)의 학자이며, 고증학(考證學)의 선구자로 불린다.

251) 퇴계는 불교와 도교의 사상에 대한 심한 반론을 펴진 않으나 단편적으론 여러 곳에서 반박하고 있다. 일반적으론 양명설(陽明說)이나 나정암(羅整菴) 등의 이론을 반박하는

성리학이라 하더라도 흔히 '심학心學'이라 불리는 '양명학'이라든지 그밖에 서화담徐花潭 계통의 기일원론氣一元論 사상(나정암羅整菴, 나흠순羅欽順이라고도 함)의 주기설主氣說, 오초려(吳草廬, 오징吳澄이라고도 함)의 주자와 육상산(朱陸) 절충적 견해 등을 배척합니다. 특히 양명학과 화담계의 '기일원론에 대한 배척'이 강력합니다.

이런 사실들은 그의 「전습록논변傳習錄論辯」과 「비이기위일물변증非理氣爲一物辯證」, 「심무체용변心無體用辯」에서 각각 확인되고 있습니다. 그에 의하면 결국 정자와 주자의 이기이원론理氣二元論 만이 수긍될 수 있는 논리입니다. 그러므로 양명학陽明學에 대한 반론부터 살펴볼 필요가 있겠습니다. 다시 말해 '양명학 비판론을 중심'으로 한, 퇴계의 거경궁리居敬窮理 방법론과 의리지향 정신을 논하겠습니다.

2) 양명학 비판

양명학이 심학心學이라고 지칭되는 까닭은 왕양명王陽明[252)]이 심즉리心卽理란 전제를 내세웠기 때문입니다. 이 전제는 원래 "모든 이理가 다 내 마음에 있다理在此心."는 생각에서 나온 것입니다. 양명에 의하면, 충효 등의 이칙理則은 부군父君에게서 찾아지는 것이 아닌, 내 마음속에 있는 것이 자연히 드러나는 것입니다. 곧 내 마음을 순수하게 하여 그 천리天理의 마음으로 어버이를 섬기는 것입니다.

그리고 임금을 섬기게 되면, 자연히 효孝와 충忠이 실현되어 드러나는

데 열중하나, 암암리에 불교와 도교의 사상이 그릇된 것임을 전제하여 배척한다.

252) 왕양명(王陽明, 1472~1529)은 명나라 유학자로, 주자의 학설에 의심을 품고, 육상산(陸象山)의 학설을 따른다. 양지양능(良知良能)을 골자로 지행합일(知行合一)을 주장한다. 그 학파를 왕학파(王學派), 양명학파(陽明學派), 요강파(姚江派)라 한다.

것입니다. 따라서 주자朱子와 같이 '격물格物'을 '내 마음이 사물에 이르러(格=至) 그 이理를 궁구하는 것'으로 생각하여 객관적인 방법으로 '일일일격一日一格'하는 '궁리窮理'의 태도를 양명陽明은 '지리한 공부'라고 반대합니다. 즉 모든 '이理'가 마음속에 있기 때문에, 필요한 일은 마음이 그 '이理를 잘 드러내도록 하는 것'뿐입니다.

그런 점에서 '격물'이란 '마음을 바로잡는 것'에 지나지 않습니다. 마음을 바로잡는다는 것은 '인욕을 물리치고 천리를 보존하는 것(거인욕존천리去人欲存天理)'입니다. 양명은 이런 마음공부, 즉 심학이야말로 '간결한 공부'라 주장합니다.253) 마음 닦는 일을 등한히 하고서 허다한 절목節目과 의칙儀則만 배우고 그것이 지선至善인 줄 아는 것은, 근본은 모르고 말단만 아는 것과 같습니다. 배우가 분장만 아는 것과 같은 것입니다.

(1) 거경궁리 방법론

퇴계는 양명의 이 주장은 "본래 궁리窮理 공부인 것을 실천의 공효工效에 입각하여 잘못 말하는 것."254)이라 반박합니다. "마음에 근본하지 않은 채 겉으로 절목節目과 의칙儀則만 말한다면 참으로 배우와 다를 것이 없다."는 점에서 그도 일단 동의합니다. 하지만 주자학은 결코 그런 것이 아닙니다. 주자는 이른바 '주경主敬'으로 근본을 세우는 한편, '궁리窮理의 방법으로 지식을 쌓았음'을 퇴계는 지적합니다.

마음으로 일단 경敬의 자세를 갖추는데 주력한 다음, 사물의 참된 법

253) 『退溪全書』, 「傳習錄論辯」엔 양명(陽明)의 『전습록(傳習錄)』 내용을 필요한 부분마다 인용해 비판하고 있다.

254) 『퇴계전서』, 「傳習錄論辯」.

칙을 궁구한 것이 주자의 방법론인 것입니다. 그런 점에서 퇴계는 "주자학은 내외가 융철融徹하고 정조精粗가 일치하며, 이 정신을 바탕으로, 성의誠意와 정심正心, 수신修身을 하며, 나아가 제가齊家와 치국治國, 평천하平天下에까지 추달推達하려는 것이다."255)라고 역설합니다. 그는 또 "강학과 궁리는 '본심의 체體'를 밝히는 것이다.

그리고 '본심의 용用'을 통달하게 하는 바탕(所以)이다."256)라고 주장합니다. 주자학엔 본래 경敬공부도 하기 때문에 심학心學의 측면을 배제하는 것은 아니나, 설령 배제된 것이라 하더라도 본심의 체용體用을 밝혀 주도록 하는 것이 궁리의 방법입니다. 따라서 심학을 위해서도 궁리의 방법을 버릴 수 없다는 것이 그의 생각입니다. 그런데 이처럼 간결한 심학의 방법을 버리고 거경궁리를 강조하는 것은 왜일까요?

특히 '간결하다는 심학의 방법론' 대신 굳이 '주자학의 방법론'을 옹호하거나 답습하는 것은 어떤 의미를 지닌 것일까요? 이는 퇴계가 '객관적 주지주의主知主義 정신'에 투철했음을 의미하는 것이라 할 수 있습니다. 이 정신이야말로 '퇴계의 성리학'을 이루는 하나의 특색인 것입니다. 양명陽明은 '모든 이理가 마음(心)에 있다'는 전제에서, 지식知識 역시 마음에 본래 양지良知로서 갖추어져 있다고 생각합니다.

가령 그에게서 충효忠孝의 이치(理)가 마음속에서 나온다는 것은, 결국 행위가 양지良知의 표출이란 뜻과 다르지 않습니다. 그런 의미에서 보면, 양명학의 핵심사상의 하나인 지知와 행行은 합일合一의 관계에 있는 것입니다. 특히 『대학大學』에서 논하는 호호색好好色이란 구절을 들어 지행

255) 『퇴계전서』, 「傳習錄論辯」.

256) 『퇴계전서』, 「傳習錄論辯」.

합일知行合一의 실례로 듭니다. 즉 호색好色을 아는 것知과 그 호색을 좋아하는(好) 행行은 일치한다는 것입니다.

만일 지知와 행行이 합일되지 못하는 경우가 있다면, 그것은 다만 '사욕의 폐蔽' 때문이라 여깁니다. 그런 경우는 어디까지나 지행知行의 본체本體가 아닙니다. '지행의 본체'는 합일되는 성질의 것입니다. 그렇기 때문에 성현聖賢의 가르침도 그런 '지행의 본체를 회복하게 하는 것'이었다고 양명은 강조합니다. 이렇게 해서 지행합일知行合一은 심즉리心卽理와 함께 '양명학을 대표하는 주요 이론'이 됩니다.257)

(2) 의리정신 지향

퇴계는 양명의 지행합일설을 이렇게 비판합니다. "호색好色을 보고 악취 맡는 것을 '지知'라 하고, 호색을 좋아하고 악취 싫어하는 것을 '행行'이라 한다면, '보고 맡는' 때에 곧 저절로 좋아하고 싫어하게 된다.… 이것으로 지행知行이 합일合一함을 증명하려 한다면 그럴 듯하다. 그러나 양명은 참으로 사람들이 '선善을 보고 좋아함'이 과연 '호색을 보고 절로 좋아할 수 있는 것'과 같을 수 있다고 생각하는가?

의리에 이르면 그렇지 않다. 배우지 않으면 알지 못하고, 힘쓰지 않으면 하지 못한다. 밖外에서 행하는 것이 반드시 안內에서도 참일 수 없다. 그러므로 선善을 보고 '선'인 줄 모르는 사람이 있고, '선'을 알면서도 마음속으로 좋아하지 않는 사람도 있다. 그런데도 '선'을 보자마자 '저절로

---

257) 양명학(陽明學)의 3대 주요 이론은 심즉리(心卽理)와 치양지(致良知), 지행합일(知行合一)이다.

좋아한다'고 할 수는 없다."258) 퇴계에 의하면, 지행합일은 형기形氣라는 감각 또는 본능의 측면에서만 인정할 수 있습니다.

따라서 의리義理라는 이성 또는 윤리의 측면에선 인정할 수 없습니다. '의리' 측면에서 보면, 그렇지 않은 사실이 있기 때문입니다. 그 까닭에 "양명이 형기의 작용을 가지고, 의리의 지행설을 밝히려 하면 절대 불가능하다."259)고 단언한 것입니다. 양명이 지행합일을 '지행의 본체'라 한 것도 문제가 있습니다. 또 지행의 분리를 '사의私意에 의한 격단隔斷'이라 한 것도 '지행합일설의 편벽성을 자인한 증거'로 봅니다.

이렇게 반박한 퇴계는 나름 의리의 지행에 역점을 두고 단언합니다. "의리의 지행이란 진실로 '상수병행(相須竝行, 서로 기다리며 나란히 나아감)' 하여 한 가지도 빠뜨릴 수 없는 것이지만, 분별해 말한다면, 지가 행이라 말하여질 수 없음과 마찬가지로 행도 지라 말하여질 수 없는 것."260)이라 합니다. 지와 행은 하나가 아닌 분별되는 것으로 다만 '사람의 두 다리', '새의 두 날개', '수레의 두 바퀴'와 같은261) 것입니다.

즉 이는 상수병진相須竝進하는 관계라는 것입니다. 결국 퇴계는 '지행병진설知行竝進說'로 양명의 '지행합일설知行合一說'에 대립하는 구도입니다. 이렇게 보면, 퇴계의 반反지행합일설의 특색은 '의리의 지행'을 발판으로 하고, 의리의 지행知行에 치중하여 이뤄집니다. 이것은 어떤 의미를 지니는 것일까요? 그 의미는 우선 양명학 자체가 의리지행義理之行에 대

258) 『퇴계전서』, 「傳習錄論辯」.
259) 『퇴계전서』, 「傳習錄論辯」.
260) 『퇴계전서』, 「傳習錄論辯」.
261) 『퇴계전서』, 「答李剛而問目」.

한 이론상의 약점 때문이라 할 수 있을 것입니다.

본래 주자나 퇴계는 마음(心)을 감성적 측면인 기氣와 이성적 측면인 이理의 합으로 봅니다. 마음의 현상에선 분명 이 두 가지 측면이 있기 때문입니다. 그런데도 양명이 심心을 이理로만 본다는 것은 심心에서 기氣의 측면을 도외시하는 것입니다. 특히 양명이 말하는 '이理'가 양지良知와 양능良能의 의미를 내포하는 것임을 고려하면, 그가 심心을 이理만으로 일원화한다는 것은 말이 되지 않습니다.

결과적으로 심心에서의 기氣의 측면, 즉 정욕情欲 같은 것을 도외시하는 데 그치지 않고, 나아가 그것을 당연시하는 태도라 할 수 있습니다. 정욕을 당연시하고서 정욕의 절제를 전제로 하는 엄격한 의리지행善行에 대한 이론이 나올 수 없음은 물론입니다. 양명학이 의리지행을 엄격히 논하지 못하는 이론상의 약점이 여기에 있습니다. 즉 양명학의 약점을 간취看取하여 그 약점을 극복하기 위한 길을 제시합니다.

말하자면 '정주程朱의 입장에서 독자적으로 모색하는 것'이 그것입니다. 퇴계가 양명 계통의 사람들을 가리켜 "외물이 마음에 누가되는 것을 걱정하다 인간의 윤리를 알지 못하는 사람들."[262]이라 한 것은 이 같은 연유에서 비롯합니다. 따라서 퇴계의 양명학 배척의 근저엔 의리지행을 뒷받침하려는 강력한 '가치 지향의 정신'이 깔려 있는 것입니다. 이 정신이 퇴계로 하여금 이기이원론의 입장에 있게 했습니다.[263]

---

262) 『퇴계전서』, 「傳習錄論辯」.

263) 나아가 이기이원론(理氣二元論)에선 가치와 무관한 기(氣)보단 가치와 긴밀한 관계에 있는 이(理)를 더 중시하는 주리적(主理的) 이기이원론의 입장에 서도록 한다.

(3) 이기론

퇴계의 이기론을 더 살피기 전에 이기理氣의 의미부터 간략히 소개하겠습니다. '이理'란 본래 '진리'를 뜻하기도 하지만, 원리나 원칙, 이치 등으로 규정되는 일체의 '법칙'을 말합니다. 이는 흔히 소당연자(所當然者, 당연한 것)와 소이연(所以然, 그렇게 되는 까닭)으로 나타냅니다. 그런데 이 두 가지가 대비되는 경우가 있는데, 대비되는 경우의 전자가 대체로 '규범법칙'을, 후자는 '자연법칙'의 측면을 가리킵니다.

하지만 구별이 엄격한 것은 아닙니다.264) 이렇게 대비되지 않는 경우에도 소당연의 뜻이 강조될 때는 이理가 '선의 원리', '선 자체'의 뜻으로 통용되는 경우도 허다합니다. 이理가 가치와 밀접한 관계에 있다고 한 것은 이런 점 때문입니다. 또 이理는 표준(極)의 뜻을 전제함으로써265) 사물의 '형식' 혹은 '본질'의 의미도 있습니다.266) 이 같은 '이'의 총화總和, 즉 만물을 이루는 '이'의 전체가 곧 태극太極입니다.267)

이理의 특성은 물론 초경험적(추상적抽象的)이고 보편적입니다. 그런 점에서 이는 형이상자形而上者라 지칭되며, 일반적으로 도道로 대용되곤 합니다. 기氣는 이理와 대조對照나 대비對比되는 일체의 것을 의미합니다. 기氣는 현상이 실제로 드러나게 되는 '존재의 측면'을 가리킵니다. 그런 점에서 사물의 '질료(재료)'를 기氣라 할 수 있습니다. 이런 기氣의 구체적

---

264) 기대승(奇大升)의 경우처럼 소이연(所以然)과 소당연(所當然)을 하나의 이(理)로 보지 않는 성리학자도 있었으나, 퇴계의 경우는 하나의 이(理)로 보았다.

265) 이(理)에는 '명구일극(名具一極)'의 뜻이 있다.

266) 이런 뜻의 이(理)를 논할 때, '소구어사물지리(所具於事物之理)'라 한다.

267) 주자 이후, 총천지만물지리(總天地萬物之理)가 곧 태극(便是太極)이라 하는데, 퇴계가 이를 시인함은 물론이다.

인 사례가 이른바 음양陰陽이란 것입니다.

또한 기氣는 때때로 기운氣運과 같은 뜻으로 쓰이기도 하고,268) 오행(五行, 金木水火土) 혹은 질質과 같은 뜻으로도 쓰입니다. 하지만 엄밀히 논할 때는 그 경중輕重과 청탁淸濁, 수박粹駁을 분별하는 데 오행五行 혹은 질質은 기氣의 '중重, 탁濁, 박駁'한 것이라고 합니다.269) 이는 이미 기氣의 특성에 관한 것이지만, 그 특성은 또 지귀至歸, 굴신屈伸, 취산聚散, 생멸生滅의 성질을 포함합니다.

한마디로 이理는 무작위無作爲한 것인데 반해, 기氣는 유위有爲한 것입니다. 따라서 모든 현상 변화를 일으키는 것은 기氣입니다. 그러므로 기氣는 감각이 가능한 것이고, 그런 점에서 형이하形而下의 것입니다. 가치상으론 그 자체가 선善할 것도 악惡할 것도 없는 가치중립의 것입니다. 이같이 이기理氣는 사물의 생성, 존재를 가능하게 하는 것일 뿐, 한 가지만으론 어떤 구체적인 사물일 수 없습니다.

때문에 이론상으론 서로 떨어질 수 있으나 실제론 떨어질 수 없는 관계입니다. 실제 사물상으론 둘이 하나의 구체적인 사물을 이루며, 어디까지나 함께 있는 것입니다. 이상과 같은 것이 이기에 대한 퇴계의 견해입니다.270) 그의 이론은 대체로 이런 견해를 바탕으로 전개되지만, 때에 따라 더 높은 차원의 사상을 전개하기 위해 이와 상치되는 이기론이 출

---

268) 학자에 따라 기(氣)를 에너지(energy)에 비유하는 것을 보는데, 이런 점에서 하는 비유다.

269) 그 한계는 분명치 않은 것이 사실이다.

270) 퇴계의 이기(理氣) 의미 및 관계에 대해 구체적으로 확인하기 위해선 「退溪의 太極生兩儀觀」, 『아세아연구』35호와 「退溪의 心性觀에 關한 硏究」, 『아세아연구』41호를 참조하면 된다.

현하는 경우도 있습니다. 그런 것을 우리는 다음에서 보겠습니다.

(4) 기일원론 배척

일찍이 화담花潭 서경덕(徐敬德, 1489~1546)은 기氣에 치중함으로써 때로는 기氣만으로 모든 것을 이해하려 했습니다.[271] 그에 의하면, 이理는 기氣를 떠나 존재할 수 있는 것이 못됩니다. 즉 이理는 다만 기氣의 작용에 따라 생각될 수 있는 기氣 작용의 조리條理 혹은 질서秩序라고밖에 보지 않습니다. 말하자면 "기氣 밖에 이理가 있지 않다. 이理는 기氣의 재宰이다. 재宰는 밖으로부터 와서 주재主宰하는 것이 아니다.

그 기氣의 용사用事가 그렇게 되지 않을 수 없는 바의 바름(正者)을 잃지 않을 수 있는 것을 가리켜 재宰라 한다."[272]고 주장합니다. 화담은 이처럼 이理를 기氣 작용의 질서나 조리, 즉 기氣의 한 가지 속성으로 보기 때문에, 이理를 철저히 기氣와 대비시키려 하지 않았음은 물론입니다. 그는 이기理氣를 이원 시 하지 않았습니다. 그를 '기일원론자'라 하는 것도 이理를 기氣의 한 속성으로 보기 때문입니다.

또 기氣 밖에 이理가 있지 않으므로 실제로 존재하는 것은 기氣뿐이라고 봅니다. "기氣에는 시始도 없고, 생生도 없습니다. 이미 시始가 없는데, 어찌 종終이 있겠으며, 생生이 없는데, 어찌 멸滅할 것이 있겠는가?"[273] 이처럼 화담의 경우는 오직 '하나의 기氣'가 시종始終도 생사生死도 없는

271) 이런 화담의 태도는 장횡거(張橫渠)의 태도와 같으며, 그 영향을 받은 것으로 추측되나 증거는 없다.

272) 『花潭集』권2, 「理氣說」.

273) 『화담집』, 「太虛說」.

상태로 항존恒存한다(一氣長存)고 보는 것입니다.274) 퇴계는 화담의 이기설理氣說에 대해 혹평을 했습니다.

즉 "기氣 한편에서만 익숙하여, 그 이론이 어쩔 수 없이 이理를 기氣인 줄 알게 되었다. 또한 때로는 기氣를 이理로 말하게 된 것도 없지 않다."275)고 비판했습니다. 화담을 가리켜 이理와 기氣를 분명히 구분하지 못하고, 기氣 한편에 치우쳤다고 한다면, 퇴계는 화담보다 이理에 더 치중하는 태도를 취했음이 분명합니다. 이理와 기氣는 어디까지나 두 가지이지 한 가지一物가 아님을 주장하는 것입니다.

이처럼 이理와 기氣를 이원화二元化하는 퇴계는 기氣 자체에 대해서도 결코 상존常存하거나 불멸不滅하지 않는다고 봅니다. 기氣는 '생멸生滅'의 성질을 가졌다고276) 보기 때문입니다. 따라서 퇴계는 기氣에 대해, '생生에 의한 유有와 시始', '멸滅에 의한 무無와 종終'을 부정하지 않습니다. 그로선 불멸不滅과 항존恒存하는 것이 과연 존재한다면, 그것은 기氣가 아닌 이理라고 지적합니다.

"이理로 말하면, 성취聲臭도 방체方體도, 궁진窮盡하는 성질도 없으니, 언제 없어지겠는가?"277)라고 했습니다. 퇴계의 경우, 기氣는 생멸하고, 이理만 항존하므로 이理야말로 실재實在인 것입니다. 이런 점에서 그는 기氣와 관련 없는 이理를 상정하게 되고, 그 이理에 실재성을 인정합니다. 즉 기氣에 생멸의 성질을 인정해 시종始終이 있음을 논하면, 그런 기氣의

274) 화담은 「鬼神死生論」에서 일종의 에너지 불멸의 법칙과 비슷한 것을 말한다.

275) 『퇴계전서』上권, 「答南時甫」.

276) 『퇴계전서』下권, 「答鄭子中別紙」.

277) 『퇴계전서』下권, 「答鄭子中別紙」.

생멸은 역逆으로 소급할 수 있습니다.

그래서 맨 처음 시원始元으로서 기氣의 생성을 가정할 수 있게 될 것입니다. 다시 말해 현상(사물)을 이루는 것이 기氣이므로 현존하는 사물은 그 이전 사물의 존재에 의해 생성된 것으로 볼 수 있고, 그 이전 것은 더 이전 것에 의해 생성된 것으로 볼 수 있습니다. 따라서 '가장 처음 것은 어찌 생겼는가?'란 의문이 생깁니다. 이는 이기설이 필연적으로 봉착하게 되는 '우주 생성開之始'에 관한 근원적 물음입니다.

(5) 우주 생성관

퇴계에 의하면, 기氣의 생성엔 역시 시초始初가 있었습니다. 그 '시초의 기氣'를 가리켜 그는 일원지기一元之氣라 했습니다.[278] 『주역』에서 말하는 음양陰陽이 그것입니다. 일원의 기氣는 어찌 생겨났을까요? 그는 "이理가 동하면 기氣가 따라 생긴다(理動則氣而生)."는 전제 아래, 주렴계周濂溪의 "태극이 동하여 양陽을 생하고, 정하여 음陰을 생하였다(太極動而生陽靜而生陰)."[279]는 이론을 받아들입니다.

그러므로 퇴계는 "이理는 태극이 동하자, 양의 기氣가 (따라) 생겼다."고 인식한 것입니다. 이와 같은 견해는 물론 기氣의 존재에 앞서 이理가 독자적으로 선재先在한다는 전제를 암암리에 상정한 것입니다. 사실 그는 이理로서의 태극이 음양에 앞서 존재함을 역설易說과 주자설朱子說에 입각해 믿었습니다. 그렇기 때문에 음양을 태극의 소생所生으로 보고, 태극

278) 『퇴계전서』상권, 「答鄭子中別紙」.

279) 周敦頤, 『太極圖說』.

을 음양의 능생자能生者로 본 것입니다.280)

하지만 『주역』에선 태극이 어떻게 음양의 생성에 앞서 존재할 수 있는지는 설명한 일이 없습니다. 또 이기理氣 관계에 대한 주자의 이론이라는 것도 본래 "논리 혹은 이론상으로 보면 기(物)가 있기 전에도 이理는 있을 수 있지만(이 경우도 이理가 없다면 기氣도 있을 수 없음) 사물상으로 본다면 이기理氣는 혼륜渾倫된 채 떨어질 수 없다."는 것입니다.281) 퇴계 역시 애초엔 그런 생각을 가지고 출발했습니다.

즉 이理가 사실상事物上으로도 기氣에 앞서 존재하는 것임을 주장하기에 이릅니다. 말하자면 이理가 기氣에 앞서 존재할 뿐 아니라, '동動하기도 한다'는 것입니다. 이렇게 이理가 기氣에 앞서 존재하며, 동動한다는 것은 '일정한 현상 혹은 존재(氣)보다 그 현상 혹은 존재存在의 원인, 이유, 본질(理)이 앞선다는 생각에서 출발한 이론'입니다. 이른바 이理 우위론적 사고思考의 일단이라 할 수 있습니다.

하지만 '이理가 동動한다'는 것은 이理에 기氣와 같은 유위성有爲性을 인정하는 결과가 되어 마침내 이기理氣 개념에 혼란을 가져 오고, 그것은 이기理氣 이분법 자체를 부정하는 결과를 초래합니다. 이에 퇴계는 이동설理動說을 이기理氣 이분법의 원칙 아래 합리화하기 위해, 이理에 체용론體用論을 적용합니다. 이理가 '무작위無作爲하다'는 것은 이理를 체體로 보고, 그의 면을 논한 것입니다.

따라서 이理를 용用의 면으로 보면, 이理 역시 '작위作爲의 성질이 있

---

280) 『퇴계전서』상권, 「非理氣爲一物辨證」.

281) 『朱子語類』권1, 「理氣八條錄」, 이것을 퇴계도 인정하여 「非理氣爲一物辨證」에서 인용하고 있다.

다'는 것입니다.282) 이처럼 체용설로 합리화해도 그의 이동설理動說은 이론상 난제입니다. 하지만 그는 이를 포기하지 않습니다. 오히려 격물설과 심성설을 수립하는 과정에선 '이理가 발發한다'는 주장도 합니다. 모든 사상을 이理 우위론으로 일관합니다. 이런 이理 우위론도 그의 이발설理發說까지 보면 선명히 드러날 것입니다.

(6) 심성론

이상에서 본 것으로 퇴계가 비록 정주程朱의 입장을 자신의 입장으로 삼고 출발했지만, 그의 학문 자체는 어디까지나 자기 나름대로 탐구하여 이룩한 독자적인 것임을 알 수 있습니다. 사실 그의 학문은 그 깊이를 더하여 감에 따라 더욱 독자성을 띠게 되었고, 그로 말미암아 마침내 정주程朱의 차원을 넘어섰습니다. 좋은 예가 이른바 심성설心性說입니다. 심성설 중에도 그의 사단칠정설四端七情說이 대표적이라 하겠습니다.

ⅰ) 심성설心性說 기초

본래 정주학程朱學에서 '심心을 이기理氣의 합合'이라 하는 것은 '구조적인 관점'에서 하는 설명입니다. 심리 현상에선 '이성적 측면', '감성적 측면'으로 논하듯, 이와 기에 비유할 만한 상반되고 대조되는 현상이 있기 때문입니다. 이렇게 본능적인 욕구를 지향하는 감성적인 마음을 인심人心이라 하고, 그것을 제어하는 이성적인 마음을 도심道心이라 합니다.283) 이는 정서의 경우만을 두고 논하는 것이 아닙니다.

---

282) 『퇴계전서』상권, 「答李公浩問目」, 「心無體用辯」.

283) 『中庸章句』, 序.

즉 지각認識 활동의 경우만 하더라도, 능각자能覺者는 기(心之靈)이고 소각자所覺者는 이(心之理)라 합니다.284) 가령 심리작용에서 유위有欲한 측면을 기氣로 나타내고, 그와 대조되는 성격의 원인, 원리의 측면을 이理로 나타내는 것이 주자학 이론입니다. 심心은 또 활동 유무의 관점에서도 설명됩니다. 활동이 없는 경우를 체體라 하고, 있는 경우를 용用이라 하며, 이를 각각 성性과 정情으로 나타냅니다.

이리하여 성性은 정情이란 현상이 있게 되는 원인으로서의 이理이고, 정情은 그 이理의 실현이고, 결과로 보는 것입니다. 이런 의미에서 '정情을 논함에 있어서는 성性이 발한 것(情性所發)'이라 주장하는 것입니다. 즉 정情은 이처럼 용用의 측면에서 구체적이고 경험적인 현상이므로 구조상으론 그것도 역시 이理와 기氣의 합입니다. 이 정情에 있다고 생각되는 이理가 바로 마음의 성性인 것입니다.

본래 정자 이후, 주자 계통의 성리학자들은 이른바 성즉리性卽理라 하는데, 이런 곳에서도 그 점을 알 수 있습니다.285) 정情엔 종류가 많습니다. 사단四端도 그 중 하나입니다. 사단이란 맹자가 처음 논한 것으로 측은惻隱과 수오羞惡, 사양辭讓, 시비是非라는 '네 가지 정'을 가리킵니다. 정情을 단端으로 표현한 까닭은 이것이 바로 인의예지仁義禮智란 선한 본성을 드러내는 단서端緖가 되기 때문입니다.

이것은 선善한 본성을 드러내는 선정善情이므로, 선하지 않다고 생각되는 식색食色의 정情 등은 여기에 포함되지 않습니다. 한편 칠정七情이

284) 『퇴계전서』상권, 「答鄭子中」.

285) 심성설(心性說)의 기초 이론에 대해선 「退溪의 心性觀에 關한 硏究」, 『아세아연구』41호를 참조할 것.

란

『예기禮記』에서 처음 언급된 것인데, 이른바 희로애구애오욕喜怒哀懼愛惡欲이란 정情들을 가리킵니다. 이는 비록 일곱 가지로 국한했지만, 내용상으론 사단四端이든 '식색의 정'이든 다 여기에 포함됩니다. 따라서 칠정七情 자체론 선할 것도 악할 것도 없습니다.

ii) 사단칠정四端七情 해석

퇴계는 정지운(鄭之雲, 1509~1561)의 「천명도설天命圖說」을 계기로[286] 사단四端과 칠정七情에 대해 이기론적理氣論的 해석을 내렸습니다. 즉 "사단은 이理의 발이고, 칠정은 기氣의 발(四端理之發, 七情氣之發)"이라 한 것입니다.[287] 왜냐? 퇴계와 고봉이 사칠논변에 대해 서로 나아가 말한 바가 다를 뿐 아니라(所就而言之不同), 그 발출 유래(所從來)도 다르기 때문입니다. 다시 말해 사단은 모두 선한 것(純善) 만을 전제로 합니다.

이에 비해, 칠정은 선악善惡 미정 또는 '본래는 선善하지만 악惡으로 흐르기 쉬운(本善而易流於惡)'[288] 점이 다릅니다. 발출 현상 역시 사단四端은 '인의예지의 성性으로부터 발發'하는 데 비해, 칠정七情은 '외물이 형기(形氣, 감각 기관)에 감촉되어 중心中에서 동動하게 되니 경境으로 말미암아 발發'하는 점이 또한 다르다는 것입니다. 의미상의 구별도 사실은 발출의

286) 퇴계의 사단칠정에 대한 이기론적 해석은 원래 추만(秋巒=정지운鄭之雲)이 지은 「천명도설(天命圖說)」에 있는 "사단은 이(理)에서 발하고, 칠정은 기(氣)에서 발한다(四端發於理, 七情發於氣)."는 구절을 추만의 청에 의해 퇴계가 개정한 데서 비롯된다.

287) 『퇴계전서』상권, 「論四端七情書」를 참조할 것.

288) 제일서(第一書)에선 '선악미정(善惡未定)'이라 했다가 제이서(第二書)에서 이렇게 개정했다.

다름에 말미암는다고 합니다.

뿐만 아니라 이기理氣 역시 의미상으론 하나가 아닌 서로 구별되는 것이므로, 결국 위와 같은 해석도 있을 수 있다고 퇴계는 주장합니다. 하지만 퇴계의 이런 해석[289]은 적지 않은 문제점을 내포합니다. 그 문제들을 가장 신랄하게 지적한 사람이 바로 고봉高峯 기대승입니다. 고봉과의 논변이 8년 동안이나 지속될 수 있었던 것도 그 문제들의 복잡성 때문입니다. 고봉이 제기한 반론의 요지는 대체로 이와 같습니다.

"사단칠정四端七情이란 근본적으로 다른 것이 아니다. 사단이 칠정 내에 포함되는 것인 만큼, 사칠의 의미란 정의 (선한) 일부를 말하느냐, 전체를 말하느냐의 차이에 불과하다. 발출상으로 보더라도 사단이든 칠정이든 형기形氣에 감하여 발하는 점은 서로 같다. 사단을 따로 말하게 된 것은 오직 기氣 작용의 중절中節 때문인데, 근본적으로 그런 '기氣 작용의 여하'에 따라 사칠이란 이름이 붙게 된 점은 같다.

이런 점에서 사칠四七은 어디까지나 '동실이명同實異名'인 것이다. 따라서 사칠을 근본적으로 다른 것처럼 설명하는 퇴계의 해석은 옳지 못하다. 이기론理氣論의 관점에서도 같은 결론이 나온다. 이기理氣 역시 실제 사물상으론 분리되는 것이 아니다. 정情이란 구체적인 사물(현상)을 말하는 것이다. 그러므로 이기理氣를 따로 떼어 이理 또는 기氣 하나만으로 사칠四七에 분속시키는 것은 있을 수 없는 것이다."

이에 퇴계는 사칠四七의 의미가 다른 만큼 이理와 기氣도 서로 다르게

289) 이와 똑같은 주자설(朱子說)이 『주자어류(朱子語類)』에 있었으나, 퇴계가 미처 보지 못했는데 이 해석을 발표하고 고봉(高峯)의 질의를 받은 뒤에야 주자의 설을 발견하고, 자신의 해석에 더욱 자신을 얻은 것이다.

해석할 수 있음을 끝까지 주장합니다. 다만 '사칠四七의 발출 현상이 서로 다르지 않다'는 기대승의 주장만은 대체로 수긍하면서 받아들입니다.[290] 그리하여 퇴계는 곧 개정설을 냅니다. 세상에 널리 알려진 "사단은 이理가 발함에 기氣가 따르는 것이고, 칠정은 기氣가 발함에 이理가 탄 것(四端理發而氣隨之, 七情氣發而理乘之)."이라 합니다.

이처럼 이理와 기氣는 서로 발용發用의 능력을 가지는(互有發用) 만큼, 사칠四七의 발출 역시 차이가 있는 것입니다. 퇴계가 호발론자互發論者로 불리는 것은 이기理氣의 호유발용互有發用을 근본적으로 전제했기 때문입니다. 이기의 호발설과 함께 그는 "그렇다고 이기가 서로 분리된 채 발출함을 말하는 것은 아니다."는 해명을 덧붙입니다. 즉 이기 중에서 어느 '하나를 위주로 말하는 것'에 불과한 것입니다.[291]

iii) 인간 본연의 회복

하지만 이런 보충이 앞에서 기술한 문제점들을 모두 해소할 순 없습니다. 사칠의 발출 현상이 사실적으로 다르다는 주장에 대한 설명이 여전히 미흡한 채로 남아 있고, 무엇보다 이理가 (실제로) 발한다(理發)는 점이 특히 큰 문제입니다. 이는 앞서 나온 '이동理動'의 문제와 마찬가지로 이기理氣 개념에 혼란을 가져오기 때문입니다. 그렇다고 퇴계 자신이 이 난제를 자각하지 못해 이발理發을 주장한 것은 아닙니다.

난제를 인식하면서도 끝까지 주장한 태도 이면에 어떤 숨은 의도意圖

290) 퇴계는 사칠(四七)에 대한 자신의 견해 중 사소한 점에 대해서도 고봉의 반론에 따라 몇 가지 수정을 가했다.

291) 이 개정 해석은 처음 해석에 이기(理氣) 불가분리(不可分離)의 사실적 관계를 보충한 것이다.

가 있을 것으로 보이기 때문입니다. 퇴계에 의하면, 사단四端을 이理의 발發이란 어디까지나 맹자의 본의本意를 살리기 위한 것이었습니다.292) 인간의 성性이 선함을 맹자가 사단 현상으로 설명했던 의도를 따르려는 점에서, '사단=이발'이라 해석한 것입니다. 여기서 퇴계 자신의 학설을 성선설의 궤도에 올려놓으려는 의도가 확인되는 지점입니다.

그런데 퇴계가 정주程朱의 견해를 따라 성性은 곧 이(理 : 性卽理)라 생각한 것은 이미 앞서 언급한 그대로입니다. 따라서 본성(仁義禮智)의 단서라 믿어진 사단을 가리켜 '이理가 발發한 것'임을 역설하는 것은 곧 인간에게 선善한 본성이 있어 그것이 자연스럽게 발현됨을 강조하는 것입니다. 이는 본유本有한 본성의 발현을 지적함으로써 인간의 본연화, 즉 본래적인 자기회복을 제시하려는 의지를 엿볼 수 있습니다.

사실 그는 "기氣만 있고 이理의 탐乘이 없다면 (인간은) 이욕에 빠져 금수禽獸가 된다."293)고 했습니다. 이렇게 보면 '금수로부터 인간 권위의 확립', 이것이 퇴계의 사칠四七 해석이 지닌 의의일 것입니다. 이동설理動說로부터 비롯된 그의 '이理 우위론'의 근본 의의가 모두 이것과 연결되는 것이 아닐 수 없습니다. 인간에겐 선한 본성이 있고, 그 본성의 발현에 의해 참다운 인간이 될 수 있다고 본 것입니다.

3) 퇴계 철학의 성격

퇴계에 의하면, 사칠론四七論 등 심성心性에 관한 이론心說이 아무리 복잡해도 그 목적은 단 하나입니다. 즉 '감성적인 욕구人欲를 막고, 이성天理

---

292) 『퇴계전서』상권, 「論四端七情書」.

293) 『퇴계전서』, 「答李宏仲問目」.

에 따라 행하는(去人欲存天理)'데 있습니다.294) 이 거인욕존천리去人欲存天理는 경敬의 태도에 의해 이루어집니다. 경敬의 태도를 취하면, 천리天理가 무엇인지 마음속에서 절로 알기 때문입니다. 퇴계가 항상 경敬을 중시하며 학문을 한 이유가 여기에 있습니다.

그런데 존천리의 구체적 실현이란 일상생활에서 찾는다면 시중時中295)으로서의 예禮를 실현하는 것입니다. 예에 합당한 행위, 즉 윤리의 실현이 곧 존천리의 구체적 내용입니다. 뿐만 아니라 이때의 천리란 한낱 마음속의 이성에 불과한 것이 아닙니다. 우주만물에 관계되는 법칙인 이른바 '태극'을 뜻합니다. 따라서 존천리란 곧 태극의 법칙성을 의미합니다. 그것은 이理로서의 천天과 인간이 합일됨을 가리킵니다.

이 지점이 퇴계의 사칠론四七論, 심성론心性論의 궁극적 지향점입니다. 뿐만 아니라 이 경지가 철학적 최종 귀착점입니다. 그러므로 그의 '경세론적 사상' 역시 이 범주를 벗어나지 않습니다. 관점을 잠시 경세론적 사유로 돌려보겠습니다. 퇴계가 말하는 예禮란 이미 삼강오륜三綱五倫만 의미하지 않습니다. 그가 말하는 것은 예禮에 합당한 행위도 포함됩니다. 당시 질서 및 체제에 대한 승복도 의미하는 것입니다.

이런 점에서 이발설理發說을 중심으로 한 그의 심성설心性說은 결과적으로 당시 체제에 대한 합리화 의미를 지니기도 합니다. 주기설主氣說보다 주리설主理說이 사회적으로 정통의 자리를 차지하는 이유도 여기에 있다 하겠습니다. 당시 사회에 대한 퇴계의 합리화는 이렇게 심성설을 바탕에 깔고 이루어지는 만큼, 자신의 심성설을 포괄하는 결과물은 만년

294) 『퇴계전서』, 「答李平叔」.

295) 때에 적중하게 하고, 변화에 따라 알맞게 하는 것을 말한다.

의 대표작인 『성학십도聖學十圖』에서 그 결실을 맺습니다.

그는 『성학십도』를 통해 군주의 심성수양에 의한 덕치德治가, 궁극적으로 천인합일天人合一이란 '우주와 자연의 질서가 일치하는 현상'까지 가져올 수 있음을 성리설로 밝혔습니다.296) 즉 군주가 내성외왕內聖外王의 자질을 갖춤으로써 덕치(왕도정치)가 가능하다는 유가儒家관념을 구현한 것입니다. 아울러 이기론적 존재론의 근거위에서 설명함으로써 체제에 대한 합리화를 『성학십도聖學十圖』297)를 통해 보여줍니다.

3. 안동 도산서원은?

- 위치: 경상북도 안동시 도산면 도산서원길 154
- 문화재 지정: 사적 제170호(1969년 5월 28일)
- 보물 제210호: 도산서원 전교당典教堂
- 보물 제211호: 도산서원 상덕사尙德祠 및 삼문三門
- 보물 제522호: 강세황필 도산서원도陶山書院圖

도산서원陶山書院은 퇴계退溪의 학문과 덕행을 기리기 위해 1574년(선조 7) 지방유림의 공의로 도산서당陶山書堂의 뒤편에 창건하여 퇴계의 위패를 봉안하고 있습니다. 1575년(선조 8) 선조로부터 한석봉韓石峯이 쓴 도산陶山이란 이름의 사액을 받음으로써 이른바 사액서원이 됐습니다.

296) 퇴계의 이 같은 역할은 후일 일본의 원전영부(元田永孚, 1816~1891)에 의해 이른바 '명치의 교육 칙어'의 사상적 배경이 되었다.

297) 당시 68세의 대학자이던 퇴계가 17세의 어린 선조를 위해 저술했다는 사실 자체가 유가체제의 합리화를 의미한다.

도산서원

영남유림嶺南儒林의 정신적 지주가 됐으며, 대원군大院君의 서원철폐령에도 훼철되지 않고 존속한 47개 서원 가운데 하나입니다.

경내 건물로는 퇴계와 제자 조목(趙穆, 1524~1606)의 위패가 봉안되어 있는 상덕사尙德祠, 강당인 전교당典敎堂, 향례 때 제수를 두던 전사청典祠廳, 유생들이 거처하던 동재(東齋, 博約齋)와 서재(西齋, 弘毅齋), 장서를 보관하던 광명실光明室과 장판각藏板閣, 퇴계가 제자들을 가르치던 도산서당, 제자들이 거처하면서 공부하던 농운정사隴雲精舍 등으로 구성되어 있습니다. 매년 봄과 가을에 향사를 지내고 있습니다.

다시 말해, 도산서원은 건축물 구성면으로 볼 때, 도산서당陶山書堂과 도산서원陶山書院으로 구분됩니다. 도산서당은 퇴계가 몸소 거처하면서 제자들을 가르치던 곳이고, 도산서원은 퇴계가 세상을 떠난 후에 건립되어 추증追贈된 것입니다. 도산서당은 1561년(명종 16)에 설립되었고, 퇴계가 낙향 후 학문연구와 후진 양성을 위해 지었으며, 서원 내에서 가장 오래된 건물로 '퇴계가 직접 설계한 것'으로 전합니다.

1792년(정조 16)엔 정조가 치제致祭를 내리고 도산별과陶山別科를 시행했습니다. 1796년(정조 20) 시사단試士壇을 세우고, 1819년(순조 19) 장서고藏書庫인 동광명실東光明室을 건립했습니다. 1870년(고종 7) 대원군의 서원 철폐령에서 제외됐으며, 1930년庚午年엔 서광명실西光明室을 증건增建했습니다. 이후 1969년 서원을 중심으로 사적으로 지정됐고, 유학사상의 정신적 고향으로 성역화가 되었습니다.

도산서원 전경

전형적인 전학후사前學後祠 형태로 배치된, 서원으로서 갖춰야 할 기본적인 건축물로 이루어져 있지만, 여타 서원들보단 규모가 훨씬 큼을 볼 수 있습니다.

진도문(進道門)

유가儒家의 도道는 말할 것도 없이 인도人道입니다. 도道를 행하면 덕德이 되며, 도道와 덕德을 합일시키면 인仁이 됩니다. 인仁한 세상을 만들기 위해선 인재人材가 필요합니다. 인재가 되기 위한 첫 번째 과정이 도道에 뜻을 두고 나아가는 것입니다.

도산서원 강당인 전교당(典敎堂)

서원의 강학 건물로 강당과 원장실로 구성돼 있습니다. 원장실의 명칭은 한존재閑存齋이며,현재 모습은 1574년(선조 7) 처음 지은 것을 1969년 보수한 것입니다. 전교당典敎堂 정면의 현판은 조선 중기의 한석봉韓石峯 글씨로 1575년(선조 8) 선조로부터 사액賜額받은 것입니다. 강당에는 원규院規, 백록동규白鹿洞規, 정조의 사제문賜祭文, 국기안國忌案, 사물잠四勿箴, 숙흥야매잠夙興夜寐箴 등의 현판들이 걸려있습니다.

박약재(博約齋, 東齋)

박약재博約齋란 말은 『논어』에 "학문을 넓게 배워 예로 행하라(博學於文, 約之以禮)"는 말에서 따온 것입니다.

홍의재(弘毅齋, 西齋)

홍의弘毅란 말은 『논어』에 '선비는 마음이 넓고 뜻이 굳세지 않으면 안 될 것이니, 그 책임은 무겁고 도학道學의 길은 멀기 때문(士不可以不, 弘毅, 任重而道遠)'이란 말에서 따온 것입니다.

삼문(三門)

상덕사尙德祠로 들어가는 사당문으로 내삼문內三門으로도 불립니다.

상덕사(尙德祠)

상덕사는 퇴계의 위패를 봉안한 사당입니다. 뿐만 아니라 제자인 월천月川 조목(趙穆, 1524~1606)의 위패도 함께 봉안하고 있습니다.

장판각(藏板閣)

장판각은 서원의 핵심인 전교당典敎堂 동쪽에 위치하고 있습니다. 여기엔 서원에서 활용하는 목판冊版과 경서經書 등을 보관하던 곳입니다. 퇴계의 문집文集과 유묵遺墨, 언행록言行錄, 도산십이곡陶山十二曲, 선조어필宣祖御筆, 병서屛書 등 2,790여 장의 판각板刻이 소장되어 있었으나, 보다 체계적인 분류와 안전한 관리를 위해 광명실光明室 서책과 함께 2003년 4월, 한국국학진흥원으로 옮겼습니다.

도산서당(陶山書堂)

도산서당은 퇴계가 몸소 제자를 가르치던 곳으로 1557년(명종 12)에 착공하여 1561년(명종 16)에 완공했습니다. 방은 완락재玩樂齋, 마루는 암서헌巖栖軒으로 명명했습니다. 사색과 연구를 통해 제자를 양성하던 방을 완락재玩樂齋라 한 것은 '완상하여 즐기니 평생토록 지내도 싫지 않겠다.'는 뜻이고, 암서헌巖栖軒은 '학문에 대한 뜻을 오래도록 지니지 못해 바위에 깃들어 조그마한 효험을 바란다.'는 겸손의 뜻을 담고 있습니다.

농운정사(隴雲精舍)

농운정사는 제자들의 기숙사로, 서당의 서쪽에 위치하고 있습니다. 퇴계가 직접 설계를 하고 당시 용수사龍壽寺 승려였던 법련法蓮과 정일淨一을 임명하여 건립했다고 전합니다. 공工 자형의 대칭적 건물로 2개의 공간으로 나뉘는데, 각각 2칸의 온돌방과 앞으로 돌출한 마루 1칸, 뒤쪽에 봉당 1칸으로 이루어져 있습니다. 여기선 2개 반을 수용했는데, 이 같은 기숙사는 소수서원紹修書院에서도 볼 수 있습니다.

Ⅸ 율곡 이이와 자운서원

1. 율곡 이이의 삶

이이(李珥, 1536~1584) 선생의 자字는 숙헌叔獻, 호號는 율곡栗谷입니다. 본관本貫은 덕수德水, 시조는 고려 때 중랑장中郎將을 지낸 이돈수李敦守입니다. 그는 사헌부감찰司憲府監察과 의정부議政府 좌찬성左贊成에 추증追贈된 이원수공李元秀公과 시서화詩書畵 삼절三絶로 세상에 널리 알려진 사임당師任堂 신씨申氏 사이에서 1536년 (중종 31) 12월 26일 강원도 강릉 북평의 오죽헌烏竹軒에서 태어났습니다.

율곡은 어려서부터 어머니 사임당의 교도와 감화로 8~9세에 이미 시문詩文의 명성이 높아 신동神童으로 불렸고, 13세 때 진사進士 초시初試에 합격하여 명성이 자자했습니다. 16세 되던 해 봄春 사임당의 뜻하지 않은 작고는 율곡에게 정신적으로 깊은 회의懷疑와 허무감을 주었으며, 고통과 시련의 나날이었습니다. 때문에 3년 상喪을 마치던 19세 되던 해 3월, '금강산에 들어가 1년간 불교공부'를 했습니다.

20세에 강릉 외가로 돌아온 율곡은 자경문自警文 11개조를 지어 학문의 입지를 확고히 하고, 22세에 성주목사星州牧使였던 노경인盧慶麟의 딸과 혼인을 했습니다. 23세 되던 해 봄엔 경상북도 도산陶山으로 퇴계 선생을 찾아뵙고, 이틀 동안 머물면서 평소 자신의 학문적 견해를 밝히기도 하고, 또 의문점에 대해 질의도 했습니다. 이후 서신書信을 통해 유학 공부의 본령本領에 대해 심도 있는 논의를 합니다.

즉 주일무적主一無適298)의 경공부敬工夫나 격물格物과 궁리窮理와 같은 문제를 가지고 왕복문변往復問辨한 내용이 수차에 달하였습니다. 그해 겨울 별시別試에 「천도책天道策」으로 장원급제한 것을 포함해 모두 아홉 차례에 걸쳐 장원을 함으로써 이른바 '구도장원공九度壯元公'이란 별칭을 얻었습니다. 29세 때 호조좌랑戶曹佐郎에 임명된 후, 내외 관직을 두루 역임하고 병조 및 이조판서에 이르렀습니다.

율곡은 공직에 종사하는 동안, 벼슬을 한낱 개인의 영달을 위한 자리 지키기에 급급한 것이 아니었고, 어느 부서 어느 자리에 가든 통찰력과 비판력을 발휘하여 문제점을 발견하고 합당한 해결방안을 강구했습니다. 혹 그것이 받아들여지지 않으면 자리에 연연치 않고 물러났습니다. 40세 이후, 율곡은 '벼슬 때문에 서울에 머무는 시간을 제외하곤 주로 황해도 해주 석담石潭'에 머물렀습니다.299)

율곡은 퇴계와 더불어 한국 성리학性理學을 대표하는 학자입니다. 그의 사상은 공맹孔孟으로부터 정주程朱의 학學에 뿌리를 박고 명나라의 나흠순(羅欽順, 정암整菴)의 이기철학理氣哲學, 화담花潭 서경덕徐敬德의 주기설主氣說, 정암靜庵 조광조趙光祖의 도학사상道學思想, 퇴계退溪 이황李滉의

298) 주일(主一)은 한 가지 일에 전념하는 것이고, 무적(無適)은 다른 일에 마음을 기울이지 않는 것이다. 즉 경(敬)은 마음을 어느 곳에도 가지 않게 하여 한 가지 일에 집중시키는 상태로, 언제나 깨어 있는 수양방법을 말한다.

299) 사실 불혹(不惑) 이후의 율곡에겐 은거(隱居)의 뜻이 강했던 것으로 보인다. 하지만 실천으로 연결되진 못했고, 결국 병으로 고생하다 말년을 맞이했다. 1584년(선조 17) 정월 16일에 세상을 마치니 그의 나이 49세였다.

이존설理尊說에 연원하고 있습니다. 조선전기가 성리학의 섭취 단계였다면, 율곡이 살았던 16세기는 성리학의 특성이 형성되고 구체화된 시기입니다.

그리고 한국의 유학사상은 본래의 유학보다 강한 도덕의식을 지니면서, 인간의 도덕적 완성을 위해 인간 주체의 능동적인 작용을 더욱 강조하는 특성이 있습니다. 아울러 그는 현실정치에 참여하여 현실을 비판했을 뿐 아니라 성리학의 새로운 경지를 개척했습니다. 율곡은 철학자로서의 삶과 정치가로서의 삶을 병행했으며, 이理 중심의 철학과 기氣 중심의 철학을 조화시킴으로써, 한국 성리학의 전성기를 마련했습니다.300)

주요 저술로는 『성학집요聖學輯要』,301) 『동호문답東湖問答』, 『경연일기經筵日記』, 『역수책易數策』, 『문무책文武策』, 『격몽요결擊蒙要訣』, 『만언봉사萬言封事』, 『학교모범學校模範』, 『시폐칠조책時弊七條策』, 『답성호원서答成浩原書』, 『육조계六條啓』 등을 남겼습니다. 율곡 사상은 다양한 시각으로 조명될 수 있지만, 여기선 40세에 저술한 『성학집요』를 기초로 '이기론과 인성론'에 대해 살펴보겠습니다.

300) 율곡은 기호유학(畿湖儒學)의 조종(祖宗)으로 기라성 같은 문인들을 대거 배출했다.

301) 그는 당시 사회를 개혁이 요구되는 시대로 인식하고, 현실적으로 대두된 문제에 대해 수수방관하거나 평안함을 꾀하여 구태의연하게 무사안일만을 일삼는 태도를 비판했다. 그리하여 시대와 사회에 대한 인식과 깊은 우환의식(憂患意識)을 바탕으로 『성학집요(聖學輯要)』를 저술한다. 여기서 율곡은 유교의 '수기치인(修己治人)', 곧 '내성외왕(內聖外王)'의 이념을 실현하고자 하는 강렬한 의지를 보인다.

2. 율곡 이이의 사상

율곡의 철학사상은 성리학性理學에 기반하고 있습니다. 하지만 그는 한국철학사상사에서 누구보다 독창성이 강한 학자로, 종래의 이론과 학설에 대해 매우 비판적으로 수용했습니다. 예컨대 주자朱子의 '이기호발理氣互發 주장이 사실이라면, 주자답지 못하다'는 말을 거침없이 합니다. 이런 입장을 지닌 그의 현실적 관심을 고찰함에 있어선 이기론理氣論과 인성론人性論을 빼놓을 수 없습니다. 골수이기 때문입니다.

1) 이기론

(1) 이기 개념

율곡은 우주만물과 그것의 생성변화는 이理와 기氣에 의해 드러나는 것일 뿐 아니라 이理와 기氣로 구성되어 있다고 봅니다. 그리고 이기理氣 개념에 대해 주자의 형이상形而上과 형이하形而下로 구분되는 견해를 받아들입니다. 하지만 양자는 '서로 분리될 수 없다'는 견해(동작이 없는 존재 자체든 혹은 동작이 있는 운행 중이든 간에)를 취한다는 점에서 주자와 차이가 있습니다. 율곡은 이같이 말합니다.

"이理는 태극이요, 기氣는 음양이다. 이제 태극과 음양이 상호 발동하여 움직인다互動고 하니 말이 안 되는 이야기다. 태극과 음양은 상호 움직일 수 없으니, 이理와 기氣가 상호 움직인다는 것이 어찌 잘못이 아니겠는가?" 즉 이理는 형이상자形而上者고, 기氣는 형이하자形而下者지만 서로 떠날 수 없는 것입니다. 때문에 그 떠날 수 없음으로 해서 그 '발동하여 나타나는 작용發用은 하나인 것'입니다.

따라서 상호 발동하여 나타나는 작용은 없는 것입니다.… 다만 이理는 동작이 없고無爲, 기氣는 동작이 있다有爲고 봅니다. 이처럼 그는 주자의 견해를 일부 따르면서도, 이치와 기운을 (존재에 있든 동작에 있든) 따로 파악치 않고, '서로 떠날 수 없음(不能相離)'을 강조합니다. 그리고 이理와 기氣 상호간의 발용을 결코 인정치 않습니다.302) 율곡은 이기理氣의 형체, 동정動靜 관계를 다음과 같이 설명합니다.

"대체로 형체가 있고, 동작이 있으며, 움직임과 고요함이 있는 것은 기氣다. 형체가 없고, 동작이 없으며, 움직임과 고요함 가운데 존재하는 것은 이理다. 이理는 비록 형체가 없고 동작도 없지만, 이理가 아니면 기氣의 근본을 찾을 수 없다. 형체도 동작도 없으면서 '형체와 동작이 있는 것의 주인이 되는 것'을 이理라 하고, 형체도 동작도 있으면서 형체 없음과 동작 없음의 그릇(器)이 되는 것을 기氣라 한다."

이처럼 이치(理)와 기운(氣)은 서로 떨어질 수 없습니다. 이런 상관관계를 더욱 확실히 논한 부분을 보겠습니다. "이理는 기氣를 주재하는 것이요, 기氣는 이理가 얹혀 타는 바이다. 이理가 아니면 기氣는 뿌리를 내릴 곳이 없고, 기氣가 아니면 이理는 의지할 데가 없다. 발동하는 것은 기氣요, '발동하게 하는 까닭'은 이理다. 기氣가 아니면 발동할 수 없고, 이理가 아니면 '발동하게 하는 근거'가 없다.303)

302) 이런 율곡의 이기론(理氣論)은 이(理)와 기(氣)가 각기 동작하는 바가 있다는 퇴계의 이른바 이기호발설(理氣互發說)에도 반대한다.

303) 이 두 가지는 앞뒤가 없고, 떠나고 합해지는 것도 없으며, 서로 발동한다고 말할 수 없다. 따라서 이상과 같은 내용을 비추어 볼 때, 율곡은 이(理)와 기(氣)의 관계를 논하면서, 이(理)는 스스로 밝은(自明) 원리로 파악하고, 기(氣)는 원리를 실현하는 능동적인 힘으로 파악한다.

(2) 이기지묘理氣之妙

이기理氣를 이해함에 있어서 율곡은 주자나 화담 혹은 퇴계 등에 비하여 절충적인 묘합妙合의 논리를 주장합니다. 이른바 이기지묘理氣之妙라 불리는 것이 그것인데, 율곡 이기설의 특징입니다. 그는 "천하에 이理 밖에 기氣가 있겠는가? 이기지묘는 보기도 말하기도 어렵다."면서 "이理와 기氣는 한 가지도 두 가지도 아니다. 한 가지가 아니기 때문에 둘이요, 두 가지가 아니기 때문에 둘이면서 하나이다.

'이理와 기氣는 한 가지 물인가? 두 가지 물인가?'란 질문이 있었다. 답했다. 앞선 교훈을 고찰하건대 이理와 기氣는 하나면서 둘이요, 둘이면서 하나다. 이理와 기氣는 혼연하여 사이가 없어서 원래 떨어지지 않은 까닭에 두 가지 물이라 할 수 없다. 그러므로 정자程子는 '그릇은 또한 도이고, 도는 또한 그릇이다(器亦道, 道亦器)'라고 했다. 또한 양자는 떨어지지 않아도 혼연하기 때문에 하나의 물이 아니다."

아울러 율곡은 주자의 "이理는 스스로 이理요, 기氣는 스스로 기氣(理自理, 氣自氣)이기 때문에 서로 섞이지 않는다."는 주장을 인용하여 이기지묘理氣之妙라 규정했습니다. 이처럼 이理와 기氣는 서로 떠나지 않는 관계(不相離)와 서로 섞이지 않는 관계(不相雜)를 지속합니다. 이것이 이른바 '이기의 묘합'입니다. 이는 일반적인 논리 체계론 쉽게 이해할 수 없는 것이기에 이기지묘理氣之妙라 이름한 것입니다.

(3) 기발이승일도氣發理乘一途

퇴계는 사단四端을 이발이기수지理發而氣隨之라 하고, 칠정七情을 기발이이승지氣發而理乘之라 하여 두 개의 존재구조를 설정했습니다. 하지만 율곡은 이발이기수지理發而氣隨之는 그릇된 것으로, 오로지 기발이승氣發理乘 하나의 길밖에 없다고 보았습니다. 가령 천지의 변화에 이화理化와 기화氣化가 없듯, 내 마음 또한 이발理發과 기발氣發은 있을 수 없는 것입니다. 즉 호발互發을 인정하지 않습니다.

여기서 기발이승氣發理乘이란 발發하는 기氣 위에 이理가 올라탄 상하의 존재구조를 말합니다. 율곡은 자연세계나 인간세계를 막론하고 모든 존재 구조를 기발이승氣發理乘으로 일관되게 설명합니다. 논거론 "이理는 작위作爲가 없고, 기氣는 작위作爲가 있기에, 기氣는 발동發動하고 이理는 타는 것."이라 합니다.304) 그리고 기氣가 발發함에 이理가 탄다고 할 때, 기발이승氣發理乘은 동시적입니다.

또 공간적으로도 떨어지거나(離) 합合함이 없습니다. 말하자면 본래부터 하나로 있는 묘합妙合 구조를 기발이승氣發理乘이란 말로 표현한 것입니다. 그리고 이승理乘의 승乘은 단순한 의미가 아니라 그의 동정動靜을 주재하는 이理의 근저적根底的 의미를 갖고 있습니다. 따라서 기발이승氣發理乘은 존재 자체의 표현으로 이기지묘理氣之妙의 또 다른 표현이며, 이통기국理通氣局의 다른 표현이기도 합니다.

(4) 이통기국理通氣局

율곡은 이理의 차원에선 하나인데, 기氣의 세계에서 나눠지는 것은 이기理氣의 속성이 다르기 때문으로 봤습니다. 이 설의 출발은 이理는 무형無形, 기氣는 유형有形이란 개념에서 비롯됩니다. 즉 이理는 시간이나 공간

304) 이처럼 율곡은 이(理)의 발(發)을 부정하기 때문에, 존재구조는 기발이승(氣發理乘) 형식을 띤다.

에 제약을 받지 않는 보편성을, 기氣는 시간이나 공간에 제약을 받는 국한성局限性을 지녔다는 말입니다. 따라서 이理는 언제 어디서나 통하고, 기氣는 늘 한계(局限)가 있다는 말입니다.

율곡의 이통기국理通氣局은 이일분수理一分殊, 기일분수氣一分殊의 사고를 거쳐 창출된 이론입니다. 즉 이일분수理一分殊는 이기지묘理氣之妙 하에서 이理를 중심으로 본체와 현상을 아울러 본 것이라면, 기일분수氣一分殊는 이기지묘理氣之妙 하에서 기氣를 중심으로 본체와 현상을 아울러 본 것입니다. 따라서 율곡은 이理와 기氣를 어느 한 면으로 치우쳐보는 관점을 지양止揚한다고 볼 수 있습니다.

그리고 이기지묘理氣之妙의 관점에서 이일理一과 기일氣一, 이분수理分殊와 기분수氣分殊를 아울러 본 것이 이통기국理通氣局입니다. 율곡은 "인생人生이 물성物性이 아닌 것, 이것이 기국氣局이고 사람의 이理가 곧 물物의 이理인 것, 이것이 이통理通이다. 또 모나고 둥근 그릇이 같지 아니하나 그릇 가운데 물은 마찬가지고, 크고 작은 병이 같지 아니하나 병 속의 공기는 마찬가지라 비유한다."305)

이렇게 보면 율곡의 이통기국理通氣局은 이무형理無形과 기유형氣有形의 개념을 통해 이기지묘理氣之妙의 관계성 속에서 이뤄집니다. 말하자면 이理의 체형體用과 기氣의 체형體用을 유기적으로 통찰한 표현이라 하겠습니다. 가령 율곡의 이통기국理通氣局은 이理만도 기氣만도 아닌, 이통理通과 기국氣局이 하나로 묘융妙融된 세계, 즉 이기지묘의 가치를 표현한

305) 또한 기(氣)가 만 가지로 다른데도 근본이 하나일 수 있는 것은 이(理)의 통(通) 때문이고, 이(理)가 하나인데도 만 가지로 다를 수 있는 것은 기(氣)의 국(局) 때문이라 강조한다.

데서 의의를 찾을 수 있을 것입니다.

2) 인성론

(1) 본연지성과 기질지성

율곡은 인간의 존재와 본질문제를 천인합일天人合一 관점에서 인성론을 전개했습니다. 그의 인성론을 본연지성本然之性과 기질지성氣質之性, 사단四端과 칠정七情, 인심人心과 도심道心으로 나눠 살펴보겠습니다. 성리학性理學에서 성性은 본연지성本然之性과 기질지성氣質之性으로 구별하여 설명합니다. 율곡이 인간의 성性을 어떻게 이해하는가 하는 문제는 이理와 성性의 개념 구별에서 시작됩니다.

율곡에 의하면 성性은 이기理氣의 합合입니다. 대개 이理가 기氣 가운데 있은 연후에 성性이 됩니다. 만일 형질이 없다면, 마땅히 이理라 해야지 성性이란 것은 옳지 않습니다. 다만 형질 가운데 단지 이理만을 가리켜 말한다면 본연지성本然之性입니다. 즉 본연지성은 기氣와 섞일 수 없습니다. 이처럼 성性을 이기지합理氣之合 내지 이기지묘理氣之妙로 보기 때문에 형질 중에서 성性을 파악합니다.

이에 관한 율곡의 말을 들어보겠습니다. "기질지성과 본연지성은 결코 두 개의 성性이 아니라, 기질상氣質上에 나아가 단지 그 이理만을 가리켜 본연지성本然之性이라 하고, 이理와 기질이 묘합妙合된 것을 기질지성氣質之性이라 한다. 그러므로 본연지성은 기질을 겸해 말할 수 없으나, 기질지성은 오히려 본연지성을 겸할 수 있다." 이러한 기질지성 중심의 성론性論306)은 '현실적 인간을 이해하는 핵심'입니다.

(2) 사단과 칠정

중국 성리학에선 그리 큰 문제가 되지 않았던 사단칠정四端七情의 문제가 한국 성리학에선 중요한 논제로 대두擡頭 되었습니다. 율곡은 퇴계退溪 이황과 고봉高峯 기대승의 사단논변四端論辯에 대해 고봉의 견해에 동의합니다. 이는 사단칠정四端七情의 구조가 율곡이 주장하는 기발이승氣發理乘과 같기 때문입니다. 따라서 퇴계의 사단칠정론에 대해 비판하게 되는데, 요지는 다음과 같습니다.

첫째, 퇴계는 사단四端과 칠정七情을 두 가지로 보는데, 율곡은 사단四端을 칠정七情 속에 포함시켜 봅니다. 둘째, 퇴계는 사단四端의 구조를 이발이기수지理發而氣隨之, 칠정七情의 구조를 기발이이승지氣發而理乘之라고 하여 이중의 존재구조로서 설명하는데, 율곡은 사단四端과 칠정七情을 모두 기발이승氣發理乘의 존재구조로 봅니다. 셋째, 퇴계는 사단을 이발이기수지理發而氣隨之라고 표현합니다.

하지만 율곡은 이발理發을 부정하고, 또 이발이기수지理發而氣隨之의 표현형식이 시간적 이선기후理先氣後를 면치 못하기 때문에 옳지 않다고 봅니다. 넷째, 퇴계는 사단四端을 주리主理, 칠정七情을 주기主氣라고 말합니다. 그러나 율곡은 사단四端을 주리主理라는 것엔 동의하지만 칠정七情을 주기主氣라는 것엔 부정합니다. 따라서 율곡에 있어서 사단은 칠정과 따로 존재하는 개념이 아닌 것입니다.307)

306) 이는 천지지리(天地之理)와 천지지기(天地之氣)의 묘합체로 이해되는 입장에서 연유한 것이다. 즉 현실적인 인간을 중심으로 성(性)을 말하는 것이지, 관념적인 성(性)이나 개념적인 성(性)을 일컫는 것은 아니다.

307) 율곡은 사단(四端)이 칠정(七情) 이외에 따로 존재하는 별개의 개념이 아닌, 칠정(七情) 가운데 포용되는 선(善)한 부분으로 간주했다.

(3) 인심과 도심

율곡에 의하면, 만약 인심人心과 도심道心에 투철하지 못하면, 이기理氣에도 투철할 수 없습니다. 이기지묘理氣之妙를 이미 밝게 통찰했다면, 인심과 도심에 두 근원이 없음을 미루어 짐작할 수 있다고 했듯, 율곡은 인심人心과 도심道心을 매우 중요하게 여겼음을 알 수 있습니다. 그의 인심人心과 도심道心에 관한 생각을 들어보겠습니다. "인심과 도심이 비록 두 가지 이름이나 그 근원은 단지 한 마음이다.

발發함에 있어 이의理義를 위한 것과, 식색食色을 위한 것이 있기 때문에 발發함에 따라 이름이 달라지는 것이다. 여기서 도의道義를 위해 발發한 마음이 도심道心이고, 식색食色을 위해 발發한 마음이 인심人心이다." 이처럼 율곡의 인심과 도심은 근원에 있어선 한마음이지만, 마음이 어떤 의지적 정향定向을 지니고 작용하느냐에 따라 구별됩니다. 여기서 도심은 공심公心과 같다고 할 수 있습니다.

이런 율곡의 견해는 퇴계가 도심道心과 인심人心을 각기 내출內出과 외감外感으로 보아 이발理發, 기발氣發의 이원二元으로 보게 되는 것과 달리 율곡은 인심이나 도심을 모두 기발이승일도氣發理乘一途로 이해하고 있습니다. 또한 율곡은 인심과 도심이 서로 시작과 끝이 될 수 있다고 주장합니다. 가령 마음(心)이 처음엔 도심이었으나, 사사로움(意)에 의해 인심으로 끝나거나, 그 반대가 된다는 것입니다.[308]

율곡에 의하면, 도심道心은 순전히 천리天理이므로 순선純善하지만 인심人心은 천리天理와 인욕人欲의 양면을 겸하기 때문에 선善할 수도 악惡

308) 따라서 인심(人心)과 도심(道心)은 고정된 것이 아닌 인심의 도심화(道心化)와 도심의 인심화(人心化)가 가능하다.

할 수도 있습니다. 즉 인심은 인욕人欲을 따라 흐르기 쉽기 때문에 반드시 도심으로 절제하여, 항상 인심이 도심의 명령에 좇도록 해야 인심의 도심화道心化가 가능한 것309)입니다. 이런 논리는 사단四端과 칠정七情, 그리고 의意에까지 연관시켜 설명됩니다.

3) 정치사상

율곡의 정치사상은 16세기 후반, 정치적 배경을 기반으로 한 유가의 정치철학을 계승 발전시킨 것입니다. 그는 "중인中人과 성인聖人이 그 본성에 있어선 같다."고 하는 만인평등의 입장에서 정치의 주체를 민民으로 규정하며, 현실참여의 기준을 민民에 두고, 민을 중심으로 하는 정치이론을 전개합니다. 즉 '군주君主는 나라에 의존하고, 나라는 곧 민民에 의존한다.'라고 정치의 표준을 민중에 두고 있습니다.

또한 「시무칠조책時務七條策」에선 '국가를 편안하게 하고 민중에게 이로우면 다 행할 수 있는 일이요, 나라를 편안케 하지 못하고 민중을 보호하지 못하면 해서는 안 된다.'고 하여, 할 일과 해서는 안 될 일의 기준을 '편어국이어민便於國利於民'에 두고 있습니다. 아울러 경장更張을 주장한 것도 '민중에게 끼치는 폐해民瘼'를 해소하고자 함이고, 혁구경신革舊更新의 궁극적 목적도 '편어민便於民'에 있습니다.

그리고 정책을 베풀어 폐단을 고치는 것도 민중의 이익을 위함이요, 백관百官을 설치하여 여러 직책을 나누는 것도 결국 민생을 위함이라 하

309) 이렇게 볼 때 율곡은 천인일관(天人一貫)의 입장에서 인심(人心)과 도심(道心)을 이기설(理氣說)과 일체화시키며, 그 논리를 전개함은 물론 본연지성(本然之性)과 기질지성(氣質之性), 사단(四端)과 칠정(七情), 나아가 의(意)에까지 연관시켜 정밀하게 설명하고 있음을 알 수 있다.

여, 정치에 있어서 궁극 실체를 민民에 두고 있음을 알 수 있습니다. 율곡은 군주와 민중, 국가의 관계에 있어서도 맹자의 '민중이 가장 귀하고, 다음이 사직이며, 군주는 가장 가벼운 존재(民爲貴, 社稷次之, 君爲輕)'란 입장을 인용해, '민중을 가장 중요하게 생각'하고 있습니다.

이처럼 율곡은 정치에 있어 치자治者의 역할과 위치를 중시함은 그의 문헌 도처에서 산견散見되고 있으며, 민중의 교화, 산업의 진흥, 각종 제도의 완비, 현능자賢能者의 정치 참여, 국방의 내실 등 일체의 정치 행위, 즉 치란治亂과 흥망성쇠興亡盛衰가 모두 치자로부터 비롯된다고 본 것입니다. 말하자면 치자의 덕과 윤리성이 항상 중요한 문제로 대두되어 군주의 덕君德 성취를 위한 제도가 강조되고 있습니다.

그는 당시 경연經筵의 형식화를 비판하면서, 군덕君德의 성취는 경연에 달려 있다고 보았습니다. 그리하여 「간원진시사소諫院陳時事疏」에서 군주의 자세에 관해 세 가지를 강조한바 있습니다. 첫째, 마음을 바로하고 정치의 근본을 정립해야 한다(正心以立治本). 둘째, 학덕이 있는 인물을 기용하여 조정을 맑게 해야 한다(用賢以淸朝廷). 셋째, 민생을 안정시키고, 나라의 기틀을 튼튼하게 다져야 한다(安民以固邦本).

율곡이 「응지론사소應旨論事疏」에선 제왕의 선무先務가 인재를 얻는 것보다 급한 것이 없다고 했습니다. 이는 지성至誠으로 현인을 찾아 치자의 결함을 보완해야 민중과 국가에 실질적인 이익이 될 수 있다고 본 것입니다. 사림은 공론의 주체 내지 국가의 원기로서 사림이 성하여 화목하면 잘 다스려지고, 과격하여 분당되면 어지러워지며, 만약 부패하여 진멸盡滅하면 그 나라는 망할 수밖에 없다고 본 것입니다.

그는 현인정치뿐만이 아닌 민의의 광범한 수렴을 통한 여론정치를 강조했습니다. 「사대사간겸진세척동서소辭大司諫兼陳洗滌東西疏」에서 인심의 보편성을 공론公論이라 하고, 공론의 소재를 국시國是라 했습니다. 국시란 한 나라 사람들이 의도적으로 꾀하지 아니하고도 함께 옳다고 하는 것으로, 이는 이利로서 유혹하거나 위력威力으로써 협박하지 아니하고서도 자발적인 정당성의 합의에서 성립되는 것입니다.

다시 말해 국시國是의 정립은 국가 흥망성쇠의 관건이기 때문에 공론은 민중들의 의사意思로부터 발생하는 것이고, 그것은 어느 누구도 막을 수 없으며, 이 여정輿情을 가감 없이 따를 때 국시가 정립되는 것이라 했습니다. 국시의 정립은 구설로서 다투어 될 수 있는 것이 아니고, 동의의 원천인 여정에 순順할 때, 인심의 보편성으로서 공론이 형성되며, 이 공론이 존재할 때 국시로서의 동의가 완결되는 것입니다.

율곡의 국시론에서 '만인萬人의 의사'란 '전체성 내지 다수'라는 의미로, 그것은 반드시 옳다고 하는 '정당성正當性'과 '스스로'란 자발적 의사를 전제했고, 중우衆愚에 의해 타락된 부의浮議를 경계하면서 동의의 양量과 질質을 동시에 갖춘 민주적 공론을 주장했습니다. 뿐만이 아닌, 공론의 주체를 사림士林이라 하여, 중우에 의한 여론의 타락가능성과 지배자에 의한 여론조작의 위험을 제거하고자 했습니다.

또한 그의 국시론은 정치권력의 근거를 천명天命에 두는 전통적인 유가사상과는 달리 지배의 권위적인 근거를 초월적 존재가 아닌 민중의 동의에서 찾습니다. 즉 전통적인 정치사상에서 볼 수 있는 천명에 의한 권력보다 진전된 것입니다. 민중에 의한 수권授權을 근대의 가장 보편적인 정통성 근거로 삼는다는 점에서도 상당히 혁신적입니다. 민본이 민주와는 다르다는 견해에도 불구하고 이는 굉장한 진보입니다.310)

율곡은 정암의 언론관을 계승해 언로의 개방과 여론정치를 강조했습니다. 그는 「진미재오책차陳弭災五策箚」에서 "언로가 열리느냐 닫히느냐에 국가의 흥망이 달려있다."고 하여, 언로개방이 흥망의 관건임을 강조했습니다. 즉 언론자유를 봉쇄하고 죄를 다스린다면, 그 나라는 망하지 않을 수 없습니다. 비록 민중들이 조리가 없어 보잘 것 없고, 좋지 않은 말들이 많아 기탄없는 자라도 역시 죄를 묻지 않아야 합니다.

율곡은 「간원진시사소諫院陳時事疏」에서 언로의 범위를 '조정에서 서민'까지, '서울에서 시골'까지로 허용했습니다. 이는 언로의 주체를 단순히 사림이나 관인에게만 국한한 것이 아닌, 모든 민중을 언로의 주체로 규정하고 있음을 보여주는 것입니다. 이렇게 볼 때, 율곡의 정치사상은 유가의 본래적인, 즉 '인도정신의 창조적 계승'인 것이며, 16세기 후반 조선조의 정치적 후진성에 대한 자각에서 창출된 것입니다.311)

4) 경제사상

율곡은 소박하나마 경제론을 다양하게 펼쳤습니다. 그의 현실인식과 역사의식은 시무책時務策으로 나타났고, 그것은 결국 민생民生의 문제로 집약됩니다. 경장론의 본의가 민중들의 삶을 걱정하고 인간생명을 존귀하게 여기는 애민정신 내지 인도정신에서 연유합니다. 즉 유가 본래의 인도주의人道主義 정신이 율곡 경제사상의 본질입니다. 그는 당대에 여러

310) 황의동(1987), 「율곡의 경세사상」, 『민동근박사 화갑기념논총』, 민동근박사 화갑기념논총 간행위원회, 662쪽.

311) 율곡의 정치사상에서 우리는 민본에서 한 걸음 더 나아가 민주(民主)로 갈 수 있는 가능성을 발견하는 것이며, 이는 율곡의 근대의식을 반영하는 것으로 중요한 의미가 있다 하겠다.

제도의 모순으로 민생 불안과 민심 이반을 우려했습니다.

나아가 농촌경제의 파탄과 국가 경제의 난맥상을 비판하고 대안을 제시했습니다. 예컨대 당시에 준수되었던 연산시의 공법에 대해 '학민지법虐民之法' 혹은 '병민지법病民之法'이라 단정했습니다. 민중이 하늘 삼을 바를 잃고, 나라가 의지할 바 없으니, 생재활민生財活民이 당시의 급선무라 한 것입니다. 『성학집요』에서도 왕자의 정치는 민력民力을 늦춰 민산民産을 후하게 해주어 민중들이 하늘로 삼는 것입니다.

즉 '먹을 것'을 풍족하게 함으로써, 그 '본연의 마음'을 보존케 하는 것입니다. 그것이 정치의 궁극적 목적임을 일러줍니다. 민중은 '먹을 것에 의존'하고, 나라는 '민중에 의존'하는 것이므로, '먹을 것이 없으면 민중이 없고, 민중이 없으면 나라도 없다'고 하여, 경제가 국가 존립의 기초임을 강조합니다. 이런 입장에서 율곡은 당시의 모순된 법제法制와 세제稅制, 군제軍制 등의 제도적 개선을 적극 주장한 것입니다.

말하자면 『맹자』의 이른바 왕도지시王道之始로써의 양생상사養生喪死,312) 『서경』의 이용후생利用厚生,313) 안민대요安民大要로서의 '세금을 적게 거두는 것, 요역을 가볍게 하는 것, 형벌을 신중히 하는 것(薄稅斂, 輕搖役, 愼形罰)' 등 전통 유가의 경제관을 계승하고 있습니다. 그러면 양민養民과 교민敎民의 관계는 어떨까요? 인간이 영육쌍전靈肉雙全의 존재이듯, 의리義理와 실리實利 문제로 귀결됩니다.

정치도 다르지 않습니다. 민중들의 삶을 보장하는 양민養民 내지 민생

312) 산 사람을 봉양하고, 죽은 사람을 장사지내는 것을 뜻한다.

313) 이용(利用)은 민중들이 쓰는 데 편리하게 하는 것이며, 후생(厚生)은 민중들의 생활을 풍부하게 하는 것을 말한다.

民生의 문제와 민중의 정신적, 윤리적 가치질서를 확립하는 교민敎民의 문제가 제기됩니다. 전통적으로 유가의 경제관이 '덕은 근본, 재물은 말단(德者本也, 財者末也)'이라 하여 경제를 부정하는 듯하지만, 결코 그런 의미가 아닙니다. 본말本末이 구족具足한 것을 이상으로 여기는 것이요, 민중을 중심으로 할 때는 경제를 오히려 중시합니다.314)

그러므로 『서경書經』에선 정덕正德과 이용利用, 후생厚生이라 하여 경제와 윤리를 함께 일컫고 있으며, 『맹자』에선 항산恒産이 없으면 착한 마음, 즉 항심恒心도 있을 수 없다고 했습니다. 이런 전통을 계승한 율곡은 『성학집요聖學輯要』 「명교장明敎章」에서 선부후교先富後敎가 이치와 사세理勢의 당연함이라 하고, 때문에 『성학집요』의 차서次序 또한 「안민장安民章」 뒤에 「명교장」을 둔다고 한 것입니다.

또 『만언봉사萬言封事』에서도 민중들은 가난이 몸에 절박해 본심마저 잃고, 가족이 오히려 길가의 사람처럼 여기는 실정, 삼강오상三綱五常이 유지되지 못하고 형정刑政이 법제화되지 못한 상황에서, 향약이 비록 아름다운 것이라 하더라도 그것의 시행이 무용無用함을 말하여, 향약시행을 보류할 것을 주장했습니다. 율곡은 경제에 있어서 생민의 문제를 근본명제로 삼고, 경제와 윤리 '양자의 구족을 이상'으로 삼았습니다.

민중의 입장에선 오히려 양민養民을 교민敎民에 우선하는 관점에 서고 있습니다. 하지만 인간의 윤리를 도외시한 경제는 동물들의 그것에 불과한 것이므로 정치에 있어 양민과 교민이 구족됨을 이상으로 삼은 것입니다. 아울러 그는 『성학집요』에서 '천자의 부富는 사해四海에 간수看守'하

314) 유승국, 「유학의 근본과 현대」, 『동양철학논고』, 성균관 양현재, 141쪽.

고, '제후의 부는 민중에게 간수'하니, 창고倉庫와 부고府庫를 설치하여 공공의 물품을 사사롭게 축적하지 못하게 했습니다.

즉 국가재정의 공공성公共性을 주장하고, 비록 군주라 하더라도 사사롭게 축적을 하면 이利를 취하는 것이기 때문에 이원利源이 한번 열린다면, 모든 신하들이 제각기 다투어 그쪽으로 기울어져 못할 일이 없을 것이라 했습니다. 따라서 내탕사內帑司와 내수사內需司를 호조戶曹에 부속시켜 국가 공공의 비용으로 삼고 사재私財로 삼지 말아서 일호一毫의 이익도 취함이 없음을 보여줘야 한다고 했습니다.

이는 공公과 사私의 엄격한 구별을 통해 경제적 정륜正倫을 세우려는 것이고, 국가 재정의 사용화私用化를 배격함으로써 그의 민주적인 경제관과 합리적인 재정관을 볼 수 있습니다. 그렇다면 양민을 위한 구체적인 방법은 무엇일까요? 세 가지로 나눠볼 수 있습니다. 첫째, 생산의 장려와 국부國富의 증대입니다. 율곡은 국부의 중요성을 인식하고, 농민의 생산성 증대를 위한 의욕 고취와 여건조성을 주장했습니다.

당시 각종 제도의 모순이 경제 파탄의 원인이라 진단하고, 시폐개혁時弊改革을 통해 농업생산성을 높이는데 전념할 수 있는 여건 조성을 강조했습니다. 또한 중한 세금으로 황무지를 개간하지 못하는 폐단을 지적하고, 묵은 밭을 기경起耕케 하여 세금을 거두게 함으로써 민생과 국용國用의 유익함으로 도모코자 했습니다. 이는 농업생산의 장려와 민생안정 그리고 국가재정의 충실이란 면에서 유익한 대안이었습니다.

둘째, 형평원리에 입각한 경제적 분배를 주장했습니다. 율곡은 상소문인 「의진시폐소擬陳時弊疏」를 통해 어용御用을 감減하여 민력을 펴주어야 하고, 손하익상損下益上의 모순을 손상익하損上益下로 전환하는 것이 급선무라 했습니다. 또 『만언봉사』에서는 열읍列邑의 물산유무物産有無, 전결田結의 다소多少, 민호民戶의 성쇠盛衰를 조사하여 양정量定에 따라 한 결같이 공평해야 함을 주장했습니다.315)

『동호문답』에서도 역사役事가 고르지 못한 폐단을 지적하면서, 우락憂樂의 같지 않음을 시정함에 있어서, 절장보단絶長補短을 통한 고헐苦歇316)의 평등을 주장했습니다. 이와 같이 율곡은 생민의 입장에서 '손하익상'의 전도된 윤리를 '손상익하'의 평등윤리로 시정코자 했던 것입니다. 이는 '적은 것을 걱정하지 말고 고르지 못한 것을 걱정하라.'는 사상을 계승인 것이며 공자의 인도人道정신과 부합되는 것입니다.

셋째, 율곡은 소비윤리로서의 절검을 강조합니다. 『만언봉사』에서 사치가 당시보다 심한 적이 없다면서, 식사는 배를 채우기 위함이 아닌, 상을 채워 자랑삼으며, 한상의 비용이 주린 자 몇 달 양식이 될 만하니, 열 사람이 밭을 갈아 한 사람 먹이기에도 부족하거늘, 밭을 가는 자는 적고 먹는 자는 많으니, 가난한 것으로 진단했습니다. 따라서 「의진시폐소」에서 사치와 낭비를 줄여 '재정을 확충'해야 함을 역설했습니다.

또 「옥당진시폐소玉堂陳時弊疏」에선 절검節儉을 숭상함으로써 민력을 펴줘야 한다면서, 당시 국가재정은 고갈되고 민비民費가 극심하여 지출이 수입보다 많고, 불요불급不要不急한 지출은 결국 횡렴橫斂을 초래함으로써 국가와 민중이 동시에 궁핍하게 되었다고 보았습니다. 이를 구제하는 길은 오직 절용節用에 있고, 절용의 방법은 숭검崇儉에 있다고 했습니다. 따라서 '조정에서의 솔선수범'을 강조했습니다.

315) 이렇게 되면, 반드시 방납(防納)의 폐단이 사라질 것이라고 보았다.

316) 병이 더하였다 덜하였다 하며 오래 앓는 일을 말한다.

조정의 솔선수범率先垂範은 소위 감어용이서민력減御用以舒民力을 뜻합니다. 즉 '군주의 예산을 줄여 민력民力을 펴야 한다'는 민본적 재정관이 그것입니다. 이처럼 율곡의 경제사상은 인도仁道 내지 인도人道정신에서 비롯됩니다. 그것이 구체적으론 민중에게 수혜受惠되어질 방법과 실천의 문제로까지 전개됩니다. 그리고 율곡의 경제사상은 18세기 이후, 실학實學의 발흥發興에 지대한 영향을 주었습니다.317)

5) 교육사상

율곡은 철학은 물론 정치, 교육에 관해 많은 이론을 제시했습니다. 그는 교육의 이론만이 아닌 스스로 스승의 입장에서 교육을 실천한 교육자이기도 합니다. 율곡의 교육사상은 『격몽요결』, 『학교모범』, 『동호문답』, 『시정사학도示精舍學徒』, 『은병정사약속隱屛精舍約束』, 『은병정사학규隱屛精舍學規』 등을 통해 살펴볼 수 있는데, 교육목표로부터 교육동기, 인간상, 가능성, 과정, 방법, 교사론 등을 살펴보겠습니다.

율곡은 『동호문답』에서 민중을 잘 기른 다음엔 교화敎化를 베풀어야 하는데, 교화를 베푸는 방법은 학교가 가장 중요하다고 했습니다. 아울러 『격몽요결』 서문에선 사람이 이 세상에 태어나 학문學問이 아니면 사람 노릇을 할 수 없다면서, 사람이 될 수 있는 조건이 곧 학문이라 했습니다. 이른바 학문이란 이상하고 별난 물사物事가 아닙니다. 다만 부모는 마땅히 자애로워야 하고, 자식은 마땅히 효도해야 합니다.

또 신하는 마땅히 충성忠誠해야 하고, 부부 간엔 마땅히 유별有別하며,

317) 남상락(1971), 「한국 실학사상의 철학적 고찰」, 성균관대학교 대학원, 석사학위논문, 27쪽.

형제는 마땅히 자애로워야 하며, 젊은이는 마땅히 어른을 공경해야 하고, 친구 사이는 마땅히 신의信義가 있어 일용日用의 모든 일에 따라 각각 그 마땅함을 얻을 뿐입니다. 율곡의 학문 개념은 우리의 일상을 떠난 현학적玄學的이고 고원高遠한 것이 아닙니다. 그저 날마다 쓰는 일용에 있어서 각기 그 마땅함을 얻는 것에 지나지 않습니다.

또한 『경연일기』에서 소위 학문學問이란 단정하게 우뚝 앉아서 종일 독서만 하는 것이 아닌, 일용처사日用處事에서 하나씩 이치에 맞게 터득하는 것이라 했습니다. 따라서 율곡이 말하는 학문이란 단순한 지적知的 수수授受가 아닌, '일용처사에서 합리적인 생활을 하는 것'입니다. 즉 율곡의 교육사상 목표는 다름 아닌 도道에 있습니다. 예컨대 집에선 부모님께 효도孝道하고, 밖에선 어른에게 공순하게 합니다.

거처할 때는 공손하고, 일을 할 때는 경건하며, 남을 대할 때는 충忠으로, 이득을 볼 때는 의리義理를 생각할 뿐입니다. 위에서 말한 '학문學問이 곧 도道의 이해와 실천'입니다. 율곡은 『학교모범』에서 제1조 입지立志를 설명하면서, "배우는 사람은 먼저 뜻을 세워야 하고, 도道로써 자신의 임무로 삼아야 한다."고 말했습니다. 즉 도道는 높고, 먼 것이 아닌데도 사람들이 스스로 행하지 않는다고 한 것입니다.

말하자면 배우는 뜻, 교육의 목표가 바로 도道에 있음을 분명히 한 것입니다. 도道란 것은 나를 떠날 수 없는 것입니다. 배우는 사람(學者)이 마음을 항상 도道에 둔다면, 오래 쌓이게 됨에 따라 반드시 그 현저한 효과가 있어, 심지心志가 안으로 정착될 뿐 아니라 용모와 사기士氣 또한 종전보다 달라진다고 본 것입니다. 그러므로 학자는 성심誠心으로 도道에 마음을 두면서 세속의 잡된 일을 멀리해야 합니다.

그래야 뜻을 어지럽히지 않아 학문을 할 수 있는 기초가 마련되기 때문입니다. 다시 말해 학문하는 사람은 한결같이 도道에 마음을 쏟아야지, 외물에 마음을 빼앗겨선 안 된다는 것을 『격몽요결』에 적시했습니다. 한마디로 율곡의 교육 목표는 도道에 있습니다. 그렇다면 교육의 동기는 무엇일까요? 율곡은 입지立志로 설명합니다. 개인의 인격수양이나 군주의 자질함양에 있어서도 먼저 할 것이 입지인 것입니다.

따라서 교육에 있어서도 뜻을 세우고 뜻을 갖추는 것이야 말로 성패를 좌우한다고 보았습니다. 그는 『격몽요결』에서 "처음 배움에는 모름지기 입지를 먼저하고, 반드시 성인이 되기를 스스로 기약해야 한다."고 했고, 『자경문自警文』에서도 제1조에 "먼저 모름지기 그 뜻을 크게 하고, 성인聖人으로서 준칙準則을 삼아야 하며, 일호一毫라도 성인에 미치지 아니하면 나의 일이 끝난 것이 아니다."라고 하였습니다.

또한 『성학집요』에서도 "학문에는 입지立志보다 선행할 것이 없다."고 하여 입지를 강조했습니다. 여기서 지志란 의意가 정해진 것이요, 의意란 지志가 아직 정해지지 않은 것입니다. 따라서 의지意志라고 하지만, 의意보다 지志가 마음의 지향성을 더욱 뚜렷이 한 개념입니다. 지志란 마음이 가는 바로서, 선善으로 가고, 악惡으로 가는 것이 모두 지志인 것입니다. 지志는 기氣를 통솔統率합니다.318)

318) 지(志)가 한결 같으면 기(氣)가 움직이지 않음이 없다. 그러므로 뜻을 세우는 것이야 말로 교육에 있어 근본적인 동기가 되어 교육의 활력을 불어넣는 계기가 되고, 교육의 성패를 좌우하게 된다.

(1) 인간상

율곡에 있어 인간상人間像은 무엇일까요? 성인聖人입니다. 앞의 입지에서도 보았듯 그가 뜻을 세움에 반드시 성인을 일컫고 있음을 볼 수 있습니다. 본래 유가철학에선 바람직한 인간의 모습을 '성인'과 군자君子, 사士, 대장부大丈夫 등 다양하게 설명하지만, 율곡은 주로 성인聖人과 진유眞儒, 도학지사道學之士로 논합니다. '진유'나 '도학지사'가 교육적 인간상이라면, '성인'은 이상적 인간상이라 할 수 있습니다.

가까이는 진유眞儒가 되길 바라지만, 멀리는 성인聖人에 이르길 기대합니다. 율곡에 있어 성인이란 중인의 준칙準則이며, 천리에 따라 성誠의 온전함을 품득稟得한 사람입니다. 따라서 성인의 덕은 하늘과 더불어 하나가 되므로 신묘불측神妙不測한 것이고, 힘쓰지 않아도 들어맞고, 생각하지 않아도 얻으며, 작위하지 않고도 모두가 규구規矩에 척척 맞는 것이며, 동용동작動容動作이 모두 예에 맞는 것입니다.

따라서 천도天道의 온전함을 인간으로서 체득한 이가 성인聖人입니다. 성인은 천인합일의 구체적 현현顯現이라 하겠습니다. 성인은 율곡에게 있어 인간의 표준으로서 인극人極이요, 진리로서의 태극이며, 교육이 지향해야 할 교육적 인간상입니다. 그렇다면 이런 교육의 가능성은 어디서 비롯되는 것일까요? 율곡은 『격몽요결』에서 두 가지 측면에서 설명합니다. 하나는 맹자가 말한 인간의 성선性善 가능성입니다.

대개 중인과 성인은 본성이 다르지 않습니다. 비록 기질은 청탁수박淸濁粹駁의 다름이 없지 않으나, 진실로 알고 실천하여 그 구습舊習을 버려 본성을 회복한다면, 터럭만큼도 보태지 않고도 온갖 선善함이 갖추어질 수 있을 것으로 봅니다. 인간의 타고난 본성이 본래 선하기 때문에 그것을 가리고 있는 요소만 제거한다면, 본성은 회복될 수 있는 것입니다. 교육이 가능한 또 하나의 이유는 기질변화 가능성입니다.

사람의 기품은 청탁淸濁이 있으나, 몸과 마음을 닦으면 본선本善의 성이 회복될 수 있습니다. 또 마음은 허령통철虛靈洞徹하여 온갖 이치를 갖추고 있어 탁한 것은 변하여 맑게 할 수 있고, 박駁한 것은 변하여 순수하게 할 수 있습니다. 그러므로 수위修爲의 노력이 필요한 것입니다. 이와 같이 율곡은 인간의 본래적인 성선性善과 기질의 변화 가능성을 긍정함으로서 교육의 가능성을 분명히 해주고 있습니다.

(2) 교육과정

율곡의 교육사상에서 일종의 교육과정에 속하는 문제를 검토해 보겠습니다. 율곡은 『격몽요결』에서 공부하는 내용과 순서에 대해 자세히 서술하고 있습니다. 먼저 『소학』을 읽고, 후에 『대학』과 『대학혹문大學或問』, 『논어』, 『맹자』, 『중용』의 사서四書를 공부한 다음, 『시경』과 『서경』, 『예기』, 『춘추』, 『주역』의 오경五經을 공부하게 합니다. 그리고 송대 선유先儒의 『근사록近思錄』과 『가례家禮』를 듭니다.

아울러 『심경心經』과 『이정전서二程全書』와 『주자대전朱子大全』, 『주자어류朱子語類』 및 다른 성리설을 공부하고, 남는 힘이 있으면 역사에 관한 공부를 합니다. 하지만 이단異端이나 그 밖의 잡류雜類의 부정한 서적들은 읽지 말라 했습니다. 또한 『학교모범』에선 『소학』을 먼저 배워 근본을 배양하고, 다음에 『대학』과 『근사록』으로 그 규모를 정하고, 그 다음에 『논어』와 『맹자』 등 사서四書를 읽습니다.

이후에 오경五經을 읽고 『사기史記』와 선현의 성리서를 간간이 읽어,

의취意趣를 넓히고 식견을 정밀하게 해야 합니다. 아울러 성인의 글이 아닌 것은 읽지 말고, 무익한 글도 보지 말라 했습니다. 이는 대체로 조선시대의 유교적인 교육과정 때문이기도 하겠으나, 『학교모범學校模範』 만큼은 왕명에 의해 선조에게 올린 것으로, 학령學令의 미비점을 보충케 하여 후일 성균관 『태학지太學志』에도 실렸습니다.319)

(3) 교육방법

율곡은 『자경문自警文』에서 수양공부는 늦추지도 말고 급히 하지도 말며, 죽은 뒤에나 그만두는 것이라 했고, 『격몽요결擊蒙要訣』에선 거경居敬으로써 근본根本을 세우고, 궁리窮理로써 선善에 밝으며, 역행力行으로써 실제를 행하는 것이니, 이 세 가지는 일생동안의 일이라 했습니다. 이와 같이 학문 내지 교육은 일정한 교육기간 동안만 국한되는 것이 아닌, '죽을 때까지 멈추어서는 안 된다'고 했습니다.

이는 오늘날의 평생교육과도 같은 방법입니다. 앞에서 이미 거론했지만 율곡에 있어서 학문이란 곧 사람됨인데, 그 사람됨은 죽을 때까지 잠시도 쉴 수 없기 때문입니다. 율곡은 『성학집요聖學輯要』에서 교육방법으로 지행병진知行竝進을 강조합니다. 지知와 행行이 비록 선후로 나눠지나 실제론 일시에 병진竝進합니다.320) 따라서 궁격窮格과 천리踐履는 비록 두 가지 공부일지라도 모름지기 병진해야 합니다.

이런 관점에서 그는 마음과 행동이 같지 않으면, 이미 유자儒者가 아니

319) 손인수(1991), 「율곡의 교육사상 연구」, 『율곡사상과 현대사회』, 율곡학회, 126쪽.

320) 지(知)로 말미암아 행(行)에 도달하기도 하고, 행(行)으로 말미암아 지(知)에 도달하기도 한다.

라고 했습니다. 이와 같이 앎과 행함, 지와 행을 아울러 중시하는 율곡의 교육방법은 오늘날에도 매우 중요한 의미를 갖습니다. 또 그는 상벌을 통한 교육의 효율성을 높이고자 했습니다. 그는 『은병정사약속隱屛精舍約束』에서 만일 재齋에 있을 때만 근칙謹飭하고, 귀가歸家해서는 태만한 사람이 있다면, 벗들이 서로 바로 잡아줘야 합니다.

그럼에도 고치지 않으면 스승에게 고하여 경계하고, 그래도 개선이 없으면 곧 재齋에서 내쫓아야 한다고 했습니다. 아울러 재생齋生이 과실을 범할 경우, 당장堂長이나 장의掌議, 유사有司 등이 재중齋中에서 논의해 가실의 경중에 따라 출좌(黜座, 쫓아냄) 혹은 면책免責해주고, 1년에 두 번이나 출좌를 당하고도 오히려 고치지 아니하면, 출재(黜齋, 재에서 퇴거시키는 것으로 퇴학과 같음)한다고 했습니다.

『학교모범』에서도 이런 상벌규정을 제시하고 있는데, 본심을 잘 간직하고 몸을 잘 단속하여 모범을 준수하고, 학문이 성취되어 뛰어나게 칭찬할만한 사람이 있으면, 회의 때 모두에게 물어 승락을 얻으면 선적善籍에 기입합니다. 이 가운데 더욱 뛰어난 사람이 있으면 그 실상을 갖추어 단자單子를 올려 권장의 뜻을 보여야 합니다. 상벌의 적정한 시행을 통해 교육의 성과를 제고提高하려는 의도를 엿볼 수 있습니다.

『은병정사학규隱屛精舍學規』에선 전인교육 차원에서 생활지도의 중요성에 대해 이처럼 설명합니다. 예컨대 매일 5경五更에 일어나 침구를 정돈하고, 나이 적은 사람은 비를 들고 방안을 쓸며, 재직齋直을 시켜 뜰을 쓸게 한 다음, 모두 세수를 하고 머리를 빗고 의관을 바로 잡고 나서 글을 읽는다고 규정하고 있습니다. 책상, 책, 붓, 벼루 같은 물건은 모두 제자리에 정돈해 두어, 혹시라도 어지럽지 않아야 합니다.

글을 쓸 때는 반드시 또박 또박 반듯하게 써야지 휘갈겨 쓰면 안 되며, 벽이나 창, 문에다 낙서를 해서도 안 된다고 했습니다. 이 밖에도 많은 양의 학규가 규정되어 있는데, 이는 현대교육이 지나치게 지식교육에 편중되어, 전인교육 내지 심성교육에 소홀한 것에 비추어 볼 때, 심성교육 내지 생활교육의 중요성을 일깨워준다 하겠습니다. 그런가 하면 『동호문답東湖問答』에선 교육정책에 관해 대안을 제시했습니다.

특히 그의 교사론教師論은 오늘날에도 음미해 볼 가치가 있습니다. 그는 당시 교사제도의 모순에 관해 지적하길, '지금은 훈도訓導를 지극히 천한 소임所任으로 생각해 반드시 가난하고 재산이 없는 사람을 구해 그 자리를 주어 그것으로 기한飢寒이나 면하게 하고, 훈도薰陶가 된 사람은 한갓 교생敎生을 침탈侵奪하여 자기만 살찌게 할 뿐이니, 이런 형편에서 누가 교육이 무엇인지를 알겠느냐'고 반문합니다.

당시 교사가 밥벌이의 수단으로 전락된 현실을 비판하고 있는 것입니다. 따라서 교화의 방법은 올바른 교사 선발입니다. 이에 대한 방법론은 『학교사목學校事目』에서 제시했습니다. 교육에 있어 교사의 역할이 얼마나 중요한지에 대해선 오늘날도 다르지 않습니다. 율곡은 일찍이 교화의 첩경이 교육에 있고, 교육의 성공은 역시 교사제도의 확립에 있음을 명확히 일러줬습니다. 그의 탁견卓見을 확인할 수 있습니다.

이상의 논구論究에서, 그의 교육사상은 시대적 한계에도 불구하고 객관적 의미를 갖기에 충분합니다. 그의 도道로 표현된 교육목표, 교육동기로서의 입지立志, 성선과 기질변화의 가능성, 평생교육이념, 지행병진, 상벌제도, 전인교육 강조 등 다양한 교육방법 그리고 그의 교사론 등은 현대교육이 나아가야 할 방향을 제시해 주고 있을 뿐 아니라, 문제해결에도 중요한 시사를 한다는 점에서 의의가 있다 하겠습니다.

6) 윤리사상

유가철학의 내면에 윤리倫理, 도덕道德의 문제가 내재되어 있음은 논의의 여지가 없습니다. 율곡 철학사상에서도 윤리로부터 실천에 이르기까지 망라하고 있습니다. 율곡은 수기修己의 목표를 성인聖人에 두고 있습니다. 그는 『자경문自警文』에서 "먼저 그 뜻을 크게 하여 성인聖人을 준칙準則으로 삼아야 한다."라고 했고, "조금이라도 성인聖人에 미치지 못하면 내 할 일이 끝난 것이 아니다."라고 했습니다.

『격몽요결』에서도 반드시 성인聖人이 되길 스스로 기약해야 한다고 강조했습니다. 즉 수기修己 내지 수양修養의 목표가 성인됨에 있는 것인데, 성인은 중인의 준칙으로서 윤리도덕의 표준이었던 것입니다. 그럼 성인이 되기 위한 공부는 어떻게 해야 할까요? 율곡은 거경居敬, 궁리窮理, 역행力行을 제시합니다. 궁리는 치지致知의 문제이므로 여기서는 논외로 하고 거경과 역행을 중심으로 살펴보겠습니다.

율곡의 수양론은 대체로 경敬보다 성誠을 더 중시합니다.321) 그것은 '성'과 '경'의 관계를 체용體用 내지 본말本末의 관계로 보는 데서 기인합니다. 율곡에 의하면, "경敬으로 말미암아 성誠에 이른다."고 하고, "성誠은 경敬의 본원이고, 경敬은 성誠으로 돌아가는 용공用功이다."라고 했습니다. 이렇게 보면, 성誠은 곧 경敬의 목적이 되고, 경敬은 성誠에 도달하

321) 채무송(1973), 「퇴율 성리학의 비교연구」, 『율곡사상논문집』, 율곡문화원, 2쪽.

기 위한 '방법적 의미'를 갖게 됩니다.

하지만 성誠과 경敬은 동의적同義的 관계에서 수양론적 의미로 사용되기도 합니다. 즉 경敬과 함께 성誠도 방법적 의미로 사용되는 경우인데, 성의誠意, 성지誠之, 실심實心이 바로 경敬과 같은 의미로 사용되는 경우입니다.322) 율곡은 성체경용誠體敬用으로 '성'을 '경'보다 우위에 놓고 있지만, 여기선 『만언봉사』, 『성학집요』의 체계에 따라 성의誠意, 정심正心까지를 거경에 포함하여 설명코자 합니다.

먼저 거경居敬으로서 성의誠意에 관해 보겠습니다. '성의'란 뜻을 참되게 하는 것으로 성지誠之와 같고, 경敬과 같습니다. 율곡은 성誠은 진실하여 거짓이 없는 것을 의미하고, 실리實理의 성誠과 실심實心의 성誠이 있으니, 이를 알면 성誠을 논할 수 있다고 했습니다. '실리의 성誠'은 천도天道 본연의 체體로서 성誠이고, '실심의 성誠'은 인도人道로서 성지誠之, 곧 성의를 의미하는 것입니다.

따라서 성의誠意는 수기치인修己治人의 근본이 됩니다. 만일 뜻에 성誠이 없으면 뜻이 제대로 설 수 없고, 이理에 성誠이 없으면 이理가 궁구될 수 없는 것이며, 기질에 성誠이 없으면 기질이 변화될 수 없는 것입니다. 그것은 일심一心이 참되지 아니하면 만사萬事가 모두 거짓이어서 어디를 가도 행할 수 없고, 일심一心이 진실로 참되면 만사萬事가 모두 참이어서 무엇을 해도 이룰 수 있기 때문입니다.

그런데 '뜻을 참되게 한다'는 것은 곧 '뜻을 세우는 것'이 관건입니다. 그래서 율곡의 수기론修己論에선 입지立志의 문제가 큰 비중을 차지합니

322) 김태영(1988), 「退栗 誠敬思想 硏究」, 충남대학교 대학원, 박사학위논문, 128쪽.

다. 그는 『성학집요』, 『격몽요결』, 『만원봉사』, 『학교모범』, 『자경문』 등 그의 저술 곳곳에서 입지立志를 강조하고 있습니다. 학문을 함에도 '입지'가 우선돼야 하고, '수기'에도 '입지'가 우선돼야 하며, 정치에 있어서도 군주의 '입지'가 치란治亂의 열쇠가 된다고 했습니다.

그럼에도 입지立志, 즉 '뜻을 세우지 못하는 이유' 가운데 요인들을 살펴보면 누구나 성인聖人이 될 수 있음을 믿지 않는 불신不信과 알지 못하는 부지不智, 용기가 부족한 불용不勇에 있다고 봤습니다. 여기서 뜻을 세우려면 어떻게 하면 될까요? 율곡에 의하면, 성誠하면 뜻이 저절로 서는 것은 물론 경敬으로 이를 잘 잡아야 합니다. 여기서 성誠은 성지誠之로 참되고자 하는 실심의 노력을 의미합니다.

그리고 뜻을 참되게 하는 성의聖意에 경敬이 또한 요구됩니다. 성의聖意와 경敬은 일면 상통되면서도 이 경우처럼 경敬이 성의聖意의 방법적 의미로 사용되는 때도 있습니다. 이제 '거경居敬에 관해 살펴'보겠습니다. 율곡은 경敬은 성학의 시종始終이라 하고, 시작은 수렴收斂, 끝은 정심正心으로 설명하고 있습니다. 수렴이란 초보단계의 경敬을 의미하는데, 『소학』에서의 경敬을 수렴이라 했습니다.

그리고 수렴에 관해서도 '몸가짐을 수렴하는 것', '언어를 수렴하는 것', '마음을 수렴하는 것'으로 나누어 설명합니다. 또 끝맺음으로의 경敬은 정심正心인데, 이는 다시 '미발시未發時의 함양'과 '이발시已發時의 성찰'로 구별합니다. '미발시의 함양'이란 사려가 없으면서도 또렷또렷하여 조금도 어두움이 없는 상태를 유지하는 것이고, '이발시의 성찰'은 '손님과 주인, 본줄기와 곁가지를 변별하는 것'을 이릅니다.

이는 기미幾微의 선악善惡을 살펴 천리天理를 보존하고 인욕人欲을 막으려는데 있습니다. 이와 같이 수렴은 방법이고, 수렴의 결과가 정심正心이기 때문에, 수렴은 경敬의 시작이고, 정심正心은 경敬의 끝이라 했습니다. 유의해야 할 것은 율곡은 초보적인 『소학』에선 먼저 수렴을 하고 궁리를 하는 것이지만, 『대학』에선 먼저 격치와 궁리가 된 후에 수렴을 해야 함으로,323) 수준에 따라 궁리와 거경을 달리합니다.

다음은 '역행力行'에 관해 살펴보겠습니다. 궁리와 거경, 성의의 궁극점은 실천에 있습니다. 실천없는 궁리, 거경, 성의는 거짓일 뿐입니다. 율곡에 의하면, 역행力行은 극기하여 기질의 병을 다스리는 것입니다. 유연한 사람은 강직하게 하고, 무능한 사람은 고쳐 자립하게 하며, 엄한 사람은 인화人和로 조절하고, 성급한 사람은 관용으로 조화하며, 욕심이 많은 사람은 맑게 하여 반드시 청정淸淨에 이르게 합니다.

그리고 사사로운데 치우치면 이를 바로 잡아 반드시 크게 공정한데 이르게 하여, 스스로 힘을 써서 아침저녁으로 게을리 하지 않는 것입니다. 따라서 역행力行은 결국 교기질矯氣質의 문제가 됩니다. 사람은 기품이 혹 맑고 혹 탁하여 반드시 몸과 마음을 닦는 이른바 '수위修爲'의 노력을 한 후에야 본선지성本善之性으로 돌아갈 수 있습니다. 따라서 기질을 고친다는 것은 결국 '본선지성을 회복하는 것'입니다.

그렇다면 기질을 고치고 본성을 회복함은 어떻게 가능할까요? 율곡은 일면 기氣의 유위성有爲性에서 찾고, 일면 인성의 본성에서 찾습니다. 기질을 고칠 수 있음은 기氣의 유위성, 즉 능동성, 변화가능성에서 가능합니다. 또한 본성으로의 회복은 본성 자체가 선善하므로 이것을 가리고

---

323) 김태영(1988), 「退栗 誠敬思想 硏究」, 충남대학교 대학원, 박사학위논문, 107쪽.

있는 기氣를 제거하면 본성은 언제나 드러날 수 있습니다. 하지만 교기질矯氣質과 복기성復其性은 둘이 아닌 하나입니다.

이렇게 볼 때, 율곡의 윤리사상은 '성인聖人을 목표'로 삼아 '거경(誠意)'과 '정심正心', '역행(力行, 교기질矯氣質)'이 중심 내용으로 되어 있습니다. 즉 성誠과 경敬, 행行이 상호 일관되는 수양론의 체계가 됩니다. 특히 이런 수양의 근본으로 입지立志를 강조하고, 인간의 기질변화의 가능성을 명백히 한 것은, 수양에 있어 인간의 주체성을 매우 중시한 것으로 볼 수 있습니다. 이는 오늘날에도 의미가 크다 하겠습니다.

3. 파주 자운서원은?

- 위치: 경기도 파주시 법원읍 자운서원로 204
- 문화재 지정: 경기도 유형문화재 제77호

자운서원紫雲書院은 율곡栗谷의 학문과 덕행을 기리기 위해 1615년(광해군 7)에 지방 유림儒林의 공의로 자운서원로에 창건하여 위패를 봉안하고 있습니다. 1650년(효종 1)에 '자운紫雲'이라 사액되었으며, 이후 사계沙溪 김장생(金長生, 1548~1631)과 현석玄石 박세채(朴世采, 1632~1695)를 추가 배향하여 선현 배향과 지방교육의 일익을 담당했습니다. 이른바 '사액서원'임에도 1868년(고종 5) 대원군大院君의 '서원철폐령으로 훼철'되고 말았습니다.

자운서원

이에 따라 위패는 매안埋安하고, 서원터에 설단設壇하여 향사享祀를 지냈습니다. 이후 1969년에 지방 유림의 기금과 국비 보조로 복원하고 1976년에 보수를 했습니다. 경내 건물로는 사우祠宇와 강인당講仁堂, 입지재立志齋, 수양재修養齋, 내삼문內三門과 외삼문外三門, 묘정비廟庭碑가 세워져 있습니다. 사우엔 율곡을 주벽主壁으로, 좌우에 사계 김장생과 현석 박세채의 위패가 봉안되어 있습니다.324)

324) 서원의 좌측엔 율곡과 양친의 묘소가 있고, 근처에 경기도 교육청에서 설립한 율곡교육원이 자리하고 있다.

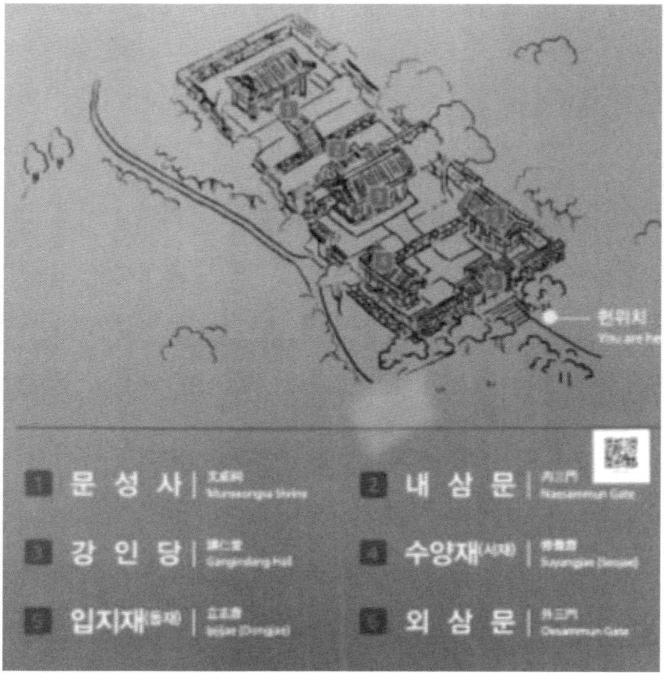

자운서원 배치도

외삼문(外三門)인 자운문(紫雲門)

자운서원 강당인 강인당(講仁堂)

입지재(立志齋, 東齋)

수양재(修養齋, 西齋)

문성사로 들어가는 내삼문(內三門)

자운서원의 사당인 문성사(文成祠)

자운서원묘정비(紫雲書院廟庭碑)

비문碑文은 우암尤庵이 쓴 것입니다.

신도비각(神道碑閣)

신도비엔 율곡의 일대기가 기록되어 있습니다.

X 서애 류성룡과 병산서원

1. 서애 류성룡의 삶

류성룡(柳成龍, 1542~1607) 선생의 자字는 이견而見, 호號는 서애西厓입니다. 본관本貫은 풍산豊山, 시호諡號는 문충文忠입니다. 그는 외가인 의성군 사촌沙村, 조상은 안동부 풍산현의 토성으로, 간성군수 류공작柳公綽의 손자, 황해도 관찰사를 역임한 류중영柳仲郢의 차남으로 태어났습니다. 고려말기 사족士族으로 발전했으나, 그의 조부대祖父代에 이르러 '실직사족實職士族으로 성장'했습니다.

그의 5대조 류홍柳洪은 영남학파의 종장宗匠인 점필재佔畢齋 김종직金宗直의 고모부입니다. 그는 점필재와 교유하면서 대사간大司諫까지 역임하다 무오사화戊午士禍, 갑자사화甲子士禍 때 누차 투옥되기도 한 김계행(金係行, 1431~1517)의 사위입니다. 이처럼 사림파 가문과 누대에 걸쳐 혼인관계를 맺는 등 선초鮮初 이래 상승세에 있었던 그의 가문은, 서애로 하여금 가학家學을 이어서 학문에 천착穿鑿할 수 있었습니다.

학업이 거의 성취되던 21세 때 그는 도산陶山으로 퇴계를 찾아 『근사록近思錄』 등을 수학함으로써 학문이 완숙完熟 단계에 이르게 되었습니다. 또한 어릴 때부터 부친의 임소任所를 왕래하면서 행정의 실제를 접하고, 아울러 농촌의 실정과 민중의 생활상을 소상하게 관찰할 수 있었습니다. 이런 경험을 통한 서애의 학문은 관직 생활을 하는 동안 무엇보다도 중요한 바탕과 유용한 참고가 되었음은 물론입니다.

1) 관직생활

서애는 25세(1566년) 때 과거에 급제하여 승문원承文院의 권지부정자權知副正字로 관직 생활을 시작했습니다. 3년 뒤 공조좌랑工曹佐郎으로 재직하다 성절사 서장관聖節使書狀官으로 임명되어 북경北京을 가게 됩니다. 서애는 북경의 태학생太學生들과 학문에 대해 논하다 '누구를 도학道學의 종사宗師로 삼고 있느냐'고 물으니, 그들 가운데 왕양명(王陽明, 1472~1529)과 진백사陳白沙라고 답하는 사람이 있었습니다.

이에 서애가 이르기를, "백사(白沙, 이항복李恒福, 1556~1618)는 도道를 정밀하게 보지 못 했고, 양명陽明의 학문은 오직 선학禪學에서 나온 것이니, 어찌 설문청薛文淸의 순수한 정통 유학과 같을 수 있으리오."325)라고 했습니다. 이런 예문의 내용으로 보아, 그는 28세 이전에 이미 양명학에 대한 공부도 깊이 있게 하여 나름의 뚜렷한 비판 근거가 있었음을 확인할 수 있습니다. 31세 때는 '홍문관弘文館의 수찬修撰으로 재직'했습니다.

이후 정언正言과 이조좌랑吏曹佐郎에 오르고, 1571년(선조 4) 병조좌랑兵曹佐郎, 1575년(선조 8) 부교리副校理와 이조정랑吏曹正郎, 1577년(선조 10) 검상檢詳, 사인舍人, 응교應敎, 1579년(선조 12) 직제학直提學, 이조참의吏曹

325) 李埈, 『蒼石集』권17, 「西厓柳先生行狀」, 張3, 以聖節使書狀官赴帝都, 太學生數百人來觀之, 相與論學, 先生問中朝所宗師者何人, 有擧王陽明陳白沙以答者. 先生曰, 白沙見道未精, 陽明之學專出於禪, 豈若薛文淸粹然一出於正乎.

參議, 동부승지同副承旨 등을 두루 지냈습니다. 1581년(선조 14) 홍문관의 부제학副提學으로 있으면서 「무빙차십조無氷箚十條」를 올리고, 『대학연의大學衍義』를 초진抄進했으며, 이듬해 대사간大司諫을 지냈습니다.

또한 우부승지右副承旨와 도승지都承旨, 대사헌大司憲 등을 지내고, 1583년(선조 16) 왕명王命으로 『비변오책備邊五策』을 지었습니다. 이어 함경도 관찰사觀察使와 대사성大司成 등에 임명되었으나 모친의 병을 간호한다는 이유로 벼슬에 나서지 않았습니다. 그러다 1584년(선조 17) 예조판서禮曹判書에 올랐으며, 그 이듬해엔 『포은연보圃隱年譜』를 교정했으며, 1586년(선조 19)엔 '『퇴계선생문집退溪先生文集』을 편차編次'했습니다.

이후 형조판서刑曹判書와 대제학大提學, 병조판서兵曹判書 등을 거쳐 1590년(선조 23) 우의정右議政에 올랐으며 종계변무宗系辨誣의 공으로 광국공신光國功臣으로 책록되고, 풍원부원군豊原府院君에 봉해졌습니다. 이듬해 왜구의 침입에 대비, 권율權慄과 이순신李舜臣을 의주목사와 전라좌수사에 추천하는 한편 『제승방략制勝方略』의 분군법分軍法을 예전처럼 진관제도鎭管制度로 되돌릴 것을 주장했습니다.326)

2) 임진왜란기 활동

1592년(선조 25) 임진왜란이 일어나자 병조판서로서 군무軍務를 총괄하는 도체찰사都體察使의 직책을 맡았습니다. 이어 영의정領議政에 임명되어 군주의 피난길에 따라갔으나, 평양에 이르러 나라를 그르쳤다는 반대파의 탄핵을 받고 파직되었습니다. 하지만 다시 등용되어 왕명으로 명明

326) 서애는 광해군의 세자 책봉을 건의한 정철(鄭澈, 1536~1593)의 처벌이 논의될 때, '온건파인 남인'에 속해 '강경파인 북인'의 이산해(李山海, 1539~1609)와 대립했다.

의 장수인 임세록林世祿을 접대하고, 의주에선 두 차례 계啓를 올려 군사 모집과 화포제조, 난민亂民의 초무招撫 등을 건의했습니다.

평안도 도체찰사都體察使에 부임하여 명나라 장수인 이여송李如松과 함께 평양성을 되찾고, 이듬해 호서湖西와 호남湖南, 영남嶺南의 3도 도체찰사에 올랐습니다. 이후 이여송이 벽제관碧蹄館에서 대패하여 일본군과 화의和議를 모색하자, 이에 반대하면서 화기제조火器製造와 성곽수축城郭修築 등 군비확충과 군사양성을 주장했습니다. 환도한 뒤엔 훈련도감의 설치를 건의하고 다시 영의정에 올랐습니다.

1594년(선조 27)엔 「청훈련군병계請訓練軍兵啓」와 「청광취인재계請廣取人才啓」, 「전수기의십조戰守機宜十條」 등을 올려 전시戰時 대책과 시무책을 건의하고, 훈련도감訓鍊都監의 제조提調가 되어 『기효신서紀效新書』를 강해講解했습니다. 이후 4도의 도체찰사都體察使가 되어 경기도와 황해도, 평안도, 함경도의 군병을 교련하는 등 명明과 일본 사이에 강화 교섭이 계속되는 가운데서도 군비 보완에 힘썼습니다.

1597년(선조 30) 이순신이 탄핵을 받아 백의종군할 때, 그를 천거했다 하여 여러 차례 벼슬에서 물러났으며, 이듬해엔 조선과 일본이 연합하여 명明을 공격하려 한다는 명나라 경략經略 정응태丁應泰의 무고에 대해 명나라에 해명하지 않는다 하여 북인北人들의 탄핵을 받고 관작을 삭탈削奪 당했습니다. 1600년(선조 33) 회복됐으나 다시는 벼슬하지 않고 저술활동에만 전념했습니다. 1604년(선조 37) 다시 풍원부원군에 봉해졌습니다.

2. 서애 류성룡의 사상

1) 경제시책

서애의 경제시책은 대부분 임진왜란壬辰倭亂 과정에서 이반된 민심을 수습하고, 국가의 인적, 물적 자원을 수습하기 위한 방편이었습니다. 따라서 그는 임란에 공功을 세운 사람들에게 신분에 따라 수관授官과 면천免賤, 면역免役, 부과赴科 등 파격적인 포상제를 실시하고, 군사비 이외의 기출을 최대한 억제하여 공물貢物과 진상進上 등을 경감해주는 등 민중들에게 실질적인 혜택이 돌아가도록 했습니다.

이는 파탄과 와해된 민심을 수습해야 전쟁을 수행할 수 있다고 본 것입니다. 이런 전제 아래 문벌門閥에 관계없이 각 방면의 인재를 등용하며 인적자원, 즉 병력을 확보한 것입니다. 아울러 공물貢物과 둔전屯田에서 나오는 양곡糧穀과 노비의 신공身貢 등을 미곡米穀으로 대납代納하게 하고, 파격적인 포상을 대가로 모속募粟을 행하는 한편, 중국의 곡물을 사들이는 등의 방법으로 군량미를 확보했습니다.327)

2) 국방사상

서애는 가학家學과 퇴계退溪의 영향으로 정통 성리학적 경향이 두드러졌으나, 현실문제에 대한 학문도 외면하지 않았습니다. 따라서 정치와 경제, 행정, 군사 등의 실용적인 학문에도 해박한 지식을 갖게 되었습니

---

327) 이는 전시군량확보를 위한 응급책으로서의 성격을 지니지만, 한편으론 공물제(貢物制)의 폐단을 시정하고자 하는 의도(意圖)도 있었다.

다.328) 이는 서애가 국정 전반을 거의 독자적으로 이끌어 가면서 임진왜란을 승리로 끝낼 수 있었던 것도 이런 해박한 지식이 다양하게 갖추어져 있었기 때문입니다. 이를 몇 가지로 나눠 보면 이렇습니다.

첫째, 자주국방의 정신입니다. 서애는 명明의 원병援兵이 왜적에게 치명적인 타격을 주고 심리적으로 위축하게 하는 역할은 했지만, 장기전의 형태로 접어든 왜란의 해결을 그들에게만 의지할 순 없고, 결국 스스로의 힘으로 해결할 수밖에 없으며, 따라서 사력死力을 다하면 살아날 수 있다고 보았기 때문입니다. 또한 자주국방을 역설한 것은 '우리나라 사람들의 역량'이 본질적으로 '뛰어나다고 보았기 때문'입니다.329)

둘째, 군사제도 및 기구의 보완, 훈련강화입니다. 왜란 초기의 국방체계는 '제승방략制勝方略'330)이었는데, 이는 한 도道의 군사를 미리 순변사巡邊使와 방어사防禦使, 조방장助防將, 병사兵使, 수사水使들에게 분속시켰다가 변란이 발생하면 각관이 자기에게 소속된 군사를 조발調發하여 조정에서 보낸 장수의 명령에 따르게 하는 것입니다. 하지만 조정의 장수는 변란 시 대응할 만한 시간적 여유가 없습니다.

---

328) "요사이 류성룡을 오랫동안 부르지 않았는데, 지금처럼 인재가 많지 않은 때에 임금께서 돌보지 않고 버리시는 것은 어찌 된 일입니까. 그의 재주는 금전이나 곡식 등을 취급하는 일과 군사나 국방 등에 관한 일을 맡기시면 더욱 잘할 것 같습니다."(『宣祖實錄』권22, 21년 1월 壬辰條 및 『연려실기술』권18, 宣祖朝故事本末)라는 기록만으로도 서애의 학문적 조예를 짐작할 수 있다.

329) 서애의 몇 가지 주장을 들어보자. "만일 좋은 장수를 얻어 수만 명의 군사를 잘 훈련시키고, 그 대오를 밝게 하는 한편 이들을 한 마음으로 유지한다면 우리나라 군사들이 중국의 군사들보다 더 훌륭할 것입니다."(『선조실록』권45, 26년, 윤11월, 壬午條) "만약 재주를 비교한다면 중국의 병사들은 우리 병사들에게 반드시 지고 맙니다. 가령 산판을 오르내리거나 사격 등에 있어서 반드시 중국인들을 이깁니다."(『선조실록』권88, 30년, 5월, 丁巳條)

330) 조선전기 김종서와 이일이 야인의 침입에 효과적으로 대응하기 위한 함경도 8진과 이에 소속된 각 보의 방수에 대해 서술한 병서를 말한다.

가령 변란 시, 조정에서 보낸 장수가 도착하기도 전에 적은 민첩하게 움직여 목적을 달성하게 된다는 것입니다. 서애는 이런 제승방략의 허점을 보완할 수 있는 진영제도를 건의했습니다.331) 그리고 훈련도감을 설치해 군사훈련을 강화할 것을 건의했습니다. 일각에서 군사훈련이 시급하지 않다는 주장에 대해 무지의 소치로 단정하고, 군사를 훈련시키는 문제가 군사정책에 있어 큰 일 중 하나로 주장한 것입니다.332)

훈련강화의 목적은 정병精兵에 있습니다. 정병이 될 수 있는 가능성이 있다면 공사천인 등의 신분에 구속받지 않고 오직 능력 위주로 선발했으며, 능력이 뛰어난 사람은 관직을 주어 사기를 고취했습니다.333) 이와 함께 지방민을 모두 군대에 편성하는 속오군束伍軍을 조직했는데, 이는 종래의 양민만이 군역에 종사했던 것을 넘어 양반과 천인을 포함한 영營, 사司, 초哨, 기旗, 대隊, 오伍로 조직한 것입니다.

셋째, 새로운 전술의 개발입니다. 임란 때는 종전에 볼 수 없던 무기인 조총을 왜적이 갖고 있었습니다. 그 위력을 감소시킬 수 있는 대책이 필요했습니다. 서애는 우선 왜적의 신무기인 조총에 대해 깊은 관심을 가지고 조총을 제조하는 일을 계획하고,334) 노획한 조총을 수습하여 각 진의 군사들로 하여금 학습케 함과 동시에 파괴력이 뛰어나고, 정교한 무기개발에 유의하여 화전火箭과 화차火車를 보급시켰습니다.335)

---

331) 『西厓全書』권1, 「請修擧鎭管之制啓」.

332) 『선조실록』권53, 27년 7월, 己卯條. 『西厓全書』권1. 『懲毖錄』권4, 「芹曝集」.

333) 『서애전서』권1, 「乞抄擇精兵以爲後圖狀」.

334) 『서애전서』권1, 「記鳥銃製造事」.

335) 『서애전서』권1, 「請收學田寺位海澤田稅以補軍餉且多造火車以備戰用狀」. 『宣祖實錄』권45, 26년, 윤11월, 壬午條.

여기서 '화전'은 적敵이 조총을 발사할 때 다연발식으로 수천 개를 동시에 쏘아 적이 혼란에 빠지도록 공격하는 것이고, '화차'는 승자총통勝字銃筒 15개를 실어 동시에 발사시켜 탄환이 비가 내리듯 쏟아지게 하여 적을 혼란하게 하는 것입니다. 또한 적이 수전水戰에 약한 것을 미리 탐지하여 수전에 능숙한 사람을 수사水使로 임명하여 거제도에 웅거雄據한 왜적을 한산도 앞으로 유인하여 격파하기도 했습니다.336)

넷째, 전시비상체제 정비와 양향糧餉의 확보입니다. 당시 사회는 엄격한 신분제 아래에 있었기 때문에 인재의 활용이란 점에서 매우 취약했습니다. 하지만 미증유의 국난을 당해 이를 요소요소에서 대응할 인재가 필요했습니다. 그는 문지門地와 출신에 구애됨이 없이 능력 위주로 인재를 뽑아 써야한다고 주장했습니다.337) 이 광취인재廣取人才 논의도 전시비상체제하의 민심의 수습과 깊은 관련이 있음은 물론입니다.

그리고 군량, 즉 양향糧餉의 확보는 서애가 군사보다 더 중시했습니다. 즉 왜란이 발발한 직후부터 줄곧 깊은 관심을 갖고 이에 대한 확보에 직접 나서는 한편 구체적인 확보책을 개진한 바도 있습니다.338) 그의 양향책은 공물貢物이나 방물方物, 상번 군사의 호와 봉족奉足, 각사 노비의 신공身貢, 제색장인諸色匠人, 악생악공樂生樂工 등의 봉족을 모두 미곡米穀으로 바꾸어 납부하는 방법으로 대체했습니다.

이 밖에도 '관곡官穀에 대한 관리회계를 엄격히 시행해 관리의 농간을

336) 화포를 제작해 산성에 화포를 설치하기도 했고, 심지어는 성(城) 위에 가는 모래와 재를 준비했다가 공격해 오는 적의 눈(眼)에 뿌리게 하는 전술을 고안하기도 했다.

337) 『서애전서』권1, 「請廣取人才啓」.

338) 『서애전서』권1, 「軍門謄錄」, 移京畿黃海觀察使文.

방지하면서 전세수납을 철저히 하는 방법', '신분에 따라 파격적인 시상을 통해 모속募粟하는 방법', '의주중강義州中江의 개시開市로 중국 양곡을 우리의 은銀이나 소금과 바꾸는 방법' 등으로 해법을 찾았습니다. 이 가운데 공납을 쌀로 대신하는 헌의, 즉 국내에 있는 곡물을 활용하는 방법으로 제시한 것이 이른바 '공물작미의貢物作米議'입니다.[339]

3) 학문과 이기론

서애는 20세 이전, 학문으로 대성할 만한 자질과 그에 상응하는 노력이 있었고, 21세 때 퇴계를 만나면서부터 정통 성리학적인 학문의 세계에 깊이 몰두할 수 있었습니다. 사환仕宦 기간이 길어 학문의 세계에 더욱 깊이 몰두할 수 없었던 것이, 후학으로서 안타까울 정도로 학문을 좋아했습니다. 그는 기회 있을 때마다 사직의 상소를 올려 향리에서 조용히 학문의 세계에 침잠하고자 했던[340] 데서도 짐작할 수 있습니다.

이처럼 호학했던 그는 일찍부터 학문에 대한 포부가 있었습니다. 향시에 합격한 16세 때에 군위 남계의 천석泉石에서 배회음영徘徊吟詠하다, "내가 성문聖門에 올라 학문을 할 수 있었다면 적어도 단목 씨端木氏의 위

---

339) 이밖에 외국의 곡물을 무득(貿得)하는 방법으로 제시한 것이 이른바 '중강개시의(中江開市議)'이다. 한편 그가 제시한 '염철자련의(鹽鐵煮鍊議)'와 '설보둔전의(設堡屯田議)'는 양향(糧餉)의 확보는 물론 민심수습과 기민(飢民)을 구제하기 위한 방편이었다.

340) 관직이 높아질수록 사직의 상소를 올린 횟수가 많을 뿐만 아니라, 이런 사직도 겸사의 의미만 있는 것이 아닌, 실제로 물러나 학문에 침잠하려 했던 것을 확인할 수 있다. 1576년(선조 9) 이조정랑(吏曹正郎)을 사직하고 낙향하여 원지정사(遠志精舍)를 지은 것과 1586년(선조 19), 45세, 형조판서(禮曹判書)엔 휴가를 얻어 군위(軍威)의 선영(先塋) 곁에 남계서당(南溪書堂)을 짓고, 고향 마을엔 옥연서당(玉淵書堂)을 지어 종로(終老)의 계책을 삼은 것 등이 좋은 예라 할 수 있다.

치엔 오를 수 있었을 텐데."341)라면서 위연喟然342)히 탄식했다는 데서도 추측이 가능합니다. 즉 공자의 문하에 들 수만 있다면 단목사, 즉 자공子貢 정도의 학문엔 도달할 수 있었을 것이란 뜻입니다.

이는 서애의 학문 방법과 매우 깊은 관련이 있으면서 그의 학문 성격을 예고해 주는 것이기도 합니다. 서애는 지知와 행行 가운데 종래의 유학자들이 행行을 중시한데 비해 지知를 훨씬 높게 격상시켜 그 가치를 강조한 바 있고, 공자의 제자 중에 덕행으로 이름난 민자건閔子騫과 염백우冉伯牛, 중궁仲弓 등이 듣지 못한 공자의 종지宗旨를 통찰한 사람이 자공子貢이란 사실을 현언顯言한 바도 있습니다.343)

이는 자공이란 인물이 예지의 측면에서 나머지 세 사람보다도 뛰어났다는 것을 의미하는 것임과 동시에 서애가 추구하는 학문의 성격이 성인聖人의 경지에 들어서기 위해선 예지가 아니고선 불가능하다고 생각할 정도로 지知의 측면을 특히 강조하는 것임을 알 수 있게 합니다. 그가 '지행설知行說'의 뒷부분에서 "성현의 시종본말始終本末을 통관通貫한 것이 지知에 불과하다."344)고 한 것에서 확인할 수 있습니다.

그리고 서애가 강조한 지知는 옛 성현聖賢들이 말씀하신 지知의 본래 의미로 당시 선비들이 언어문자의 말폐末弊 속에서 논성논리論性論理하면서 스스로 지知라고 했던 것과는 전혀 다른, 즉 실천을 수반하는 진지眞知라고 주장함으로써 당시의 성리설이 공리공론空理空論의 조짐을 경

341) 『西厓全書』권1, 「年譜」, 下左.

342) 한숨을 쉬는 모양이 서글프게.

343) 『서애전서』권1, 「知行說」, 上右.

344) 『서애전서』권1, 「知行說」, 上右.

계했습니다. 그가 주장한 것은 이른바 '주지주의主知主義라고 명명'할 수 있을 정도의 뚜렷한 학설을 제기했던 것입니다.

그의 학문적 특징은 사색(思索, 학學에 대한 사思의 우위성 강조)과 신의(新意, 새롭고 창조적인 견해)라 할 수 있습니다. 즉 주지주의를 표방하면서 드러난 것입니다. 그런데 '예지' 또는 '진지'에 이르기 위해선 단순히 배우기만 하는 학學만으론 불가하므로 깊은 사색思索이 필요하다고 한 것이며, 또 이런 사색의 결과로 '경학이나 사학, 시문학, 제반시책' 등에서 새롭고 독창적인 견해가 나올 수 있었습니다.345)

이런 점에서 볼 때, 서애가 왜란 기간 동안에 펼쳤던 제반시책에서의 독창적인 견해들은 그의 학문 방법에서 도출된 것임을 알 수 있습니다. 지知의 측면을 특히 중시했던 점과 긴밀한 연관을 가지는 것입니다. 서애의 학문에서 중요하게 거론될 수 있는 또 다른 측면은 양명학陽明學에 대한 비판346)이라 할 수 있습니다. 양명은 이理가 만물에 있지 않고, 마음속에 있다고 생각해 선천적으로 구비된 것으로 봤습니다.

즉 선악의 판단력인 양지를 극진히 하면(致良知) 여타는 자통自通한다고 여겼으므로 자성과 개오開悟를 중시하고, 독서와 수양, 견문 등의 인위적인 노력을 부인했습니다. 서애는 이理는 만물에게 내재된 객관적 존재이므로 그것을 파악하기 위해선 독서와 수양, 견문 등 인위적 노력인 궁리를 해야 한다고 강조하고, 지식이 주관만으로 이루어진다는 육상산과 왕양명의 학설을 '불교의 선학과 같다'고 반박한 것입니다.

---

345) 『서애전서』권1, 「學以思爲主」.

346) 이와 관련된 서애의 글은 「主宰說」, 「知行說」, 「知行合一說」, 「大學」, 「讀書法」, 「王陽明以良知爲學」, 「乾元亨利貞說」, 「中庸言孝」, 「學以思爲主」, 「象山學與佛一樣」, 「大學章句補遺」, 「萬物皆備於我」, 「心無出入」, 「王陽明」, 「讀陽明集有感詩」 등이 있다.

양명의 지행합일설知行合一說에 대해서도 『중용』의 삼지(三知: 생지生知, 학지學知, 곤지困知)와 삼행(三行: 안행安行, 이행利行, 면행勉行)을 인용하여 지행병진知行竝進이 옳다면서 지행합일설을 반박했습니다. 하지만 서애가 양명을 비판하면서도 그의 학설에 어느 정도 영향을 받았음을 볼 수 있습니다. 선유先儒들이 행行을 지知보다 중시한 데 비해 그는 지知를 더 중시했다는 점에서 그렇습니다.

또 학學보다 사思를 더 중시했다는 점 등을 통해서도 이런 사실을 뒷받침합니다. 요컨대 서애는 양명학陽明學이 지니고 있는 근본적인 문제점은 반박하면서 그의 장점은 수용하는, 즉 진보적인 학문 자세를 지녔다고 할 수 있습니다. 그리고 그는 도학道學 방면 외에 사학史學에도 탁월한 안목과 조예가 있었습니다. 16권의 『징비록懲毖錄』과 37개 조에 달하는 역사관계 저술인 『독사여측讀史蠡測』이 있습니다.

이는 잡저雜著에 실려 있을 뿐만 아니라, 5권 분량의 잡저 가운데 태반이 역사관계 기록입니다. 이 가운데는 기왕의 역사를 재해석하여 새로운 사실을 밝힌 것도 있지만, 자신이 겪었던 전쟁관계 기록 혹은 일실逸失될 가능성이 높은 인물들에 대한 기록들이 있습니다. 이는 역사적 사실을 이해하기 위한 자료로 귀중한 역할을 하는 한편, 서애가 지닌 역사적 안목을 연구하는 데에도 중요한 자료가 되고 있습니다.

서애는 스승 퇴계의 학설인 이선기후설理先氣後說을 좇아 기氣는 이理가 아니면 생生하지 못하는 것이라 하여 기氣보다 앞서 있는 실체로서 이理를 규정했습니다. 그는 퇴계처럼 인심人心과 도심道心을 이기理氣로 분석하진 않았지만, 도심道心을 한결같이 지켜야 함을 강조했습니다. 아울러 격물치지格物致知를 지知로, 성의誠意와 정심正心, 수신修身을 행行으로, '병립하는 존재'로 파악했습니다.

그의 주요 저서론 임진왜란사 연구에 귀중한 『서애집』과 『징비록』을 비롯하여 『신종록愼終錄』, 『영모록永慕錄』, 『관화록觀化錄』, 『난후잡록亂後雜錄』, 『상례고증喪禮考證』, 『무오당보戊午黨譜』, 『침경요의鍼經要義』, 『운암잡기雲巖雜記』 등이 있으며, 편서로 『대학연의초』, 『포은집』, 『퇴계선생연보』, 『황화집皇華集』, 『구경연의九經衍義』, 『문산집文山集』, 『정충록精忠錄』, 『효경대의孝經大義』 등이 존재합니다.

3. 안동 병산서원은?

- 위치: 경상북도 안동시 풍천면 병산길 386
- 문화재 지정: 사적 제260호(1978년 3월 31일)

병산서원屛山書院은 서애西厓의 학문과 덕행을 기리기 위해 1613년(광해군 5)에 창건했습니다. 본래 이 서원의 전신은 고려 때부터 사림의 교육기관이었던 풍산현의 풍악서당豊岳書堂이었으나, 1572년(선조 5)에 서애가 현재의 병산으로 옮긴 것입니다. 1607년 서애가 타계하자, 정경세(鄭經世, 1563~1633) 등 지방 유림儒林의 공의로 창건된 풍악서당은 1613년(광해군 5)에 존덕사尊德祠를 건립하여 위패를 봉안했습니다.

1620년(광해군 12)에 유림의 공론에 따라 퇴계를 모시는 여강서원廬江書院으로 위패를 옮겼다가, 1629년(인조 9), 별도의 위패를 마련하여 존덕사에 모셨습니다. 이후 셋째아들 류진柳袗을 추가 배향하고, 1863년(철종

병산서원

14)에 사액賜額되어 서원으로 승격됐습니다. 선현 배향과 지방 교육을 통해 수많은 학자를 배출했으며, 1868년(고종 5) 대원군大院君의 서원철폐령에도 훼철되지 않은 47개 서원 가운데 하나입니다.

문화재청은 2010년 6월 안동 병산서원을 포함한 하회마을 일대와 양동마을 일대를 '한국의 역사마을 - 하회와 양동'으로 지정하여 유네스코 세계유산에 등재 신청하여, 2010년 7월 31일 유네스코 세계문화유산으로 등재되었습니다.

또한 병산서원은 2019년 7월 6일, 제43차 유네스코 세계유산위원회에서 다른 8개 서원과 함께 '한국의 서원(Seowon, Korean Neo-Confucian Academies)'이란 이름으로 세계문화유산으로 등재됐습니다. 세계문화유산에 등재된 서원은 소수서원(1543년)과 남계서원(1552년), 옥산서원(1573년), 도산서원(1574년), 필암서원(1590년), 도동서원(1605년), 병산서원(1613년), 무성서원(1615년), 돈암서원(1634년) 등입니다.

병산서원 전경

병산서원 정문 복례문(復禮門)

'복례復禮'는 『논어』, 「안연」에 '자기의 사욕을 이겨 예禮로 돌아가는 것이 인仁을 실행하는 것이니, 하루라도 자기의 사욕을 이겨 예禮로 돌아간다면, 천하 사람이 모두 인仁으로 돌아간다'는 말에서 따온 것입니다.

만대루(晩對樓) 전경

궁궐이나 공적 건물을 자세히 보면 '사용 목적과 용도', '건물의 공간적 배치에 따라' 이름을 달리하고 있습니다. 가령 과거의 조정朝廷에서 지방에 파견된 관료(사또)가 공무를 집행하는 공간은 이른바 '동헌東軒'이라 했고, 남원의 '광한루廣寒樓'나 여기 병산서원의 '만대루晩對樓'와 같이 '루樓'자가 붙는 건물도 있습니다. 그런가 하면 강남의 '압구정鴨鷗亭'과 같이 '정亭' 자가 붙여진 건물도 적지 않습니다.

경복궁과 창덕궁 등 궁궐로 사용된 곳을 가보면 국가적 재앙으로 문화재가 많이 훼손됐지만, 전각殿閣 등은 여전히 존재합니다. 궁궐 내의 여러 건축물들은 '주인의 신분이나 그 쓰임새 등에 따라' 차례대로 이름이 붙여져 있음을 볼 수 있습니다. 중요한 건물부터 살펴보면, 전殿, 당堂, 합閤, 각閣, 재齋, 헌軒, 루樓, 정亭으로, 건물 이름만 봐도 대체로 어떤 쓰임과 어떤 규모의 건물인지 알 수 있습니다.

여기서 '전殿'은 가장 격이 높은 건물로 즉위식이나 세자의 혼례식 등 왕실의 주요행사가 열리는 공간이나 군주가 임석한 조회 등 직무를 수행하는 공간으로 사용합니다. 본래 중국에선 천자 곧 황제가 당堂을 구별할 때나, 승상과 같은 고위관리가 있는 집을 말할 때 전殿이라 했습니다. 전하殿下나 중전中殿, 자전慈殿 등과 같이 왕과 왕비, 대비 등을 지칭하는 대명사의 역할을 하는 특징을 보여주고 있습니다.

'당堂'은 전殿에 비해 격格이 한 단계 낮은 곳으로 의전행사보다는 일상 업무나 기거용으로 더 많이 쓰였습니다. 가령 군주가 신료들을 만나 정사를 논하는 곳을 연거지소燕居之所라 하는데, 연거지소엔 대체로 당호堂號가 붙습니다. 한자 글자 뜻으론 집을 반으로 나누어 앞쪽 반 빈 부분을 당堂이라 하고, 뒤쪽 막힌 부분은 실室로 썼습니다. 또 다른 의미로는 햇볕을 바로 받는 집을 가리키기도 했습니다.347)

'합閤'은 대체로 전殿에 부속되어 있는 건물이나 전殿의 일부를 이루는 것이 아닌, 그 자체가 어느 정도의 규모를 갖추고 독립되어 있는 집을 말합니다. 중국에선 문 옆에 있는 집을 규闺나 합閤으로 쓰기도 했습니다. '각閣'은 규모 면에서 전殿이나 당堂보다 떨어지며, '전'이나 '당'의 부속 건물이거나, 독립된 건물로 되어 있습니다. 독립 건물일 경우에도 부속 건물을 많이 거느리지 않고 비교적 단출합니다.348)

'재齋'는 숙식 등 평상 주거용으로 쓰거나, 주요 인물이 조용하게 지낼 수 있는, 대체로 독립된 건물로 있습니다. 규모 면에서 전殿이나 당堂에 비해 작은 편입니다. 예컨대 아직 출가하지 않은 대군이나 공주, 옹주들의 집이거나, 세자궁 소속의 인물들이 기거하는 곳 혹은 격이 높지 않은 후궁의 집인 경우에 쓰입니다. 주로 학업, 사색을 위한 공간이나 그와 관

347) 이밖에 '예의를 밝히는 곳', '의식을 갖춰 외부 사람을 만나는 장소'를 가리키기도 했다.

348) 용도 면에선 기거용보다 보조적인 기능을 주로 담당하는데, 왕실과 직접적으로 관련된 물건을 보관하거나 주요 관측시설과 관련된 기능이 많다. 본래는 루(樓)가 겹쳐 있는 집을 각(閣)이라 했다.

련된 서고 같은 기능을 가진 곳에도 많이 쓰입니다.

‘헌軒’은 전殿을 기준으로 좌우에서 이를 보좌하는 형태인 익각翼閣이거나 따로 독립된 건물로 위치합니다. 전殿의 익각翼閣인 경우에는 전殿의 주인이 보조적으로 활용하거나 혹은 공적 기능을 가진 경우엔 특별한 인물을 위한 공간으로도 사용했습니다. ‘루樓’는 대체로 온돌이 아닌 지면地面에서 사람 키 높이 정도의 간격을 두고 마루 형태입니다. 주요 건물의 일부, 정자처럼 독립건물인 경우도 있습니다.

또 기능적으로 루樓는 정亭과는 달리 내전의 생활공간에 연접되어 배치되거나 독립적으로 위치하는 특징이 있습니다. ‘정亭’은 우리가 흔히 ‘정자’라고 하는데, 경관이 좋은 곳에 있어 휴식이나 연회 공간으로 사용하는 작은 규모의 집을 가리킵니다. 지붕 모양이 사각형 이외에 육각형, 팔각형을 이루고 있으며, 곳에 따라선 부채꼴을 이루는 형태도 있습니다. 궁궐에서 정亭은 대체로 후원에 집중적으로 위치합니다.349)

참고로 ‘대臺’는 사방을 바라볼 수 있는 높은 곳에 위치해 있습니다. 궁궐에서 대臺는 평지보다 높은 곳에서 사열查閱, 과거科擧, 자연물 등을 내려다보는 장소에 위치하는 것이 특징입니다. 아울러 일반적으로 혼합된 명칭으론 방房이 가장 작은 규모이고, 방보다 위는 실室, 실보다 위는 옥屋, 옥보다 위는 헌軒, 헌보다 위는 각閣, 각보다 위는 원院, 원보다 위는 관館, 관보다 위는 전殿으로 씁니다.

349) 허신(許愼)의 『설문해자(說文解字)』에 보면, ‘거소이안정야(居所以安定也)’라고 하여 일반적으로 휴식장소임을 나타내는 반면, 이규보(李奎報)는 개방된 공간[豁]을 갖도록 만들어졌기에 안으론 공간이 비어 있으며[虛] 밖으론 공간이 열려 있어 시원한 느낌을 주는 공간[磯]으로 되어 있는 것을 정(亭)이라 했다.

병산서원 강당인 입교당(立敎堂)

서원의 중심으로 입교立敎는 『소학』, 「입교」에서 하늘로부터 부여받은 착한 본성에 따라 인간윤리를 닦아가는 가르침을 바르게 세운다는 것에서 인용한 것입니다. 유생들이 배워야할 성현聖賢의 가르침인 오륜五倫을 바르게 세운다는 의미이며, 성현의 가르침을 받아 자기의 몸을 바로 세우고 나아가 선비로서의 사명을 바로 세우는 공부를 의미하기도 합니다.

동직재(動直齋, 東齋)

입교당과 만대루 사이의 마당을 가운데로 하여 동쪽과 서쪽에서 마주하고 있습니다. 유생들의 기숙사였던 두 건물은 똑같이 크고 작은 2개의 방과 가운데 1칸 마루로 구성되었습니다. 좌고우저左高右低의 원리를 좇아 동재東齋엔 상급생들이, 서재西齋엔 하급생들이 기거했습니다.

정허재(靜虛齋, 西齋)

존덕사(尊德祠)

서애의 '학문과 덕행을 높이 우러른다.'는 뜻에서 존덕사尊德祠라 했습니다. 『중용』에 '군자는 덕성을 존중하고, 묻고 배움을 길로 삼는다(尊德性而道問學)'는 말에서 따온 것입니다.

장판각(藏板閣)

책을 인쇄할 때 쓰는 목판과 유물을 보관하던 곳으로, 입교당 후면 왼쪽으로 비켜서 있습니다. 정면 3칸, 측면 1칸의 도리가 없는 구조이며, 습기를 피하기 위해 정면에 모두 판문板門을 달았습니다. 또 화마火魔를 막기 위해 다른 건물과 거리를 두어 독립적인 공간으로 한 것도 특징 가운데 하나입니다.

XI 우암 송시열과 화양서원

1. 우암 송시열의 삶

송시열(宋時烈, 1607~1689) 선생의 자字는 영보英甫, 호號는 우암尤庵입니다. 본관本貫은 은진恩津, 부친은 사옹원봉사司饔院奉事 송갑조宋甲祚이고, 모친은 선산 곽씨善山郭氏입니다. 충청도 옥천군 구룡촌九龍村 외가에서 태어나 26세 때까지 그곳에서 살았습니다. 하지만 뒤에 회덕懷德의 송촌宋村과 비래동飛來洞, 소제蘇堤 등지로 옮겨가며 살았기 때문에 대체로 회덕인으로 알려져 있습니다.

우암은 어려서부터 친척인 송준길(宋浚吉, 1606~1672)[350]의 집에서 함께 공부한 인연으로, 훗날 양송兩宋으로 불리는 특별한 교분을 맺었습니다. 그는 12세 때 부친으로부터 『격몽요결擊蒙要訣』과 『기묘록己卯錄』 등

350) 송준길(宋浚吉, 1606~1672)은 우암과 함께 학문을 했지만 20여 년간 벼슬에 나가지 않고 향리에 머물면서 학문에만 전념했다. 청서파(淸西派, 인조반정에 가담하지 않은 서인세력)에 속했으며, 1649년 효종이 즉위하여 김장생의 아들 김집을 이조판서에 기용하는 등 척화파와 재야학자들을 대거 등용할 때 송시열 등과 함께 발탁되어 부사직(副司直)과 진선(進善), 장령(掌令) 등을 거쳐 집의(執義)에 임명되었고, 통정대부(通政大夫)의 품계를 받았다. 한편 집의로 있으면서 송시열과 함께 효종의 북벌계획에 참여하는 한편, 인조말 이래 권력을 장악하고 있던 공서파(功西派, 인조반정에 가담하여 공을 세운 서인세력)의 핵심인물인 김자점과 원두표 등을 탄핵하여 파직시키는 데 중요한 역할을 했다.

을 배우면서 주자朱子와 율곡 이이李珥, 정암 조광조趙光祖 등을 흠모하도록 가르침을 받았습니다. 그리고 1625년 의금부도사義禁府都事 이덕사李德泗의 따님인 한산 이씨韓山李氏와 혼인을 했습니다.

이 무렵부터 연산連山의 김장생金長生351)으로부터 성리학性理學과 예학禮學을 배웠고, 1631년(인조 9) 김장생이 세상을 떠나자, 김장생의 아들인 신독재愼獨齋 김집(金集, 1574~1656)352) 문하門下에서 학업을 했습니다. 27세 때 생원시生員試에서 「일음일양지위도一陰一陽之謂道」를 논술하여 장원으로 급제했습니다. 이때부터 그의 학문적 명성이 널리 알려졌고, 2년 뒤인 1635년(인조 13)엔 봉림대군(鳳林大君, 후일 효종)의 사부師傅로 임명됐습니다.

대략 1년간의 사부 생활은 후일 깊은 유대를 맺는 계기가 됩니다. 하지만 병자호란으로 인조가 치욕을 당하고 소현세자와 봉림대군이 인질로 잡혀가자, 좌절감 속에서 낙향하여 10여 년간 일체의 벼슬을 사양하고, 전야田野에 묻혀 학문에만 몰두했습니다. 1649년 효종이 즉위하여 척화파 및 재야학자들을 대거 기용하면서, 우암도 '세자시강원진선世子侍講院進善'과 '사헌부장령司憲府掌令' 등의 관직을 받습니다.

이때 우암이 올린 「기축봉사己丑封事」는 정치적 소신을 장문으로 진술

---

351) 김장생(金長生, 1548~1631)은 동방 18현 중의 한 사람이며, 자(字)는 희원(希元), 호는 사계(沙溪), 본관은 광산(光山)이다. 부친은 사헌부 대사헌을 지낸 김계휘(金繼輝, 1526~1582)다. 처음엔 송익필(宋翼弼, 1534~1599)로부터 예학(禮學)을 배웠으나 후에 이이로부터 성리학을 배워 예학파의 거두가 됐다.

352) 김집(金集, 1574~1656)은 자(字)는 사강(士剛), 호는 신독재(愼獨齋), 본관은 광산(光山)이다. 부친은 김장생(金長生)이며, 모친은 창녕 조씨(昌寧曺氏)로 첨지중추부사(僉知中樞府事) 조대건(曺大乾)의 딸이다. 부친 김장생과 함께 예학(禮學)의 기본적 체계를 갖췄으며, 송시열(宋時烈)에게 학문을 전하여 기호학파(畿湖學派) 형성에 커다란 역할을 했다.

한 것인데, 그 중에서 특히 존주대의(尊周大義, 춘추대의春秋大義에 의거하여 중화中華를 명나라로 이적夷狄을 청나라로 구별하여 밝힘)와 복수설치(復讐雪恥, 청나라에 당한 수치를 복수하고 설욕함)를 역설한 것이 효종의 이른바 북벌北伐 의지와 부합함으로써 장차 북벌 계획의 핵심 인물로 떠오르게 되고, 결국 발탁되는 계기가 되었습니다.

하지만 이듬해 2월 김자점(金自點, ?~1651) 일파가 청나라에 조선의 북벌 동향을 밀고함으로써 우암을 포함한 산당山黨 일파가 모두 조정에서 물러나고 말았습니다. 이후 1653년(효종 4)에 충주목사, 1654년 사헌부집의와 동부승지 등에 임명되었으나 모두 사양했습니다. 1655년(효종 6)엔 모친상을 당해 수년간 향리鄕里에서 은둔했습니다. 1657년(효종 8) 상을 마치자, 세자시강원찬선(世子侍講院贊善, 정3품)이 제수됐으나 역시 사양했습니다.

관직 대신 우암은 「정유봉사丁酉封事」란 시무책을 건의했습니다. 1658년(효종 9) 7월, 효종의 간곡한 부탁으로 다시 찬선贊善에 임명되어 관직에 나갔고, 9월엔 이조판서에 임명되어 이듬해 5월까지 효종의 절대적 신임 속에 북벌 계획의 중심인물로 활약했습니다. 그러나 1659년(효종 10) 5월 효종이 급서急逝하자, 조대비趙大妃의 복제服制문제로 예송禮訟이 일어나고, 국구國舅인 김우명(金佑明, 1619~1675) 일가와도 알력이 커졌습니다.

이후 현종顯宗에 대한 실망으로 그해 12월 관직에서 사직하고 낙향했습니다. 현종 15년간 조정에서 융숭한 예우와 부단不斷한 초빙이 있었으나 거의 관직을 단념하고 응하지 않았습니다. 다만 1668년(현종 9) 우의정에, 1673년 좌의정에 임명됐을 때 잠시 조정에 나갔을 뿐, 시종 재야에 머물렀습니다. 하지만 재야에 은거하면서도 선왕의 위광威光과 사림의 중망重望으로 막대한 정치적 영향력을 행사했습니다.

사림의 여론은 대체로 우암에 의해 좌지우지됐고, 조정의 대신들 또한 매사를 우암에게 물어 결정하는 형편이었습니다. 하지만 1674년 효종비孝宗妃의 상喪으로 인한 제2차 예송논쟁禮訟論爭에서 우암의 예론禮論을 추종한 서인西人들이 패배하자, 예를 그르친 죄로 파직되고, 삭출削黜되고 말았습니다. 1675년(숙종 1) 정월 덕원德源으로 유배되었다가 장기長鬐와 거제巨濟 등지로 이배移配되었습니다.

유배 기간 중에도 남인南人들의 가중 처벌 주장으로, 한때 생명에 위협을 받기도 했습니다. 1680년 경신환국庚申換局으로 서인들이 다시 정권을 잡자, 유배에서 풀려나 중앙 정계에 복귀합니다. 그해 10월 영중추부사 겸 영경연사領中樞府事兼領經筵事로 임명되고, 또 봉조하奉朝賀의 영예를 얻습니다. 1682년(숙종 8) 김석주(金錫胄, 1634~1684)와 김익훈(金益勳, 1619~1689) 등 훈척勳戚들이 역모를 조작해 남인들을 제거코자 합니다.

이것이 이른바 임술삼고변壬戌三告變[353] 사건입니다. 우암은 이때 김장생의 손자였던 김익훈을 두둔하다 서인의 젊은 층으로부터 엄청난 비난과 비판을 받습니다. 또 제자인 윤증尹拯과의 불화로 1683년(숙종 15) 노소분당老少分黨이 일어납니다. 1689년 1월, 숙의 장씨가 아들(후일의 경종)을 낳자, 원자(元子, 세자 예정)의 호칭을 부여하는 문제로 기사환국己巳

---

353) 1680년(숙종 6) 경신환국(庚申換局)으로 정권을 잡은 서인 김석주(金錫胄)와 김익훈(金益勳) 등은 그 다음해 남인들의 역모에 관한 유언비어를 듣고 소탕하기 위해 기찰(譏察, 함정수사)에 나섰다. 그들은 장기간의 공작 끝에 1682년(숙종 8) 10월 병사를 역임한 김환(金煥)을 시켜 남인 허새(許璽)와 허영(許瑛)의 반역 음모를 고발했고, 어영대장 김익훈은 수원부사를 역임한 유명견(柳命堅)의 역모를 고발했으며, 김중하(金重夏)는 남인 중신이었던 민암(閔黯) 등의 모반을 고발했다. 국문(鞫問) 결과 허새와 허영은 역모를 자백했으나, 유명견과 민암 등은 근거가 없었다. 이에 김환은 공신이 되었고, 전익대(全翊戴)와 김중하는 거짓 고발 죄로 처형됐다.

換局이 일어나 서인이 축출되고 남인이 재집권에 성공합니다.

우암은 이런 상황에 세자 책봉을 반대하는 상소를 올렸다가 제주도로 유배됩니다. 그해 6월, 서울로 압송되어 오던 중 정읍에서 사약을 받고 생을 마감합니다. 그러나 1694년 갑술환국甲戌換局으로 서인이 재집권하자 우암의 억울한 죽음이 무죄로 인정돼 관작이 회복되고 제사가 내려집니다. 이로부터 화양동을 비롯한 70개 지역에 우암을 배향하는 서원이 설립될 정도로 정치, 사상적 지도자로서 명예를 회복했습니다.

2. 우암 송시열의 사상

1) 성리학 연원

조선조 유학에 대한 기존연구는 대체로 16세기와 18세기를 중심으로 이뤄졌습니다. 16세기는 조선 성리학의 정화기로 주로 철학자들로부터 관심의 대상이었다면, 17세기는 이른바 실학實學의 시대로 그 연구가 주도되었다고 할 수 있습니다. 또 이때는 당쟁의 시기로도 규정할 수 있습니다. 따라서 17세기의 성격을 논하면 성리학의 폐단으로 말미암아 이에 자극되어 새로운 사상이 잉태되는 시기라고 규정할 수 있습니다.

이렇다보니 17세기에 활약했던 사계 김장생과 신독재 김집, 동춘당 송준길, 현석 박세채, 명재 윤증 등의 예학禮學과 성리학 그리고 그 의리학풍義理學風에 대해서도 대체로 부정적인 시각을 지니고 있는 게 사실입니다. 하지만 17세기에 활약한 이와 같은 인물들은 그 어떤 시기의 학자들 못지않게 시대적 사명과 역사의식에 철저했고, 그 학문이 고명高明했습니다. 이 시기를 대표하는 인물이 바로 우암인 것입니다.

우암이 살았던 17세기는 조선왕조 5백 년 동안에 내우외환이 가장 심했던 시기입니다. 서방의 문물과 제도, 종교가 서서히 동방으로 소개되어 교역이 활발해지는 이른바 서세동점西勢東漸의 시기였습니다. 중국은 왕조가 교체(明淸)되는 시기였고, 조선은 율곡이 언급한 것처럼 '나라가 기력을 상실한 노인과 같아 경장(개혁)을 도모하지 않으면, 10년이 지나지 않아 국가가 붕괴되는 참화가 있을 것'이라고 경고했습니다.354)

17세기 초 조선의 정정政情도 불안했습니다. 강성해진 청淸과 쇠약해지는 명明의 세력 사이에서 외교적 어려움이 컸습니다. 또한 광해군의 폭정과 인조반정(1623), 이괄의 난(1624) 등 숱한 참화와 살육이 계속됐고, 정묘호란과 병자호란으로 강화도의 함락과 함께 인조가 삼전도三田渡에서 청 태종에게 머리를 숙이는 민족적 수모를 겪기도 했습니다. 청淸과의 화친여부로 국론이 분열, 갈등이 심화되기도 했습니다.

또한 궁중 부중宮中府中의 모반사건이 잇따랐고, 궁첩宮妾의 발호跋扈와 민중의 봉기도 적지 않았습니다. 효종대孝宗代에 들어선 잠시 참신한 기풍이 진작되었으나, 효종이 재위 10년 만에 죽고, 현종대顯宗代에 들자 2차에 걸친 예송禮訟과 이로 인한 당파 간의 갈등이 심화되었으며, 숙종대肅宗代엔 경신대출척(1680), 기사환국(1689), 갑술대옥사(1694) 등 당화黨

354) 실제로 왜란(倭亂)에 시달렸다. 임진년(壬辰年)에 처음 발생했다 하여 일반적으로 '임진왜란' 혹은 '7년 전쟁'으로도 불린다. 1592년 4월 일본군 선봉대가 부산포로 쳐들어와 서울을 향한 북진을 계속해 2개월도 채 못 되어 전 국토가 유린됐다. 선조와 세자는 평양으로 피난했다. 한산도대첩 등 해전의 승리로 일본의 해상작전이 좌절되고, 전라도 곡창지대를 지킬 수 있었으며, 육지의 곳곳에서도 유학자들과 농민이 주축이 된 의병(義兵)이 일어나 육상전을 승리로 이끌었다. 12월 명(明)나라는 4만 3,000여 명의 병력을 파견했고, 1593년 1월 조명(朝明) 연합군은 평양성을 탈환하고 일본과 협정에 들어갔다. 강화가 결렬되자 1597년 다시 침입했으나, 육지에선 권율과 이시언의 조명(朝明) 연합군에 패하고, 해상에선 이순신에게 패해 7년에 걸친 전쟁은 막을 내렸다.

禍가 잇달아, 많은 사림들이 죽어갔습니다.

나라 안팎의 정치상황이 이러니 민생 역시 참혹할 수밖에 없었습니다. 왜란과 호란의 폐해가 심했고, 이후 청의 과도한 물산 및 공녀貢女 요구 등은 피폐한 조선의 경제 상황을 더욱 악화시켰습니다. 현종과 숙종 연간엔 사상 유례가 없는 가뭄과 천연두, 홍역, 콜레라가 소와 말馬에까지 미쳐, 그 폐해는 양란의 재앙만큼 컸습니다. 민생이 곤궁해져 떠도는 민중들이 날로 늘고, 도처에 유적流賊떼가 횡행했습니다.

그러므로 윤리倫理와 강상綱常까지 무너져 매관매직을 통한 탐욕스런 재물 모으기와 이단사설 및 각종 유언비어가 난무하여 민심이 안정을 찾지 못하고, 부형父兄의 시신을 예를 갖춰 묻지 못하고 산이나 들에 그대로 방치하는 일, 굶주린 민중이 태어난 아이를 기를 수 없어 내다버리는 등 상하의 난상과 패륜, 곤궁이 극에 달했습니다. 참으로 어떤 일이나 걱정 따위 없이 편안한 날(寧日)이 없었던 시절이었습니다.

한편 일부에선 공리공담空理空談과 피폐한 현실로부터 자극을 받아 새로운 사회경제 체제를 모색하는 학풍이 일어났습니다. 그리고 선조宣祖 말부터 서방세계 지도地圖와 천리경千里鏡, 『천주실의(天主實義)』, 자명종自鳴鐘 등 서방의 문물이 일반 식자층에 소개되고 가끔 서방세계 사람들도 접하게 되었습니다. 이로 인한 충격에 기존의 동방 중심의 세계관에서 점차 벗어나 시야가 넓어져가는 시기이기도 했습니다.

이처럼 조선왕조 오백 년 가운데 가장 혼란했던 시기에 살았던 우암은 평생 주자학(성리학) 연구와 공자의 춘추대의, 맹자, 주자의 벽이단闢異端 정신을 구현하기 위해 시대의 사명으로 여겼습니다. 위로 정몽주, 조광조, 이이, 김장생, 김집으로 이어지는 한국 성리학韓國性理學의 적통嫡統을 계승하고, 아래로는 이항로, 류인석(柳麟錫, 1842~1915), 최익현(崔益鉉, 1833~1906)으로 이어지는 한국 의리학韓國義理學의 연원이 되고 있습니다.[355]

이처럼 우암은 공맹의 학문적 줄이 잇닿아 있다는 평을 받으면서 이른바 송자宋子라는 호칭을 얻고 문묘文廟에 종향從享된 인물입니다. 그럼에도 우암에 관한 연구는 많지 않습니다.[356] 그에 대한 왜곡된 인식과 아직도 색목色目과 연결된 뿌리 깊은 감정이 남아 있기 때문입니다. 그에 대한 비판 요지는 사대적 모화주의慕華主義와 주자학적 권위주의로, 즉 학문과 사상의 자유를 봉쇄하거나 억압했다는 것입니다.

아울러 인간을 윤리강상倫理綱常과 법질서에 기계적으로 얽어매어 순수한 감정과 본능을 살릴 수 없게 만들었다는 것입니다. 그리고 존주론尊周論과 북벌론北伐論도 사대주의의 정치적 표현이나 정략에 지나지 않았다는 점도 빼놓을 수 없습니다.[357] 이런 비판은 나름 근거가 없진 않으나 학문적 근거 제시론 충분하지 않은, 즉 지극히 피상적이고 일방적 평가에 머물렀다는 지적을 면할 수 없는 것 또한 사실입니다.

2) 우암 송시열 학맥

여주驪州에 있는 「대로사비大老祠碑」에는 정조가 "우암의 학문은 주자朱子

---

355) 화서 이항로(李恒老, 1792~1868)는 '위로 성현의 전통을 잇고 백가를 절충하여 집대성한 것이 바로 주자의 학문이다. 주자학을 가장 깊이 연구하고 대의(大義)를 바로 본 사람은 송자(宋子)로 주자 후의 정통파이다. 학자로서 주자를 종주로 삼지 않으면 공자의 문에 들어갈 수 없고, 송자를 본받지 않으면 주자의 줄에 닿을 수 없다'고 했다. 화서 문하에서 한말의 의리학파가 형성되고, 의병운동이 활발하게 일어날 수 있었음에 주목할 필요가 있다.

356) 蔡茂松의 「尤庵哲學思想研究」가 『斯文學報』 1집에 발표된 이래, 상당기간 논문이 없었는데, 80년대 이후 여러 편의 논문이 나왔다.

357) 이우성(1973), 『한국문화사대계』, 성균관대학교 대동문화연구원, 154~157쪽.

와 부절符節이 합한 듯하고, 학문을 익힌 계파는 이이李珥이며, '곧을 직直자' 한 글자를 진리의 참된 말씀으로 삼았다."358)라고 했습니다. 우암의 제자인 권상하(權尙夏, 1641~1721)는 "우암의 의義는 춘추를 붙들었고, 학문은 무이武夷의 주자를 전한다."고 했습니다. 우암은 율곡학파의 주자학자요, '직'을 철학의 원리로 삼아 춘추대의를 천명했습니다.

우암의 이와 같은 학문적 맥脈은 이미 '유년시절의 가학家學에서 유래'합니다. 그의 부친은 "주자朱子는 나중 태어난 공자孔子이고, 율곡栗谷은 나중 태어난 주자이니, 주자를 배우려면 마땅히 율곡으로부터 시작해야 한다."라고 하면서 『격몽요결擊蒙要訣』로 책려策勵했고, 직접 손수 가려뽑아 쓴 『기묘록己卯錄』과 『동해야언海東野言』 등을 주면서 "정암靜庵 또한 배우지 않을 수 없다."고 하였습니다.

아울러 "매월당梅月堂 앞의 내(川), 도봉산 위의 구름(雲)"이란 시구詩句를 통해 조선조에 있어서 의리義理와 도학道學의 연원인 김시습金時習과 조광조를 배우도록 깨우쳐준 것입니다. 이런 부친의 가르침이 평생 학문적 연원이 되었습니다. 그리고 김장생의 문하門下에 출입했으며,359) 김장생 문하에서 『가례家禮』와 『소학小學』, 『심경心經』, 『근사록近思錄』으로 의리의 변별에 관한 훈련을 받았습니다.360)

---

358) 곽신환(1996), 『한국인물유학사』, 한길사, 1148쪽.(學符紫陽, 派接栗翁, 直字眞訣.)

359) 우암이 언제부터 사계(沙溪) 김장생(金長生) 문하에 출입했는지는 분명치 않다. 다만 그가 부친상을 당한 후인 24세에 정식으로 그 문하에 입문했다는 연보의 기록으로 보아, 보다 일찍 출입한 것으로 보인다. 이때 그의 1년 연상의 종형 송준길과 함께 출입했고, 사계 문하에 정식 입문한 후 1년 뒤에 사계는 타계했다. 한편 이희조(李喜朝)가 기록한 어록에 의하면, 우암이 사계를 종유(從遊)한 것이 거의 10년에 이른다는 기사로 미루어, 우암은 10대 중반부터 사계 문하에 출입한 것으로 여겨진다. 우암이 스승으로 섬긴 사계는 우계와 율곡의 적전으로, 예학(禮學)의 종장(終章)으로 평가되는 학자다.

360) 『宋子大全』권14, 「語錄」, 附錄.

이처럼 율곡(栗谷, 이이)과 사계(沙溪, 김장생)로 이어지는 한국 성리학의 맥을 이은 우암의 학문은 주자朱子를 배우는 것이었고, 이는 공맹孔孟의 학문을 배우는 것이었습니다. 우암은 "주자학의 대요大要가 바로 이치를 밝히고 의리를 변별하는데 있다."361)고 했습니다. 그리고 주자가 처했던 역사적 상황은 우암이 처한 조선의 상황과 동일하다고 여겨 크게 변통함 없이 조선의 현실에 바로 적용, 활용할 수 있다고 믿었습니다.362)

그리하여 우암은 주자학朱子學을 평생 동안 '학문과 사업의 표준'으로 삼았습니다. 즉 주자를 통해 공자와 맹자를 배우는 것이었습니다. 그러므로 맹자에 대한 우암의 관심은 일반 성리학자들의 그것과는 크게 달랐습니다. 우암은 『맹자』를 일천 독 이상 했으며, 특히 「호연장浩然章」은 수천 번을 암송했다고 밝히고 있습니다.363) 이를 미루어보면, 그는 맹자에게서 그 호연한 기상을 본받고자 하였음을 알 수 있습니다.

그의 마음가짐과 포부(立心), 옳고 그름에 대한 판단(繩墨), 이해의 사사로움에 흔들리지 않은 점은 모두 맹자를 배운 덕이라 평가합니다.364) 또 공자의 제자 가운데 특히 질로質魯한 증자를 높이 평가했습니다. 총명과 재변이나 문화文華보다 성실한 자세에 보다 높은 가치를 부여한 것입니다.365) 따라서 그는 『대학』을 중시했습니다. 가령 우암은 주자를 학문의 지남指南으로, 맹자와 증자를 스승으로 삼았던 것입니다.366)

---

361) 『송자대전』권75, 「答李彙中」.

362) 『송자대전』권7, 「宋書拾遺」, 幄對說話.

363) 『송자대전』권17, 「語錄」, 附錄.

364) 『송자대전』, 「年譜」.

365) 『송자대전』권139, 「沙溪先生遺稿序」, 序.

366) 서울 종로구 혜화동 암벽위에 모각되어 있는 '증주벽립(曾朱壁立)'이 그의 학문적 경향

3) 직直의 원리

우암의 철학과 삶은 '직直' 한 글자로 나타낼 수 있습니다.367) '직'은 흔히 주자의 심법으로 알려져 있습니다. 주자는 임종 시 문인들에게 학문의 요령으로 '직'의 심법을 지닐 것을 강조했습니다.368) 주자는 '천지가 만물을 낳는 원리'와 '성인이 만물에 대응하는 원리'가 '직'이라 했는데, 전자가 천도天道라면, 후자는 인도人道요, 이 천도와 인도가 모두 '직'이라면, '직直'은 주자 철학체계의 결론이 되는 셈입니다.

우암은 "주자가 집대성한 까닭은 오직 '직' 한 글자에 있다."369)라고 했습니다. 주자의 집대성은 바로 공자와 맹자 그리고 북송北宋 군자들의 학문입니다. 그 집대성의 내용이 '직' 한 글자에 수렴된다면, 그는 공자와 맹자 사상의 핵심도 '직'으로 나타낼 수 있다고 본 것입니다. 실제로 우암은 이런 인식을 갖고 있었습니다.370) 우암 역시 83세 임종 시에 자신의 문인들에게 '주자 임종 시 교훈'을 더불어 언급했습니다.

과 자세를 단적으로 보여준다.

367) 이는 여주 '대로사비(大老祠碑)'에 있는 정조(正祖)의 글에도 나타나 있지만, 그의 문집에서도 규정할 만한 근거가 많다.

368) 『주자대전』, 「年譜」 臨終條.

369) 『송자대전』권136, 「贈上送權尹仁孫北歸說」, 雜著5.

370) 이런 인식은 우암의 스승 사계에 의해 우암에게 전승된 것이다. 사계는 항상 이렇게 말했다. "내 평생에 행한 바가 비록 불선함이 없지 않으나, 이를 남에게 고하지 않음이 없고, 비록 밖으로 드러나지 않았어도 참으로 불선이 있었다면, 남에게 말하지 않음이 없었으니, 너는 이 마음을 체득하라. 이 직(直) 한 자는 실은 주자가 공자의 '사람의 삶은 곧음이다. 이것이 없는 삶은 요행히 죽음을 면한 것에 지나지 않는다.'라고 한 것과 맹자의 '스스로 돌이켜 참되다면, 비록 천만인 앞이라도 내가 나아가리라.'라고 한 것과 그 호연지기를 말하여 '곧음으로써 길러 아무런 해가 없으면, 천지 사이에 꽉 차게 된다.'에서 받은 것이니, 주자가 공자와 맹자의 줄을 이은 것은 오직 이 한 글자뿐이다."

즉 공자와 맹자의 '직'을 말한 후에 '직' 한 글자야말로, '공자와 맹자, 주자' 세 성인의 동일한 도리라고 한 것입니다.[371] 주자와 우암의 언급에서 알 수 있듯, 직直은 유학사상에서 매우 중요한 개념의 하나입니다. 이는 단순히 어떤 추상적이고 관념적인 형이상학적 용어가 아닌 도덕적 행위에 있어 실제적 지침을 제공하는 개념입니다.[372] 여기서 우리는 고대 유학 속에서 '직' 개념의 중요성을 확인할 수 있습니다.

직直을 논함에 『주역』 곤괘 62효六二爻에서는 '곧은 마음과 바른 행실을 가지면 덕이 커진다. 그러면 시행착오 없이 하는 일마다 유익하다(直方大, 不習無不利).'라고 하고, 『논어』에선 '사람이 살아가는 것은 곧음일 뿐이다(人之生也直).', '곧음으로 원한을 갚으라(以直報怨).'라고 하며, 『맹자』에서는 '곧은 마음으로 기氣를 기른다(以直養氣).'라고 합니다. 여기서 곧음直이란 '사사로움과 사특함이 없음'을 의미합니다.

즉 '안으로 자기를 속이지 않고, 밖으로 남을 속이지 않음' 혹은 '마음이 좋아하고 싫어하는 것을 그대로 드러내는 것'으로 풀이합니다.[373] 이는 마음이 외물에 대해 감응하는 내용을 그대로 드러내는 것입니다. 다시 말해 이는 천명으로서의 성을 그대로 따르는 것입니다. 이 같은 '곧음'의 의미를 우암은 '사사로운 욕망이 깨끗이 사라지고 환하게 두루 통해 내외와 상하, 원근 등이 없음이다'[374]라고 규정하고 있습니다.

'사사로운 욕망私欲이 사라진 상태'를 우리는 '본연의 상태 혹은 본연

---

371) 우암의 수제자인 권상하는 우암의 묘표에 이렇게 적었다. "孔孟以來相傳者, 唯是一直字. 以此爲終身, 服行之符. 是以其動靜言爲, 正大光明如靑天白日, 人得以見之.

372) 곽신환(1979), 「송우암의 철학사상연구」, 『국제대학논문집』7집, 7~11쪽.

373) 풍우란 저, 박성규 역(1999), 『중국철학사』, 까치, 94쪽.

374) 『송자대전』권97, 「答李同甫」.

지성의 경지'라 하고, 사욕이 개입되어 비뚤어진 상태를 이른바 악惡으로 규정합니다. 우암은 천리天理와 인욕人欲을 변별하여, "무릇 인욕이란 천리에 뿌리를 두고 있다. 천리로 말미암는 것이지만 조금의 차가 생기면 천리는 곧 인욕으로 흐르게 된다."[375]고 했습니다. 구체적으론 먹고 마시는 일, 남녀관계와 음란에 빠지는 일을 들 수 있습니다.

또 거처할 집과 높은 누각에 조각한 담장의 집, 작은 것이 큰 것을 섬기는 일事大, 부끄러움을 참아가며 원수를 섬기는 일의 유비類比를 통해 이해를 도모합니다. 앞의 예는 천리요, 뒤의 예는 인욕이란 것입니다. 젓갈에서 구더기가 생기듯 천리로부터 인욕이 생긴다는 것이 우암의 천리, 인욕관입니다. 즉 우암은 사람의 마음이 곧지 못한 것을 인욕으로 보는 것입니다. 그리고 사욕은 모든 일의 병폐로 규정합니다.[376]

학문을 하는 이유는 다름 아닌 이 사욕을 제거하는데 목적이 있습니다. 우암은 "『시경』의 큰 뜻이 그 생각에 사특함이 없음인데, 이는 『논어』의 인仁, 『중용』의 성誠, 『대학』의 경敬이 바로 이것이다."[377]라고 했습니다. 다시 말해 이는 공자의 인仁, 자사子思의 성誠, 증자曾子의 경敬의 요체가 바로 '사사로움의 극복'인 것입니다. 이것이 가장 순연한 삶을 구가할 수 있는 『시경』의 큰 뜻이라 한 것입니다.

따라서 우암은 인간 본연의 모습을 찾는 데는 무엇보다 인욕과 물욕의 폐를 제거해야 한다고 주장한 것입니다.[378] 그는 물욕이 제거된 본래

375) 『송자대전』권5, 「己丑封事」.

376) 『주자대전』, 「年譜」.

377) 『송자대전』권9, 「宋書拾遺」, 經筵講義.

378) 『송자대전』권5, 「己丑封事」.

의 모습을 광대광명廣大光明 혹은 청명정대지역淸明正大之域이라 하고, 항상 청명정대한 지역에 설 것을 강조합니다. 이런 청명하고 정대한 지역에 설 수 있음은 오로지 학문의 힘에 의존합니다. 그에 의하면 학문이란 다른 것이 아닌, 주경主敬으로 천리를 보존하는 것입니다.

그리고 강학講學으로 천리를 밝혀야 합니다. 그것이 인간의 본래성으로 직直을 회복하는 길입니다. 다른 말로 그것이 학자의 절요처로 『주역』의 경이직내敬以直內와 『맹자』의 이직양기以直養氣입니다.379) 여기서 학문의 절요처로 '이직양기'의 기氣는 호연지기浩然之氣를 뜻합니다. 호연지기는 부동심不動心에 이르는 방법입니다. 어떤 외물의 유혹에도 흔들림 없는, '강한 도덕적 주체를 지칭'하는 것입니다.

4) 우암 송시열의 이기론

(1) 극본궁원의 태극론

김장생을 통해 율곡의 이학을 계승한 우암은 주자, 율곡과 같이 태극은 본연의 묘를 나타내는 것이요, 태극론은 본원을 궁극하려는 것임을 분명히 합니다.380) 우암의 극본궁원極本窮源의 태극론은 『주역』의 일음일양지위도一陰一陽之謂道에 대한 분석에서 드러납니다. 우암은 일음일양기야일음지일양지리야一陰一陽氣也一陰之一陽之理也라 하여 도道는 한 번은 음陰, 한 번은 양陽이 되게 하는 '소이연'으로 봅니다.

애초에 태극은 곧 이 소이연所以然으로서의 도리에 대한 극본궁원론인 것입니다. 따라서 태극 외에 상위 개념은 있을 수 없습니다. 이와 같은

---

379) 『송자대전』권135, 「字說」, 雜著.

380) 『송자대전』권136, 「一陰一陽之謂道」, 雜著, 太極皆極本窮源之論也.

생각은 주렴계와 주자의 영향에 따른 결과입니다. 태극을 소이연자로 보려는 이런 우암의 태도는 주렴계의 태극동이생양정이생음太極動而生陽靜而生陰을 이해하는 데서도 드러납니다. 즉 태극은 이理로써 무위無爲인데, 어떻게 음양을 낳을 수 있느냐고 의심한 것입니다.

다시 말해 태극은 이理요, '이'는 무위無爲의 것인데, 어찌 능히 음을 낳고 양을 낳을 수 있느냐를 의심했던 것입니다. 그러다 우암은 주자가 '태극자소이동이양정이음지본체太極者所以動而陽靜而陰之本體'라고 한 것을 보고 분명히 깨달았던 것입니다.381) 따라서 우암은 '일음일양지一陰一陽之' 앞에 소이所以 자를 덧붙여 소이일음일양지所以一陰一陽之라고 함으로써 주자의 뜻을 보다 분명히 드러낸 것입니다.

이는 사계절이 순환하는 유행의 묘로 보나 천상지하天上地下로 되어 있는 형상形象의 대대待對의 체體로 보나 그 소이所以는 도道요, 도는 형이상자形而上者라고 한 것입니다. 그리고 우암은 율곡의 학적 계보에 어울리게 태극과 음양, 이理와 기氣가 서로 떨어질 수 없는 관계에 관심을 집중했습니다. 이는 바로 '이'와 '기'의 개념적 측면이 아닌, 현실적으로 존재하는 방식을 중시한다는 것이 핵심입니다.

물론 우암도 이理가 아니면 기氣가 뿌리내릴 곳이 없고, 기氣가 아니면 이理가 의착할 데가 없다는 개념적 규정도 분명히 하고 있습니다. 이처럼 양자理氣를 나눠 보는 것도 곤란하지만 그렇다고 도道가 곧 음양陰陽이라고 규정한다면, 형이상자로서의 도道와 형이하자로서의 기器를 분별함에 있어 어두울 수밖에 없습니다. 때문에 도道와 기器 양자는 불가불不

381) 『송자대전』권131, 「看書雜錄」.

可不 분별해서 봐야 한다고 한 것입니다.

여기서 무형무위無形無爲면서 유형유위有形有爲한 것의 주재가 되는 것은 이理요, '유형유위'면서 '무형무위'한 것의 그릇이 되는 것은 기氣이니, '이'와 '기' 둘은 본래 절로 혼합되어 종시終始가 없는 것이므로, 하나라고도, 둘이라고도 할 수 없습니다. 이 같은 견해는 주자가 "앞으로 미루어 봐도 이와 기는 그 시초에 합해져 있음을 보지 못하겠고, 뒤로 끌어내도 끝내 떨어짐을 보지 못하겠다."382)에서 왔습니다.

이는 태극太極과 음양陰陽의 관계를 논술한 것에서 근거합니다. 이를 기초로 시간적 관점에서 보면, 양자는 동시에 함께 있는 것으로, 결코 선후先後로 나눌 수는 없습니다. 하지만 존재적 관점에서 보면, 이理가 앞서고 기氣는 나중이거나 혹은 이理가 있음으로 물物이 있다고 할 수밖에 없게 됩니다. 왜냐하면 태극론이라는 게 본래 사물 현상의 소이연所以然을 탐구하려는 데서 나온 것이기 때문입니다.383)

우암은 주자가 "이理는 형체가 없어 알기 어려우나 사물은 자취가 있어 쉽게 볼 수 있다."고 한 말이야말로 지극히 분명한 가르침이라 봅니다.384) 사물이 있은 후에야 비로소 태극이 있어서 그렇게 된 줄을 알게 되는 것이지만, 본원을 탐구하려는 관점에선 애초에 태극이 없다면 사물이 사물로 될 수 없는 것입니다. 이처럼 이와 기, 태극과 음양의 관계는

382) 『太極圖說解』, 제2절, 주자註.

383) 『龜峰集』권3, 「太極問答」, 아직 일물(一物)이 있기 전에 먼저 태극(太極)이 있었는가? 아니면 이미 만물이 있은 후에 이어서 태극이 있는 것인가? 물(物)이 있은 후에 비로소 태극(太極)이 있어 그러함을 아는 것이다. 애초에 태극이 없었다면, 사물이 사물로 될 수 없었을 것이다.

384) 『송자대전』권9, 「宋書拾遺」, 經筵講義.

유행하는 곳에서도 말할 수 있고, 근원에서도 말할 수 있습니다.

또 이理를 중심으로 해서도 기氣를 중심으로 해서도 설명할 수 있습니다. "역易에 태극太極이 있으니 이것이 양의兩儀를 낳는다."고 한 것과 "태극이 움직여서 양을 낳고, 고요하여 음을 낳는다."고 한 것은 모두 근원에서 말한 것이고, "기氣로써 형체를 이루니, 이理 또한 거기에 부여되었다."고 한 것은 유행하는 것에서 말한 것입니다.385) 이처럼 주장하는 입장에 따라 서로 다른 주장이 나오는 것입니다.

이理에 동정動靜이 있는가, 이기理氣에 선후가 있는가, 태극이 어떻게 음양을 낳는가, 이기理氣 둘이 어찌하여 불리不離의 관계에 있고, 부잡不雜의 관계에 있는가 등의 문제로 학파가 날카롭게 대립하여 의론이 분분했던 것입니다. 우암은 이런 다양한 견해에 대해 정리했습니다. "이理와 기氣는 하나면서 둘이요, 둘이면서 하나다. (여러 설 가운데는) 이理를 좇아 말한 것도 기氣를 좇아 말한 것도 있다.

근원을 좇아 말한 것도, 유행을 좇아 말한 것도 있다. 무릇 '이'와 '기'는 함께 융화되어 틈이 없지만 '이'는 그 자체 '이'요, '기'는 그 자체 '기'일 뿐 섞이지 않는다. 따라서 '이'에 동정이 있다는 것은 '이'가 '기'를 주재한다는 점에서 말한 것이고, '이'에 동정이 없다는 것은 '기'가 '이'를 운용한다는 점에서 말한 것이며, 이기理氣에 선후가 있다는 것은 근원에서요, 선후가 없다는 것은 유행하는 것에서 말한 것이다."386)

여기서 우린 우암이 어느 한 설說을 고집하여 배타적 자세를 취하지 않고, 각각의 입론立論에 정당한 점이 있다는 것을 이해하고, 그 입장을

385) 『송자대전』권90, 「書李汝九」.

386) 『송자대전』권19, 「記述」, 附錄.

분명하게 밝히고자 하는 매우 객관적인 자세를 지니고 있음을 알 수 있습니다. 호론湖論의 영수領袖였던 한원진(韓元震, 1682~1751)[387]은 "이 한마디가 나옴으로써 어지러운 여러 학설들이 가지런해지고, 진리를 탐구하던 학자들이 비로소 올바른 길을 찾게 되었다."[388]고 하였습니다.

기발이승일도설氣發理乘一途說에 대한 다양한 학설을 명확히 이해하려는 태도를 취했던 우암도, 발發의 문제에선 '무위無爲의 물物'이라 규정된 이理 개념에 철저하여 율곡의 '기발이승일도설'을 견지하고, '퇴계의 이발은 크게 그릇된 것'이라 비판했습니다.[389] 우암은 이렇게 언급합니다. "이理는 운용과 조작이 없다. 운용 조작하는 것은 기氣일 뿐이다. 솔개가 하늘 높이 날고 물고기는 연못에서 뛰어 논다.

여기서 하늘을 날고 물에서 뛰는 것은 기氣이고, 날게 하고 뛰게 하는 까닭은 이理이다."[390] 퇴계의 이발설理發說은 『주자어류』에 사단과 칠정을 각각 이발理發과 기발氣發로 나눈 부분에서 힘을 얻은 것이라 하지만, 『주자서朱子書』를 두루 살펴본 우암은 그 기록이 일시적이거나 기록자의 실수로 추정하면서 주자의 정론이 아니라고 했습니다. 따라서 '이발'은 주자와 무관한 '퇴계의 설說로 규정'했습니다.

---

387) 한원진(韓元震, 1682~1751)은 조선후기의 문신이자, 철학자다. 자(字)는 덕소(德昭), 호(號)는 남당(南塘), 본관은 청주. 권상하(權尙夏)의 문인으로, 강문 팔학사 가운데 한 사람이다. 송시열이 편찬하려다 못한 유고인 『주서동이고(朱書同異考)』를 50년 만에 완성했으며, 호락논쟁 때 낙론(洛論)에 대립하는 호론(湖論)의 영수로 율곡의 기발이승일도설(氣發理乘一途說)을 고수했다.

388) 『송자대전』권19, 「記述」, 附錄.

389) 『송자대전』, 「朱子言論同異攷」, 퇴계의 이발(理發)에 대한 구절은 매우 잘못된 것이다. 이는 정(情)이나 운용 조작하는 것이 아니다. 이(理)는 기(氣) 가운데 있다. 그러므로 기(氣)가 운용 조작하고 이(理)는 또한 거기에 부여된 것일 뿐이다.

390) 『송자대전』권90, 「書李汝九」.

우리는 여기서 이발설理發說이 기록자의 실수냐의 여부는 차치하더라도 '주자의 이기론 체계'에서 이발설이 성립할 수 없다고 보는 우암의 관점에 유념할 필요가 있습니다. 우암은 율곡의 기발이승일도설氣發理乘一途說이 대나무를 쪼개듯 명쾌하다고 했습니다. 율곡이 퇴계를 비판한 것은 이발기수설理發氣隨說인데, 이 주장의 시비是非는『중용』첫 장 천명지위성에 대한 주자의 풀이를 보면 알 수 있습니다.

즉 주자의 '기氣로 형체를 이루고 이理를 부여하였다.'라는 말과 퇴계의 '이발기수설理發氣隨說'이 논리적으로 개념적 정합성(整合性, 어떤 논리식에 대해 그것과 그것의 부정이 동시에 성립되지 않음)을 지니고 있는지를 묻고 있습니다.391) 뿐만 아니라 우암은 사단四端 또한 기발이승氣發理乘이므로 불선不善이 있을 수 있다고 하여, 율곡보다 더 철저한 일도설一途說을 견지하고 있었던 것을 알 수 있습니다.

(2) 형形과 도道, 기器의 삼단설三段說

태극과 음양, 이理와 기氣의 동정動靜, 미발이발未發已發, 이기선후理氣先後 못지않게 우암이 관심을 가졌던 것은 형이상과 형이하를 도道와 기氣로 분별하는 것이었습니다.『주역』「계사전」의 '형이상자위지도, 형이하자위지기(形而上者謂之道, 形而下者謂之器)'의 구절은 형이상과 형이하, 도와 기에 대한 학자들의 견해가 일치하지 않았습니다. 주자는 일관되게 형이상은 도道요, 형이하는 기器라 하였습니다.

391)『송자대전』권131,「看書雜錄」, 雜著, 栗谷理氣說如破竹然, 栗谷所以非退溪說者, 專在於理發氣隨一句. 此說是非, 當於中庸天命之謂性註可見矣, 其曰氣以成形, 理亦賦焉者, 與理發氣隨者同乎異乎.

그는 "보이는 것은 기器고, 보이지 않는 것은 도道이다. 이理는 도道이고, 물物은 기器이다."라고 하였습니다. 주자에게서 도道는 곧 이理지만, 도道는 총명總名이고, 이理는 세목細目이란 차이가 있습니다. 형이상과 형이하라 할 때의 형形은 형질을 말하는 것이므로 형질 이상은 도道이고, 이하는 기器가 되는 것입니다. 또 형이상의 허혼虛渾은 도리道理이고, 형이하의 실상은 기器입니다. 뿐만 아니라 형이상과 형이하란 말이 가장 적절한 표현이라 했습니다. 왜냐하면 만약 유형有形과 무형無形으로 논했다면, 물物과 이理에는 단절이 있기 때문입니다. 형이상의 도는 도리이고, 형이하의 기器는 형적形迹입니다. 사사물물事事物物에 모두 도리가 있고, 또한 모두 형적이 있습니다. 그러므로 가시적(형이하)인 사물에 입각해서 형체와 자취가 없는(형이상) 이理를 인식하여 나아가는 것입니다.392)

여기서 도道와 기器를 이理와 물物로 규정하고, 형이상은 반드시 형이하에 나아가야 알 수 있다는 것을 분명히 했습니다. 그런데 여기서 주자의 여러 견해 가운데 논리적 정합성의 결여 혹은 용어 사용의 정밀성 결여를 지적하지 않을 수 없습니다. 즉 그가 위와 같이 도道와 기器를 이理와 물物로 규정하기도 하고, 이理와 기氣로도 규정함으로써 사물이 곧 기氣로 오해할 수도 있게 되었기 때문입니다.

또 "형기의 본체에 즉해 있으면서 형기를 떠나는 것을 도道라 하고, 형

392) 『주자어록』권75, 형이상은 이(理)를 가리킨 것이고, 형이하는 물(物)을 가리킨 것이다. 사사물물에 모두 그 이(理)가 있다. 물(物)은 볼 수 있으나 그 이(理)는 알기 어렵다. 물(物)에 입각하는 것이 이(理)를 아는 요령이다. 물에서 그 도리를 진실하게 깨우친 다음에야 비로소 자기에게 유익하다. 임금이 되어 인(仁)하고 자식이 되어 효(孝)한다는 것은 군신(君臣), 부자(父子)의 관계에서 이 이(理)를 얻은 것이다. 『대학』의 도에 이치를 탐구하고 사물의 이치에 이른다고 했는데, 이것은 사람들이 실처(實處)에 나가 궁구하게 한 것이다. 사사물물에는 허다한 도리가 있으니, 탐구를 다하지 않을 수 없다.

기에 나아가 말하면 기器라 한다."는 표현에서도 볼 수 있듯 도와 기, 형이상, 형이하는 이와 기, 도리와 사물로 구별되지만, 도는 형과 엄격히 구별하는데 비해, 기는 오히려 형과 병칭하고 있어 기器가 곧 형으로 해석될 가능성도 많습니다. 형이상과 형이하, 도道와 기器, 이理와 기氣 등은 자연과 사물을 이해하기 위한 개념적 도구입니다.

하지만 주자나 퇴계의 언설에선 형과 기, 사물을 혼동할 소지가 많다는 것을 지적하지 않을 수 없습니다. 이에 우암은 퇴계 및 율곡의 적전嫡傳이면서 그의 스승이었던 사계沙溪가 도와 형은 분별하면서, 기器와 형形을 혼합하는 것은 공자의 본뜻에 어긋난다면서 이렇게 지적했습니다. "형이상, 형이하에 대해 퇴계와 사계 두 선생의 해석이 너무도 달라 매우 불편하여 형形자로 도道와 기器를 처리해 보았다.

형形의 상하에서 형과 도, 기를 세 가지로 보면 풀이가 어려울 것은 없다. 두 선생의 경우, 형과 도는 둘로 보고, 형과 기는 하나로 본 것은 공자의 뜻에 맞지 않는 것 같다. 무릇 도道는 이理이고 기器는 기氣이다. 이기理氣가 묘합하고 응취하여 만물의 형을 낳는다. 그러므로 『중용』 첫 장의 주에서 하늘이 음양, 오행으로 만물을 화생하니 기氣로써 형을 이루었는데 여기에 이理 또한 품부되었다고 하였다.

『주자어류』에 형이상은 곧 천리요, 형이하는 찌꺼기로 지극히 탁한 것이라 했으니, 마땅히 도道는 형이상이요, 기器는 형이하이다. 이렇게 보는 것이 어떨까."[393] 우암은 다시 주자의 말을 인용하여 분설分說해 보려는 자신의 견해를 뒷받침했습니다. "주자가 '기이성형 이역부언(氣以成形,

393) 『송자대전』권130, 「朱子言論同異考」.

理亦賦焉)'이라 했는데, 여기서 말하는 형形은 곧 형이상과 형이하라 할 때의 형이요, 이理는 형이상을 도라 할 때 도이다.

또 기器는 형이하를 기器라 할 때 바로 그 기다. 어찌하여 기라 하는가? 기는 도를 갖추고 있는 까닭에 기라 한다. 분명히 도道와 기器와 형形을 삼단으로 풀어서 형이상과 형이하라 한 것이다. 이미 도道라 하고, 기器라 하였는데, 그 상과 하가 됨은 말하지 않아도 알 수 있다. 주자의 설이 공자의 뜻과 부합하니 어찌 의심 없는 것이 아니겠는가? 그렇지 않고 도는 형과 분별하고, 기는 형과 혼합하겠는가?

그렇다면 성인의 말씀이 이와 같이 평탄하지 않은 것은 아니리라 생각한다."[394] 이처럼 우암은 형과 도, 기를 삼단으로 나눠 「계사전」에서 도와 기를 형이상과 형이하로 나눠 말한 뜻을 설명함으로써 기와 형을 혼합해 보는 잘못을 지적한 것입니다. 형形 자체는 기가 아닙니다. 기를 기라 함은 기가 도를 담을 수 있다는 뜻 이외의 다른 뜻이 없습니다. 형形이란 도道를 담을 수 있는 기능으로서의 기가 아닙니다.

이는 이미 이理가 담겨 있는 기라 할 것이니, 형과 기를 혼동할 수 없다는 것입니다. 우암은 주자의 『어록』 가운데 형形과 기를 병칭하거나 기가 곧 형적이라 한 적이 있지만, 그것은 형形이 곧 기를 가리키는 것이 아닌, 이를 담고 유행과 운용하는 기는 소리도 냄새도 없는 이와 같지 않다는 점을 말한 것입니다. 즉 사람과 사물인 형形을 가리킨 것이 아닙니다. 만일 기가 참으로 형적이 있다면, 어찌 되겠습니까?

즉 사람과 사물의 형과 같다면 「계사」에서 어찌 형形을 말한 후에 기

394) 『송자대전』권133, 「退溪四書質疑疑義」.

를 말했겠습니까? 형과 기가 결코 하나가 아님을 보여 준 것입니다. 우암은 이렇게 정리합니다. "'기'란 '이'를 담고 있는 그릇이고, 사람과 사물의 형상을 이루는 것이라면, 사람과 사물의 형상을 갖고 말하자면 텅 비었지만, 소이연이 되는 것은 '이'이므로 상上이라 하고, 그 경위가 뒤섞여 형상을 이루는 것은 '기'인 까닭에 하下라 하는 것이다."395)

우암이 제기한 문제는 실상 이학理學의 집대성자인 주자만 해도 이미 언급한 것처럼 『어류』 등에 나타난 기록이 다소 차이가 없지 않아 개념상의 혼란을 일으킬 소지가 많았고, 퇴계와 사계도 이에 대해 깊은 관심을 기울이지 않았습니다. 하지만 개념들의 의미를 명확히 하기 위해 우암은 『어류』의 기록을 취하지 않고, 『중용』 첫 장의 주를 주자의 정설로 규정하고, 그 이유를 이기설과 「계사전」을 통해 밝혔습니다.

이는 그가 단순히 주자를 존숭하고 답습한 것만이 아님을 일러줍니다.396) 우암은 또한 『중용』의 군자지도비이은君子之道費而隱의 비費를 형이하로 보는데 반대합니다. 비費와 은隱을 형이상과 형이하로 보지 않고, 도道의 본체體와 작용用으로 보는 것입니다. 그는 "비費는 도道의 작용으로서 형이하에 나타난 것이라 하는 것은 가능하지만, 형이하의 것을 도의 작용이라 함은 곤란하다. 형이상은 도道다.

그리고 형이하는 기器로써 '도'와 '기'는 스스로 분별이 있는 것이니, 혼동해선 안 된다."397)고 했습니다. 솔개가 날고 물고기가 뛰는 것은 비

---

395) 『송자대전』 권90, 「答李汝九」.

396) 학자들 간의 학설이 대립된다면 어떤 것을 정설로 취할 것이냐의 판단은 그 전적이 지니고 있는 사료적 가치가 중요하다. 『중용집주(中庸集註)』가 불특정 다수를 대상으로 기술한 것이라면, 『주자어류(朱子語類)』는 특정인을 상대로 기록한 것이다.

397) 『송자대전』 권94, 「答李同甫」.

費입니다. 형이상의 도가 형이하의 기에 나타난 것이라 할 수는 있으나, '비'가 곧 형이하의 기는 아닌 것입니다. 비費와 은隱은 도의 본체와 작용이니, 나타난 것이나 숨은 것 모두 형이하의 것입니다. 이렇게 볼 때 '형'과 '도'와 '기'는 확연히 구별되는 것이 아닐 수 없습니다.

우암은 태극을 일음일양하는 도에 대한 극본궁원으로서 본연지묘로 보고 있으며, 이기의 상수상대相須相待, 불리부잡不離不雜, 동정動靜, 선후先後의 문제를 근원과 유행의 측면으로 그 의미를 논하고, 도와 기, 형을 삼단으로 설명하여 형形을 기氣와 기器로 혼동하는 개념적 오류를 지적했습니다. 특히 그가 이발설의 오류를 지적한 것과 이전 사람들이 말하지 못했던 형과 도, 기에 대한 분석은 큰 업적입니다.

5) 우암 송시열의 심성론心性論

(1) 심시기설心是氣說

보편적으로 존재하는 태극太極이 인간에 내재되면 성性이라 하며, 『중용』 첫 장에 나온 천명天命의 성性을 나에게 갖추어진 이理로 보는 것이 성리학에서의 일반적 견해입니다. 이 성性은 심心에 담겨 있으며, 정情은 이것의 발용發用이라 규정합니다. 심心에 대해 『논어』에서는 "붙잡으면 보존되고, 놓으면 사라진다."고 했고, 『맹자』에서는 "사람의 마음에 서로 같은 것은 의義와 이理."라고 했습니다.

이와 같은 기록에 근거하여 주자는 여러 의미로 주장을 했습니다. 말하자면, "들고 나는 것이 때가 없고, 그 터전을 모른다."고 했고, 또 "허령불매虛靈不昧하고 뭇 이치를 갖추어 만사에 응한다."라고도 했습니다. 본래 심心과 성性, 정情 등의 용어는 성리학자들, 특히 주자에 와서 비로소 그 개념이 명확하게 구별되기 시작했습니다. 즉 "성性이란 마음(心)의 이치(理)요, 정情은 성性의 쓰임(用)."이라 했습니다.

또한 "마음(心)에 대해 논하게 되면 정情과 성性의 총뇌總腦를 알게 되고, 도리의 존양처存養處를 깨닫게 할 수 있다."는 주장도 했습니다. 주자는 장횡거의 '심통성정心統性情'이란 말을 바르게 인식하여 이 구절을 바꿀 수 없는 참으로 옳은 말이라고 했습니다. 일반적으로 주자는 '정이천의 성즉리설性卽理說을 계승'한 것으로 알려져 있으나, 그렇다고 하더라도 결코 마음(心)을 중시하지 않은 것은 아닙니다.

육상산이나 왕양명 또한 심즉리설心卽理說을 주장했으나 이理를 소홀히 한 것은 아닙니다.398) 하지만 주자가 심心이 이理를 갖추고 있다고 본 것과는 달리 육상산과 왕양명은 마음(心)과 이理를 동일시했던 것입니다. 따라서 주자는 후천적 수양공부를 통해 비로소 마음(心)과 이치(理)가 하나가 될 수 있다고 말하고 있습니다. 그러므로 엄밀히 논하면 주자에게도 심즉리心卽理가 존재한다고 말할 수 있습니다.

하지만 그 함의가 육상산과 왕양명의 그것과는 같지 않습니다. 때문에 육상산과 왕양명을 종관계통縱貫系統으로, 주자는 횡관계통橫貫系統으로 구별하기도 합니다.399) 주자에게서 심心은 기氣입니다. 이理는 작위가 없는 데 반해, 심心은 작위가 있으므로 이理일 수 없습니다. 심心이 이理를 갖추고 있다는 것은 심心의 지知가 이理를 그 내용으로 하고 있으니, 심에는 주재한다는 뜻이 있기도 합니다.

조선의 학계에서도 '심心을 이理로 보는가? 기氣로 보는가? 아니면 이

398) 劉述先(1982), 『朱子哲學思想的發展與完成』, 臺北, 學生書局, 232~233쪽.

399) 牟宗三(1970), 『心體與性體』, 臺灣, 正中書局.

理와 기氣가 합한 것으로 보는가?'라는 문제로 의견이 분분했으나, 우암은 분명히 심시기心是氣의 입장에 섰습니다. 심을 기라 한 것은 주자와 같이 심의 허령불매하고 만사에 응하며 이치를 갖춘 기능면에 초점을 둔 것입니다.400) 그가 '심을 그릇'에, '성을 그릇에 담긴 물'에 비유한 것도 그의 심이 기라고 하는 주장에서 나온 것입니다.401)

형이하의 것인 기器는 곧 기氣요, 기氣가 기器인 것은 '기'가 도理를 담을 수 있기 때문이란 것이 우암의 주장이므로402) 주자가 규정한 허령불매하고 뭇 이치를 갖춰 만사에 응하는 심心은 기氣가 되는 것입니다. 하지만 우암은 『대학』의 명덕明德을 단지 심心의 허령으로 보려는 태도엔 이의를 제기합니다. "마음은 그릇과 같고, '성'은 그 속에 물과 같고, '정'은 물이 그릇으로부터 새어나오는 것과 같다.

허령虛靈만 말하고 성정性情을 말하지 않는다면, 이는 물이 없는 빈 그릇이요, 성정만 말하고 허령을 말하지 않는다면, 물을 담아둘 곳이 없게 된다. 이 세 가지 중에 한 가지라도 빠뜨린다면 의리가 이뤄지지 못할 것이니, 어찌 명덕明德이라 할 수 있겠는가. '명덕'이란 심성정心性情의 총명이다."403) 이는 성性과 기氣를 함께 논하지 않으면, 불비불명不備不明의 오류에 빠진다고 정이천이 이미 말한 바입니다.

따라서 우암 또한 심心의 '허령과 성정'을 아울러 논해야 한다고 주장한 것입니다. 심心의 허령불매와 함께 심체心體의 광대광명廣大光明에도

---

400) 『송자대전』권15, 「語錄」, 附錄.

401) 『송자대전』권104, 「答金直卿仲固」.

402) 『송자대전』권133, 「退溪四書質疑疑義」.

403) 『송자대전』권104, 「答金直卿仲固」.

우암의 관심은 높습니다. 심체를 광대하다고 하는 것은 마음(心)이 머금고 있는 태극, 즉 도체가 광대廣大하기 때문에 그렇게 이르는 것이고, 광명光明하다고 하는 것은 어둡지 않은, 즉 불매성을 이르는 것입니다. 우암의 마음(心)에는 진체眞體와 실용實用이 있습니다.

그리고 마음(心)의 진체란 마치 거울의 밝음과 같고, 실용은 그 밝은 거울이 비추는 것과 같다고 했습니다.404) 즉 밝지 못하면 비출 수 없고, 비추지 못하는 거울은 이미 거울이 아닙니다. 거울에 먼지가 쌓이면, 아무리 밝은 거울이라 하더라도 거울의 기능을 다하지 못하게 되듯이 허령불매虛靈不昧와 광대광명廣大光明한 심체에 인욕人欲과 물욕物欲이 끼면 그 심체心體는 일상 속에 드러나지 못한다는 것입니다.

사물이 이르지 못하고, 사려가 싹트지 못하면, 성性이 혼연히 다 갖춰지고 도道와 의義가 모두 갖춰져 충막무짐冲漠無朕하나 만상萬象이 삼연森然하게 이미 갖추어진 상태405)가 되는데, 이것을 심위태극心爲太極이라 한 것입니다.406) 이기론理氣論에서 우암이 여러 입장에 따라 그 의미를 이해하듯, 심시기설心是氣說이 근거하는 바를 밝히는 동시에 심위태극설心爲太極說도 주장할 수 있게 된 것입니다.407)

---

404) 『송자대전』권90, 「答李汝九」.

405) 정이천은 『近思錄』에서 "천지는 공허하고 깊숙하여 아무런 조짐도 없지만, 삼라만상이 이미 그 속에 다 갖추어져 있다."고 했다.

406) 『송자대전』권136, 雜著.

407) 이와 관련해 "도체(道體)는 무궁하다. 그런데 심(心)은 도(道)를 갖추고 있다. 그러므로 심체(心體) 또한 무궁하다. 도(道)가 태극이듯 심(心) 또한 태극이 된다."고 하였다. (『宋子大全』권131, 「看書雜錄」.)

(2) 성정일리설性情一理說

정이천이 말한 성즉리性卽理에 대해 주자는 "공자와 맹자 이후 아무도 이 경지에 이른 사람이 없다."고 하고, "이는 영원히 진리를 강론하는 기초다."라고 했습니다.408) 이후 '성즉리설'을 중심으로 한 이 학문을 글자 그대로 성리학이라 했습니다. 그런데 개념상 이理는 무형무위한 것이므로, 성에 대한 인식의 문제가 곧 대두됩니다. 『중용』 중화中和 장에서 주자는 성을 미발한 것, 정을 이발한 것으로 규정했습니다.

희로애락이 미발未發한 상태를 중中이라 하고, 발하여 중절한 것을 화和라고 한 경문의 주注에서 중中은 곧 성性을 나타낸다고 했습니다. 따라서 중中과 화和는 본체體와 작용用의 관계가 되고, 성性과 정情 또한 그와 같은 관계가 성립합니다. 하지만 『중용』 경문의 중中이 곧 성性은 아닙니다. 우암은 "성性은 물과 같고, 중中은 물이 고여 정지한 것과 같다. '물이 정지했다고 한다면' 가능하다.

하지만 정지한 것을 물이라 한다면, 오히려 거꾸로 말하는 것(倒說)이 되고 만다. 성이 중이 된다고 하는 것은 가능하나, 반대로 중이 성이라 하는 것은 마치 정지한 것을 물이라고 하는 것과 같다."409)고 했습니다. 미발의 상태를 가리키는 중中은 성性의 체단體段을 형용한 것으로, 중을 곧 성이라 함은 논리적으로 오류입니다. 주자도 분명 "중화中和란 실리의 본체와 작용을 형용하는 까닭이다."410)라고 했습니다.

성즉리 창안자 정이천 또한 중中을 성性의 체단에 대한 표현으로 사용

---

408) 『주자어록』권93.

409) 『송자대전』권89, 「答李同甫」.

410) 『中庸或問』 或問喜怒哀樂條.

했던 것이지, 중中을 성性과 같은 실체 개념으로 보지는 않았습니다. 정지 상태의 물이 흐르듯, 중中 상태의 성性이 발한 것을 정情이라 합니다. 그리고 이 정情은 지각하지 못하는 사이에 갑자기 나오는 것이지, 인간의 의지로 헤아려 나오는 것은 아닙니다.411) 따라서 이 정情은 그 자체로서 윤리적 선악善惡을 논할 수 없는 것입니다.

일찍이 정명도程明道는 성性에 대해 『예기』의 인생이정이상불용설人生而靜以上不容說412)의 정情이 곧 성性이라 한 적이 있습니다. 정이천은 극본궁원極本窮源의 성과 기질의 성을 상대하여 말하고, 기질을 타고난 것으로 말하면 선악의 다름이 있으나 극본궁원으로 논한다면 성은 선하지 않음이 없다고 했습니다. 우암은 '인생이정이상불용설'에 대해 이상以上은 인생에 걸리는 것으로 태어나기 전의 말입니다.

즉 사람이 '태어나기 이전은 말로 형용할 수 없다'는 뜻이라고 하여 성性이란 형용할 수 없는 것임을 말하고, 그럼에도 성性이 선善하다는 것은 단지 그 발견한 단서에 나아가 말한 것일 뿐이라 했습니다.413) 성性이 미발未發이며 무형인 까닭에 직접적인 방법으론 파악할 수 없고, 반드시 발용처發用處에서 소급해야 본연의 성을 확인할 수 있습니다. 그런데 탐구의 대상이 되는 이발已發한 것은 정情입니다.

우암은 "적연寂然하여 움직이지 않을 때 성의 본체를 볼 수 있다. 성과 정은 비록 이름은 달리하나 그 이理는 한 가지인데 그저 고요하여 움직

411) 『송자대전』권90, 「答李同甫」.

412) 사람이 태어나 그대로 정(靜)한 상태로 있으면 성(性)이라 할 수 있으나, 그 이상의 상태에선 성(性)이란 말이 허용되지 않는다.

413) 『송자대전』권16, 「語錄」, 附錄.

이지 않는 상태를 성性이라 해서는 안 된다. 정情은 성性의 발현이므로 성이 발응發應, 즉 감응한 곳에 다 그 이理가 있으니 이理가 곧 성性이다. 성性과 이理는 비록 이름은 다르나 뜻은 같다."414) 고 하여 정情을 통해 성性을 알 수 있음을 분명히 했습니다.

(3) 사단칠정 합일설

성性의 발용을 정情이라 하는 데는 학자들 간 이견이 없습니다. 하지만 사단四端과 칠정七情에 대한 이기론理氣論적인 분석에선 주장이 나뉩니다. 그것은 본연의 성性, 즉 극본궁원極本窮源한 성性과 기질의 성性으로 구별해 보려는 태도에서 기인합니다. 퇴계는 성性에 본연, 기질 두 가지가 따로 있는 것이 아닌 기질과 섞이지 않은 것은 본연의 성, 기질에 나아가 말하면, 기질의 성이 되는 것입니다.

즉 두 개의 성性이라 하면 잘못이라 지적하면서도 이원적으로 발發을 설명하여 이理와 '본연의 성'의 순수성을 확보하려 했습니다.415) 이와 같은 퇴계의 의도에 대해 사단칠정이 하나의 정情인 이상, 발發에 두 가지가 있을 수 없다는 고봉高峯의 반론이 있었고, 나누어 쪼갬으로써 마치 두개의 물건인 것처럼, 폐단을 면하려는 것이 율곡의 태도입니다. 율곡은 '사단은 칠정 가운데 선善 일변'이라 말합니다.

그리고 '칠정七情은 사단四端의 총회'라 했고, 또 "사단四端은 선善한 정情의 별도 이름이니, 칠정七情을 언급하면 그 속에 사단四端이 들어 있

---

414) 『송자대전』권15, 「語錄」, 附錄.

415) 이황, 『退溪全書』권35, 「答李宏中」.

다."[416]라고 하여 '사단과 칠정'은 하나의 정情으로 이른바 기발이승일도설氣發理乘一途說이라 했습니다. 우암은 사단칠정론四端七情論에서 율곡의 학설을 계승합니다. 그는 퇴계의 "기氣가 발發한 것은 칠정七情이다. 이理가 발發한 것은 사단四端이다. 어찌 두 가지가 있어서 그런 것이겠는가." 라고 한 것에 대해 이미 "기발氣發, 이발已發이라 하고서 '어찌 두 가지가 있어서 그런 것이겠는가.'라고 하는 것은 이해하지 못하겠다."[417]라고 하여 퇴계의 논리적 오류를 지적하고 있습니다. 그러면서 "사단四端이란 곧 맹자가 인의예지仁義禮智를 성性으로 보았기 때문에 그 단서端緖도 네 가지로 말했을 뿐이요, 실상 사단四端도 칠정七情도 모두 성性에서 나왔다.

자사子思가 발發하여 중절中節한 것을 화和라 한 것을 주자가 풀이하길 미발未發을 성性이라 하고, 또 성性의 발용이 정情이 아니고 무엇이랴 했으며, 아울러 『중용』 서문에서 도심道心이 성명性命에서 발發한다 했으니, 두 개의 성性이 같은가? 다른가?"[418]라고 하여 '사단과 칠정'이 모두 기발이승氣發理乘의 성性이란 것을 확인하고 있습니다. 이처럼 우암은 '대체로 율곡과 그 견해를 같이'합니다.

하지만 사단四端을 순선純善한 것으로 보는 데는 반대합니다. "퇴계와 고봉, 율곡, 우계가 모두 사단을 순선한 것이라 했다. 주자는 사단에도 또한 불선이 있다 했는데, 네 선생이 모두 이 설을 보지 못했는지 모르겠다. 대저 사단에 어찌 불선함이 없겠는가? 사단 역시 '기발이승'의 일도이기 때문이다. 발하는 때에 그 기가 청명하면 '이' 또한 순선하고 그 기

416) 이이, 『율곡전서』권10, 「答成浩原」.

417) 『송자대전』권130, 「看書雜錄」.

418) 『송자대전』권133, 「退溪四書質疑疑義二」.

가 어지럽게 흩어지면 '이' 또한 가려져서 그러한 것이다."[419]

이처럼 우암은 사단四端 역시 '기발이승일도'로 불선不善이 있다고 했습니다. 따라서 그는 사단과 칠정을 합해 하나로 보며, 그 근거는 『중용』과 『맹자』입니다. "대저 『중용』과 『맹자』를 합해 본다면, 칠정과 사단이 모두 성에서 나온 것이다. 그러므로 주자가 인仁은 자체가 성性인데 애愛의 이理가 발출할 때, 바야흐로 측은이 있게 된다 했으니, 이것이 어찌 사단과 칠정을 합일[420]해 보는 뜻이 아니겠는가."[421]

(4) 천리인욕설天理人欲說

우암은 사단四端과 칠정七情을 합해 하나의 정情으로 보았습니다. 사단四端에도 부중절不中節이 있다고 보는 까닭은 도심道心과 인심人心에 배당하는 것에 반대하기 때문입니다. '인심은 위태하고 도심은 미묘하다'고 하여, 마치 인심과 도심이 대립되는 별개로 보거나 또 주자가 그것이 성명지정性命之正과 인욕형기지사人欲形氣之私에서 각각 원原, 생生한다고 함으로써 이원적인 것으로 오해합니다. 하지만 실상 인심人心도 심心이요, 도심道心도 심心으로 다 같은 이발已發의 심心인데, 도심道心은 다만 '인심人心이 도리에 합한 것을 가리킨 것'일 뿐이라 했습니다. 인심人心 자체로는 중절中節과 부중절不中節, 선악善惡을 논할 수 없습니다. 인심人心이 중절하면 도심道心이 되는 것이요, 중절하지 못하면 악惡이 되는 것

419) 『송자대전』권130, 「看書雜錄」.

420) 주자의 『중용』과 『맹자』 주석을 참고하면, 사단(四端)과 칠정(七情)은 합일되는, 같은 정(情)이란 것이다.

421) 『송자대전』권133, 「退溪四書質疑疑義二」.

으로, '중절하지 못하게 방해하는 것은 인욕人欲과 물욕物欲'입니다.

우암은 인심 가운데 선善을 이렇게 봅니다. 상象이 기뻐할 때 순舜이 기뻐한 것, 문무文武가 한 번 노怒해 세상을 평안케 한 것, 관저關雎의 음악이 슬프긴 하나 상하게 하진 않는 것, 공자가 난적亂賊을 두려워한 것과 맹자가 양묵楊墨을 두려워한 것, 손제孫提가 부모를 사랑한 것, 공자가 아첨(便佞)을 미워한 것, 내가 어질고자 하는 것 등은 모두 칠정七情이며, 인심이지만 곧 도심이 되는 것입니다.

그리하여 우암은 이처럼 말합니다. "무릇 주자의 뜻은 인심人心과 도심道心을 모두 이발已發한 것으로 본 것이다. 이 마음이 식색食色을 위해 발發한 것은 인심人心이요, 그 발發한 것을 헤아려 도리에 합하게 하면, 도심道心이 된다. '식색을 위해 발한 것'도 이 마음이요, '발하는 것을 헤아리는 것'도 이 마음이다. 어찌 두 개의 마음이라 하겠는가? 대개 마음은 활동하는 것이어서 그 발하는 것이 무궁하다.

따라서 그 본체는 하나이니, 어찌 절제하는 것을 한 마음이라 하고, 천명을 듣는 것을 또 한 마음이라 할 수 있는가? 『중용』의 서문을 숙독하면 스스로 환연해져서 의심이 없게 된다."[422] 이는 인심과 도심이 서로 별개의 근원을 가진 것이 아닌, 같은 성性에서 발發한 것이란 주장입니다. 즉 배고프면 먹고자 하고, 정력이 왕성해 이성異姓을 생각하는 것은 인심이지만, 이를 잘 헤아려 중절하면 도심이 되는 것입니다. 하지만 아우의 팔을 비틀어 빼앗아 먹는 것, 이웃 담장을 넘어 규중閨中의 처녀를 능욕하는 것 등은 인욕人欲입니다. 우암은 "'인욕이 인심人心에 그 근본을 두

---

422) 『송자대전』권90, 「答李汝九」.

고 있다'는 퇴계의 말은 심히 정밀하다."라고 하면서, 인심이 비록 형기形氣에서 나오나, 결국은 성명性命에 근본 한 것이라 했습니다. 다시 말해 '먹고자 하는 마음'과 '이성을 생각하는 마음'은 실로 사랑하는 이치(理)에 근본 하는 것이라 아니할 수 없습니다.

여기서 이理가 없다면 비록 식색食色을 보아도 막연히 동하진 않을 것입니다. 따라서 근본을 좇아 말하면, 성性이 인심의 근본이 되고, 인심人心 또한 인욕의 근본이 되기 때문에 선악善惡이 모두 천리天理라는 것이요, 말末을 좇아 말하면, 인욕人欲이 인심에서 생기지만 인심은 또한 성性에서 생기므로 마치 구더기가 젓갈에서 생기지만, 젓갈을 해치는 것에 구더기만한 것이 없는 것과 같다고 했습니다.423)

우암의 견해에 의하면, 인심人心 그 자체는 윤리적 선악善惡을 논할 수 없는, 즉 가치중립적인 것입니다. 인심이 중절中節한 것은 도심道心이요, 중절하지 못한 것은 인욕人欲이라 했으니, 인심과 도심을 대대對待로 본 것이 아닌, 인심人心에서 도심道心과 인욕人欲이 분기된 것으로 보는 것입니다. 우암의 이 같은 견해를 통해 사단四端과 칠정七情, 인심人心과 도심道心을 이렇게 정리할 수 있습니다.

"만일 사단과 칠정이 모두 성性에서 나오고, 모두 중절中節과 부중절不中節이 있는데, 중절한 것은 모두 '공정한 도심'이요, 부중절한 것은 모두 '위태한 인심'이다. 사단四端 가운데 중절한 것을 확충하면 '세상을 보전' 하는데 이르고, 칠정七情 가운데 중절한 것을 추구하여 지극하게 하면,

---

423) 『송자대전』권5, 「己丑封事」.

'만물을 육성'하는데 이를 것이다. '자사子思와 맹자가 주고받은 것이 한 가지이다'라고 한다면, 거의 맞는 말이 될 것이다."424)

이상에서 고찰한 바를 토대로 사단四端과 칠정七情, 인심人心과 도심道心의 문제에서 퇴계의 호발설互發說에 윤리적, 인간학적 의의를 부여한다 해도 이기철학理氣哲學의 체계와 규정된 개념에 정합성을 지니는 것이 우암의 경우라 할 것입니다. 같은 기발이승일도설氣發理乘一途說을 주장하는 율곡과 우암에서 사단과 도심에 대한 분석은 우암이 율곡보다 더 '논리적이요, 보다 체계적'이라 할 수 있습니다.

또한 인심과 칠정 그 자체는 천리天理로서, 그 윤리적 선악을 논할 수 없는 것이요, 심체心體의 정화, 즉 거인욕존천리去人欲存天理를 통해 그 광대광명廣大光明함을 일상생활에 드러내고자 하는 우암의 일원화된 체계는 나뉘어 이원화함으로써 인심과 칠정 그 자체를 죄악 시 하게 된 것입니다. 이는 감성의 억압이나 현실 부정적 성향을 유발하는 것보다 더욱 '철학적이고, 윤리적 보편성을 지닌다'고 할 것입니다.

3. 괴산 화양서원은?

- 위치: 충청북도 괴산군 청천면 화양동길 188
- 문화재 지정: 사적 제417호

화양서원華陽書院은 우암尤庵의 학문과 덕행을 기리기 위해 권상하(權

424) 『송자대전』권133, 「退溪四書質疑疑義」.

괴산 우암 송시열 선생의 유적지

尙夏, 1641~1721)와 정호(鄭澔, 1648~1736) 등 노론老論이 주도, 1696년(숙종 22)에 창건했습니다. 창건하던 해에 사액賜額을 받고, 1713년(숙종 42)에 어필御筆로 편액을 달았습니다. 서원의 명칭인 화양華陽은 문명의 중심이란 중화中華의 화華와 일양래복一陽來復의 양陽을 딴 것입니다. 화양서원이 위치한 곳은 우암이 학문을 하고 후학을 양성한 곳입니다.

이곳은 일찍이 명明나라 의종毅宗의 '비례부동非禮不動' 4자의 친필을 얻어 암벽에 새기고, 암자를 세웠던 곳입니다. 원래 위치는 화양동 밖 만경대였으나, 1709년(숙종 35)에 지금의 터로 이전했습니다. 초기의 서원 기능은 배향된 인물을 숭앙崇仰하고, 학문을 연구하는 기능을 수행했으나 점차 지역 사림士林들의 구심점이 되었으며, 향촌鄕村 사회의 여러 문제를 논의하는 운영 기구의 기능을 갖기도 했습니다.

후기엔 붕당 정치 영향으로 서원이 남발濫發되면서 우암을 제향한 서원만 전국에 44개에 이르렀습니다. 화양서원은 노론老論 집권기에 국가로부터 많은 토지와 노비를 받는 등 우암을 제향 한 서원 가운데 명성이 높고 위세가 가장 컸습니다. 서원의 권세가 강해지면서, 제수전祭需錢의 봉납을 강요하는 화양묵패華陽墨牌425) 때문에 폐해도 컸습니다. 즉 제수祭需를 장만한다는 명목으로 강제로 돈을 걷은 것입니다.

화양서원뿐 아니라 각 지역의 서원에서 두루 이런 폐단이 발생하자, 1858년(철종 9)에 영의정 김좌근(金左根, 1797~1869)의 주청奏請으로 복주촌福酒村426)을 없애버리고, 징수하던 재화도 금지시켰습니다. 이어 1870년(고종 8)엔 대원군大院君의 서원철폐령으로 47개 서원을 제외한 모든 서원을 훼철했습니다. 광복 이후, 화양서원 터에서 서원의 건립 취지와 배향한 인물에 대한 기록을 담은 묘정비廟庭碑가 발견되었습니다.

이 비碑는 1716년(숙종 42)에 세운 것으로, 비문은 윤봉구(尹鳳九, 1683~1767)가 지은 것으로 나옵니다. 묘정비는 서원 건물이 헐릴 때 매몰되었던 것으로 추정되며, 후일 다시 만든 것을 포함하여 총 4개가 수습되었습니다. 화양서원 자리엔 현대에 들어 승삼문承三門과 송자사宋子祠, 성공

425) 묵패(墨牌)란, '서원에 제수전(祭需錢)이 필요하니, 아무 날까지 얼마를 봉납(奉納)하라.'는 식의 고지서(告知書)에 묵인(墨印)을 찍어 군(郡)과 현(縣)으로 발송하는 것을 말한다. 이 묵패를 받은 사람은 관(官)과 민(民)을 가리지 않고 전답이라도 팔아 바쳐야 했다. 불응하면 서원으로 잡혀가 공갈과 협박을 당하거나, 심지어는 사형(私刑)을 당하기도 했다. 서원의 이런 행패가 극심해 여러 번 단속이 있었지만 대원군 이전엔 실효를 거두지 못했다.

426) 복주촌(福酒村)은 만동묘((萬東廟)와 화양서원 입구 부근에 형성됐다. 처음엔 천막을 치고 만동묘에서 제향한 후 제주(祭酒)를 양반들에게 제공하고 약간의 헌금을 받는 곳이었다. 차츰 이곳을 찾는 유림이 많아지면서 복주호(戶)가 늘고, 그로 인해 자연스럽게 복주촌이 형성된 것이다. 이곳에서 마련된 헌금은 서원의 재정에 큰 보탬이 되었다. 복주촌이 형성된 후, 화양서원에선 조정에 상소를 올려 복주촌에서 일하는 복주호의 군역을 면제받게 해 주었다. 이 제도를 이용해 몇몇 부유한 양민은 군역을 면제받기 위해 돈을 주고 복주호에 이름을 올렸다. 시간이 지나자 이를 악용해 서원에서 부(富)를 축적하기 시작했다. 그 결과, 군역을 면제받는 이들이 많아졌고, 결국엔 엄청난 폐단이 된 것이다.

화양서원 전경

승삼문(承三門, 좌)

문과 외삼문, 중반청蒸飯廳, 존사청尊事廳, 풍천재風泉齋, 비각, 사당 등의

송자사(宋子祠)

만동묘(萬東廟)

건물이 복원됐습니다. 국가사적 제417호로 지정되었습니다.

만동묘의 '만동'은 '만절필동萬折必東'의 첫 글자와 끝 글자를 취해 지은 것입니다. 이 '만절필동'은 『순자(荀子)』의 「유좌(宥坐)」에 나옵니다. 「유좌」에 "만 번이나 꺾여 흐르지만, 반드시 동쪽으로 흐르니, 의지가 있는 것과

만동묘정비(萬東廟庭碑)

암서재(巖棲齋)

같다."라고 기록하고 있습니다. 이는 황하黃河가 흘러가는 모습을 군자의 의지나 절개에 비유한 것입니다. 즉 신종과 의종을 모신 만동묘는 명나라에 대한 의리를 지킨다는 우암의 의지를 엿볼 수 있습니다.

화양서원과 만동묘가 복원되기 이전엔 우암이 제자들을 가르치던 암서재巖棲齋 정도만이 존재했습니다.

유네스코 선정 한국의 서원
Seowon, Korean Neo-Confucian Academies

■ **요약**

한국의 서원은 조선시대 성리학 교육 시설의 한 유형으로, 16세기 중반부터 17세기 중반에까지 향촌 지식인인 사림에 의해 건립되었다. 이 유산은 교육을 기초로 형성된 성리학에 기반한 한국 사회 문화 전통의 특출한 증거이다. 이 유산은 동아시아 성리학 교육기관의 한 유형인 서원의 한국적 특성을 나타낸다.

■ **등재기준**

신청유산은 조선시대 교육 및 사회적 활동에서 널리 보편화되었던 성리학의 탁월한 증거이다. 이 유산은 16세기 중반부터 17세기 중반 사이에 건립되었으며, 교육을 기초로 형성된 독특한 역사 전통과 성리학의 가치를 나타낸다. 향촌 지식인들은 이 유산을 통해 성리학 교육을 적절하게 수행하기 위한 교육 체계와 건축물을 창조하였으며, 전국에 걸쳐 성리학이 전파되는데 기여하였다.

■ **탁월한 보편적 가치**

신청유산은 향촌 지식인들에 의해 16세기 중반부터 17세기 중반 사이에 건립되었다. 이 유산은 소수서원, 남계서원, 옥산서원, 도산서원, 필암서원, 도동서원, 병산서원, 무성서원, 돈암서원의 9개로 구성되었으며, 이들은 전국에 걸쳐 분포되어 있다.

이 유산은 중국으로부터 전래되어 한국 사회의 많은 부분에 기초가 되었던 성리학 교육을 증진한 교육기관의 탁월한 증거이다. 서원에서 향촌 지식인들은 교육을 효과적으로 수행하기 위한 교육 체계와 유형적 구조물들을 창조하였다. 그들은 성리학 경전과 연구를 수행하였고, 세계에 대한 이해와 이상적 인간형을 만들기 위해 노력하였다. 그들은 향촌사회의 선현들을 제향하였고, 제향인물을 통해 강한 학문적 계보를 형성하였다. 또한, 향촌 지식인들은 이 유산을 기초로 다양한 사회적 · 정치적 활동들을 통해 성리학이 사회 전반에 전파되는데 기여하였다.

이 유산은 동아시아에 전파되었던 성리학이 지역화되고 변영된 톡특한 과정을 통합적으로 보여준다. 이 유산은 한국에서 서원 건축의 정형화에 의해 완성된 독특한 문화전통을 나타낸다. 9개로 구성된 이 유산은 한국 서원의 특성과 발전을 보여주며, 서원이 건축적으로 어떠한 과정을 통해 발전하였는지 각각의 과정을 통해 보여준다.

■ **완전성**

신청유산은 한국의 성리학의 발전과 서원 유형의 정립과정을 증명하는 가장 중요한 서원 9개로 구성되어 있다. 각 구성요소는 집합적으로 신청유산의 탁월한 보편적 가치를 보여주며, 각각 하나의 온전한 서원으로서 기능을 수행할 수 있도록 완전성을 갖추고 있다.

신청유산은 조선시대 서원의 필수 공간 요소인 제향공간, 강학공간, 교류와 유식공간을 구성하는 각 건축물뿐만 아니라 원래의 지형, 주변환경을 온전하게 유지하고 있다. 제향공간을 구성하는 사우와 사우 내부의 위패, 전사청 등이 온전하게 존재하며, 강학공간을 구성하는 강당과 재사, 도서관, 각 건물의 편액 등이 온전하다. 누각 등 회합 및 유식공간의 구성요소 역시 온전하며, 주변의 경관, 지형 등이 온전한 모습으로 남아 있다. 서원 주변의 경관 중 유산의 탁월한 보편적 가치를 입증할 중요한 부분은 모두 유산구역이나 완충구역에 포함되어 있다.

■ **진정성**

신청유산은 형태와 디자인, 자재와 구성물질, 전통적 기법과 관리체계, 입지와 주변환경 측면에서 높은 수준의 진정성을 확보하고 있다. 신청유산은 서원 설립운동의 초기에 해당하는 16세기 중반부터 약 1세기 기간 동안 건립된 대표적 서원으로서, 역사발전 과정에서 훼철되지 않고 원형을 유지하였다. 제향자의 연고 및 경관을 포함하는 입지 환경, 제향공간, 강학공간, 교류와 유식공간의 건축 배치, 각 건물의 유형적 형태, 목재와 기와를 사용하는 물질 구성, 보존 관리의 체계 등을 원래의 모습으로 유지하고 있다.

형태와 디자인 측면에서 신청유산은 서원 역사의 건축적 구현을 보여준다. 한국의 서원은 제향, 강학, 교류와 유식 공간의 유기적 결합을 하나의 전형적인 형태로 완성하였고, 이를 지금까지 변형 없이 완벽하게 유지하고 있다. 또한 한국의 목조 건축기법과 좌식형 생활 관습을 바탕으로 독자적인 건축 형태를 만들어 내었다.

자재와 구성물질, 전통적 기법과 관리체계 측면에서, 신청유산은 서원 설립 당시의 건축적 결과물을 그대로 입증하고 있다. 현재까지도 조선시대 건축기법과 자재로 최소한의 보수를 해오고 있으며, 진정성과 완전성을 해치지 않도록 관리하고 있다. 전통적인 기법으로 영건하였던 원형을 따라 현재는 공인된 기술인력과 훈련받은 장인들에 의해 최소한의 보수를 행한다. 신청유산은 문화재청과 해당 지방자치단체가 직접 관리하며, 전승되어오는 전통 기술을 적용한다. 목조건축에 위해를 줄 수 있는 흰개미, 부식, 화재 등에 대해 공인된 전문집단의 관리를 받고, 예방조치를 한다.

신청유산은 기록유산, 무형유산에 속하는 것들도 잘 보존, 전승하고 있다. 서원을 거쳐간 인물들이 남긴 전적, 문집, 기문, 목판 등은 잘 보호 관리되고 있으며, 제향은 지금까지 창건 당시의 모습 그대로 계승되어 시행되고 있다. 기록유산과 무형유산 모두 개별 유산들이 지속된 전통을 보여준다.

■ **보존 및 관리체계**

신청유산인 한국의 서원은 9개의 서원으로 구성된 연속유산이다. 신청유산은 탁월한 보편적 가치를 구성하는 모든 요소를 온전히 포함하고 서원의 진정성과 완전성을 확보하기 위한 경계가 설정되었다. 또한 서원의 보호 · 관리는 대한민국의 문화재보호법과 해당 지방자치단체의 관련 조례 등을 통해 법적 보호를 받고 있으며, 이미 국가 사적으로 각각 지정되어 해당 서원은 물론 주변 지역까지도 보호 · 관리되고 있다.

신청유산은 제향-강학-교류와 유식이라는 기능과 유기적인 공간구성을 통해 서원의 가치를 나타내고 있다. 이에 각각의 기능에 해당되는 건축물과 시설물들이 유산구역에 포함되었고, 서원의 입지와 주변 환경 등을 고려한 산림, 농경지, 강, 계곡 등이 완충구역에 포함되어 보호 · 관리되고 있다.

현재까지 신청유산을 위협하는 개발 및 환경압력 등 유산에 영향을 미치는 심각한 요인은 경미하다. 이는 문화재보호법에 의해 주변 지역의 토지 이용과 개발 행위가 엄격히 제한되어 있기 때문이다. 그러나 신청유산 대부분이 목재 건축물인 점을 감안한다면 잠정적으로 발생할 수 있는 화재에 대비해야 하기 때문에 소화설비 및 상시 감시체계를 구축하여 재해 및 재난에 대응하고 있다. 또한 세계유산 등재 이후 방문객과 관광산업에 의한 서원의 보호 · 관리에 대한 영향은 향후 증대할 것으로 예상되나 해당 서원과 지방자치단체에서 서원 보존관리 계획을 수립하여 영향을 최소화 할 수 있는 다각적인 대책을 강구하고 있다(출처=유네스코한국위원회).

🏛 달성 도동서원은?

- 위치: 대구광역시 달성군 구지면 도동서원로 1
- 문화재 지정: 사적 제488호(2007년 10월 10일)
- 보물 제350호(1963년 1월 21일): 도동서원강당사당부장원道東書院講堂祠堂附墻垣

도동서원

달성 도동서원(達城 道東書院)은 한훤당 김굉필(寒暄堂 金宏弼, 1454~1504)의 학덕을 기리기 위해 대구광역시 달성군 구지면 도동서원로에 건립한 서원입니다. 2007년 10월 10일 사적 제488호로 지정되고, 2019년 7월 10일 유네스코 세계문화유산에 등재되었습니다.

달성 도동서원은 조선 오현(五賢 : 김굉필金宏弼, 정여창鄭汝昌, 조광조趙光祖,

도동서원 강당(중정당) 내부 편액

이언적李彦迪, 이황李滉)의 한 사람인 한훤당 김굉필의 학문과 덕행을 추모하기 위하여 1568년(선조 1) 지방 유림들의 공의로 현풍현 비슬산 기슭에 세우고 쌍계서원雙溪書院이라 했습니다.

임진왜란 때 소실되었으나, 그 후 1605년(선조 38) 지금의 자리로 이건하여 사우를 중건하고 당시의 동명이 보로동甫老洞이었으므로 보로동서원甫老洞書院이라 불렀습니다. 그 후 2년 뒤인 1607년(선조 40) 사액서원으로 승격되면서 공자의 도가 동래하였다는 의미로 도동서원이라고 하였습니다. 이때 동洞 이름도 도동리로 개칭되었고 1678년(숙종 4) 한강 정구(寒岡 鄭逑, 1543~1620)를 추가 배향하였습니다.

도동서원 사당 입구 삼문

🏛 장성 필암서원은?

- 위치: 전라남도 장성군 황룡면 필암서원로 184
- 문화재 지정: 사적 제242호(1975년 4월 23일)
- 보물 제587호: 필암서원 문적 일괄, 국립광주박물관 소장
- 전라남도 유형문화재 제215호: 장성 필암서원 하서선생문집목판
- 전라남도 유형문화재 제216호: 장성 필암서원 하서유묵목판일괄

장성 필암서원은 하서 김인후(河西 金麟厚, 1510~1560)의 학덕을 기리기 위해 전라남도 장성군 황룡면 필암리에 건립된 서원입니다. 1975년 4월 23일 사적 제242호에 지정되고, 2019년 7월 10일 유네스코 세계유산에 등재되었습니다.

필암서원

필암서원 문적 일괄(筆巖書院 文籍 一括)

장성 필암서원은 조선시대 성리학의 대가로 호남에서 유일하게 문묘에 종사된 동국 18현 가운데 한 사람인 하서 김인후의 학덕을 기리기 위해 1590년(선조 23) 그의 문인 호암(壺巖) 변성온(卞成溫, 1540~1614)·금강(錦江) 기효간(奇孝諫, 1513~1593)·망암(望庵) 변이중(邊以中, 1546~1611) 등 호남 선비들이 장성읍 기산리岐山里에 창건하였습니다.

1597년(선조 30) 정유재란 때 병화로 소실되었으나, 1624년(인조 2) 호남 사림들의 노력으로 기산리 서쪽 증산동甑山洞으로 자리를 옮겨 복설하였습니다. 이후 1672년(현종 13) 증산동의 지대가 낮아 물난리로 흙다리가 위험해지는 등 수해를 입을 우려가 있어 지금의 자리인 해타리海打里로 옮기고 마을 이름도 필암리筆巖里라 하였습니다.

1658년(효종 9) 전라도 유생儒生들이 사액賜額을 소청疏請하여, 1659년(효종 10) 3월 사액되었습니다.

1662년(현종 3) 현종이 어필로 필암서원筆巖書院이라 선액宣額하고, 예조정랑 윤형계尹衡啓를 예관禮官으로 보내 유제諭祭하였습니다. 이후 사액賜額 서원으로서의 규모와 기능을 갖추게 되었습니다.

이름을 필암筆巖이라 지은 것은 그의 고향 맥동 마을 입구에 '붓처럼 생긴 바위'가 있기 때문이라 하며, 바위에는 병계 윤봉구(屛溪 尹鳳九, 1681~1767)의 글씨인 〈筆巖〉이 각자되어 있습니다. 1786년(정조 10) 제자이자 사위인 고암(鼓巖) 양자징(梁子徵, 1523~1594)을 추배追配하였습니다. 1871년(고종 8) 흥선대원군의 서원 철폐령에도 훼철되지 않은 전국의 47개 서원 중 하나입니다. 2019년 7월 10일 필암서원을 포함한 9개 서원이 한국의 서원이라는 이름으로 세계유산에 등재되었습니다.

1975년 서원의 건물, 유물, 제향 등의 보존과 관리를 위해 건물과 부지는 대한민국의 사적 제242호에 지정되고, 필암서원 문적 일괄은 대한민국의 보물 제587호로 지정되었습니다. 또 하서 선생 문집 650여 매와 하서 유묵 목판 56판은 1999년 지방유형문화재 제215호와 제216호에 지정되어 관리되고 있습니다.

🏛 논산 돈암서원은?

- 위치: 충청남도 논산시 연산면 임3길 24-4
- 문화재 지정: 사적 제383호(1993년 10월 18일)
- 보물 제1569호: 논산 돈암서원 응도당論山 遯岩書院 凝道堂
- 충청남도 유형문화재 제155호: 돈암서원유경사遯岩書院惟敬祠
- 충청남도 문화재자료 제366호: 돈암서원 원정비遯巖書院 院庭碑
- 대전광역시 문화재자료 제21호: 양성당제영, 대전역사박물관 소장
- 논산시 향토문화유적 제9호: 돈암서원 책판

논산 돈암서원(論山 遯巖書院)은 사계 김장생(沙溪 金長生, 1548~1631)의 학덕을 기리기 위해 건립된 서원입니다. 1993년 10월 18일 사적 제383호에 지정되고, 2019년 7월 10일 유네스코 세계문화유산에 등재되었습니다.

돈암서원

논산 돈암서원 현판

논산 돈암서원은 1634년(인조 12) 지방 유림의 공의로 사계 김장생金長生의 학문과 덕행을 기리기 위해 충청남도 논산시 연산면 임리에 건립하였습니다. 1659년(효종 10) 및 1660년(현종 1)에 두 번의 사액을 받았습니다. 1658년(효종 9)에 김집(金集, 1574~1656), 1688년(숙종 14)에 송준길(宋浚吉, 1606~1672), 1695년(숙종 21) 송시열(宋時烈, 1607~1689)을 각각 추배하였습니다.

1871년(고종 8)의 전국적 서원철폐령에도 훼철되지 않고 보존된 유서 깊은 전국의 47개 서원 중 하나이며, 충청 지역의 대표적인 서원입니다.

돈암서원은 본래 현재 위치의 서북쪽 1.5km 떨어진 임리 숲말에 있었습니다. 연산천에 가까이 있고 지대가 낮아 수해를 입어 1880년 현 위치로 이전하였습니다. 이 숲말에 돈암이라는 큰 바위가 있는데, '본래 은둔하는 곳이다'라는 뜻의 둔암에서 온 말입니다. 김장생이 은둔하며 학문과 후진 양성에 힘쓰고자 했던 마음이 담겨 있습니다. 김장생은 양성당

養性堂을 지으며 기록한 글에 대둔산이 남쪽에 있고 북쪽에는 계룡산이 솟았다고 했으며 양성당에서 바라보는 경치를 '산을 우러르며 즐기고 시내를 내려다보면 물을 살피며 자연 경물을 접하는 대로 이치를 깨닫는다'고 적었습니다.

참고문헌

1. 한국

『退溪全書』, 『退溪言行錄』, 『栗谷全書』, 『聖學十圖』, 『聖學輯要』, 『東湖問答』, 『擊蒙要訣』, 『朝鮮王朝實錄』, 『太祖實錄』, 『成宗實錄』, 『宣祖實錄』, 『海東傳道錄』, 『續仙傳』, 『晦軒實記』, 『牧隱文藁』, 『圃隱文集』, 『高麗史』, 『高麗史節要』, 『圃隱文集』, 『法華經』, 『華嚴經』, 『輿地勝覽』, 『遺集』, 『漢陽趙氏大譜』, 『冶谷集』, 『靜菴集』, 『大學章句補遺』, 『續大學或問』, 『求仁錄』, 『言行總錄』, 『實記』, 『言行通述』, 『通文四學論諸生』, 『花潭集』, 『太學志』, 『蒼石集』, 『燃藜室記述』, 『西厓全書』, 『懲毖錄』, 『讀史蠡測』, 『孝經大義』, 『龜峰集』, 『宋子大全』, 『三國史記』, 『三國遺事』, 『沃溝郡誌』, 『桂苑筆耕集』, 『高麗史』, 『東文選』, 『朝鮮金石總覽』, 『國譯栗谷全書 I ~ IV』, 『洞溟集』, 『樂全堂集』, 『晦軒先生實記』.

강효석(1995), 『조선왕조 오백년의 선비정신』, 화산문화.
곽신환(1996), 『한국인물유학사』, 한길사.
금장태(1980), 『유교와 한국사상』, 성균관대학교 출판부.
김낙필(1989), 「孤雲의 道敎觀」, 『崔孤雲 硏究』, 민음사.
김동욱(1996), 『한국인물탐사기4』, 오늘.
김병구(1983), 『회헌사상연구』, 학문사.
김충렬(1987), 『고려유학사』, 고려대학교출판부.
김태영(1988), 「退栗 誠敬思想 硏究」, 충남대학교 대학원, 박사학위논문.
김해영(2017), 『사서강의』, 안티쿠스.
김해영(2020), 『장자강의』, 안티쿠스.
김해영(2021), 『유학사상강의』, 부크크.
남상락(1971), 「한국 실학사상의 철학적 고찰」, 성균관대학교 대학원, 석사학위논문.

류정동(1986), 『동양철학의 기초적 연구』, 성균관대학교출판부.
문일평(1982), 『湖岩全集』, 光朝.
민병하(1973), 「안향」, 『한국의 인간상』4, 신구문화사.
박주(1982), 「목은 이색과 그의 정치사상에 관한 연구」, 『효성여자대학논문집』25.
손낙범(1975), 「목은연구」, 『국제대학인문과학연구소논문집』3.
손인수(1991), 「율곡의 교육사상 연구」, 『율곡사상과 현대사회』, 율곡학회.
안계현(1965), 「이색의 불교관」, 『조명기박사화갑기념불교사학논총』.
유승국(1999), 『한국의 유교』, 세종대왕기념사업회.
유승국(2010), 『유가철학과 동방사상』, 성균관대학교출판부.
윤사순(1971), 「退溪의 心性觀에 關한 研究」, 『아세아연구』 41호.
이기동(2018), 『나의 서원 나의 유학』, 사람의 무늬.
이병도(1948), 「안향」, 『조선명인전』, 조광사.
이상백(1949), 『이조건국의 연구』, 을유문화사.
이상은(1974), 「이색」, 『고려 · 조선초기의 학자 9인』.
이우성(1973), 『한국문화사대계』, 성균관대학교 대동문화연구원.
이은(1962), 「이색연구」, 『이대사원』4.
이이화(1993), 『이야기 인물 한국사』, 한길사.
장지연(1922), 『朝鮮儒教淵源』, 회동서관.
정옥자(1998), 『시대가 선비를 부른다』, 효형출판.
정진석(1988), 『조선철학사』, 이성과 현실.
조동림(1997), 『조선사 인물 여행』, 신사출판사.
주홍성 외(1994), 『한국철학사상사』, 예문서원.
채무송(1973), 「퇴율 성리학의 비교연구」, 『율곡사상논문집』, 율곡문화원.
최삼용(1985), 「崔孤雲傳의 出生譚考」, 『于雲朴炳采博士還曆紀念論叢』, 高麗大 國語國文學研究會.
한국사상사연구회(1996), 『조선유학의 학파들, 학파의 사상을 찾아서』, 예문서원.
한국인물대계편찬위원회(1972), 『韓國人物大系』, 박우사.
한국인물유학사위원회(1996), 『한국인물유학사』, 한길사.

한종만(1989), 「고운의 불교관」, 『고운 최치원』, 민음사.
황의동(1987), 「율곡의 경세사상」, 『민동근박사 화갑기념논총』, 민동근박사 화갑기념논총 간행위원회.
황의동(1995), 『한국의 유학사상』, 서광사.
황준연(1995), 『율곡철학의 이해』, 서광사.

2. 중국 외

『小學』, 『大學』, 『論語』, 『論語注疏』, 『孟子』, 『中庸』, 『詩經』, 『書經』, 『禮記』, 『家禮』, 『春秋左氏傳』, 『周易』, 『荀子』, 『史記』, 『道德經』, 『莊子』, 『管子』, 『呂氏春秋』, 『漢書』, 『性理大全』, 『朱子大全』, 『朱子語類』, 『近思錄』, 『孝經』, 『山海經』, 『韓非子』, 『神農本草經』, 『宋元學案』, 『心經』, 『明儒學案』, 『傳習錄』, 『太極圖說』, 『二程全書』, 『太極圖說解』.

牟宗三(1970), 『心體與性體』, 臺灣, 正中書局.
劉述先(1982), 『朱子哲學思想的發展與完成』, 臺北, 學生書局.
풍우란 지음, 박성규 옮김(1999), 『중국철학사』, 까치.

찾아보기

ㄴ

ㄷ

ㅂ

ㅅ

ㅇ

ㅊ

ㅌ